GUIDANCE FOR YOUNG CHILDREN

영유아생활지도

지성애 홍혜경 배율미 윤현숙 공저

JUNGMINSA
정민사

머리말 PREFACE

최근 사회적 변화와 요구에 따라 많은 영유아들이 유아교육기관에서 보내는 시간이 길어지면서 가정에서의 양육과 교육의 기능이 유아교육기관으로 더 많이 옮겨짐에 따라 영유아의 인성과 습관형성에 교사의 역할과 책임이 더 커지고 있다. 또한 유아교육의 궁극적인 목표는 영유아가 자신이 소속된 사회의 보편적 가치를 수용하고, 기대되는 바람직한 행동을 통해 사회의 일원으로서 자신의 생활을 영위할 수 있도록 하는 데 있다. 이러한 목표를 이루기 위해서 교사는 영유아의 일상생활을 지도할 수 있는 전문성과 다양한 지도 방법을 습득하고 적용할 수 있는 역량을 갖추어야 할 필요가 있다.

영유아를 대상으로 하는 생활지도와 양육 방법은 시대에 따라 변화되어 왔으며, 다양한 사회와 지역의 문화적 요구 또한 반영되어 왔다. 예를 들어, 우리나라의 전통적 생활지도 방법에서는 '회초리'로 신체적인 체벌을 가하는 것이 보편적인 지도 방법 중 하나였다. 하지만 최근에는 신체적 체벌이 영유아 학대와 아동 권리 침해라는 인식이 강조되면서 영유아 체벌은 심각한 사회적 이슈로 제기되고 있다. 이러한 사회적 변화와 인식으로 인해 교사들과 부모들은 영유아에게 적합한 생활지도 방법을 잘못 이해하거나 사용하는 데 있어서 혼란과 어려움을 겪고 있는 실정이다. 물론 개별 영유아의 발달 특성이 다르기 때문에 모든 영유아들에게 한 가지 생활지도 방법을 적용하는 것은 적절하지 않다. 따라서 교사들은 효과적인 생활지도를 수행하기 위해서 생활지도와 관련한 전반적인 이론 접근과 개별 영유아의 특성을 이해하고, 이를 실제 교육 · 보육 현장에서 적절하게 적용할 수 있어야 할 것이다.

본 서는 영유아 생활지도와 관련한 여러 분야의 연구와 문헌을 토대로 생활지도를 위한 전문적 이론을 조직적으로 구성하여 소개하고 있다. 또한 이러한 이론을 기초로 영유아 생활지도를 효과적이고 성공적으로 수행할 수 있는 실제를 제시하고 있다. 많은 교재들은 이론을 제시하고, 그것을 적용하는 것은 주로 독자 자신에게 맡긴다. 그러나 본 서는 영유아 생활지도의 이론을 근거로 지도의 실제에 적용하는 과정을 체계적으로 제시하여 영유아 생활지도 관련 이론을 보다 쉽게 이해하고 수용할 수 있도록 구성하였다. 따라서 유아교육 · 보육 관련 전공의 대학교재뿐만 아니라 유아교육 · 보육 현장의 교사들에게도 유용한 생활지도 지침서로 활용될 수 있을 것이다.

본 서는 크게 네 부분으로 나누어 Ⅰ부는 영유아 생활지도의 기초, Ⅱ부는 영유아 행동의 이해, Ⅲ부는 유아교육기관의 생활지도 운영, Ⅳ부는 영유아 생활지도의 실제로 구성되어 있다. Ⅰ부는 세 장으로 구성되어 있으며, 1장에서는 영유아 생활지도의 의미와 생활지도를 위한 윤리적 측면과 교사의 전문성을 살펴보고, 2장에서는 생활지도의 이론적 배경과 영유아 생활지도의 대표적인 접근 방법인 영유아의 발달적 특성에 적합한 생활지도 방법과 자기통제력의 발달을 돕는 생활지도 방법에 대해 중점적으로 다루고 있다. 3장에서는 영아기부터 아동기까지의 발달단계별 행동특성과 각 발달단계별 생활지도 지침을 제시하고 있다.

Ⅱ부는 두 장으로 구성되어 있으며, 4장에서는 영유아 행동에 영향을 미치는 개인적 · 환경적 요인을 다루고 있으며, 5장에서는 영유아 행동을 평가하기 위한 비형식적 · 형식적 평가를 제시하고 있다.

Ⅲ부는 세 장으로 구성되어 있으며, 6장에서는 0~2세 표준보육과정과 3~5세 누리과정을 연계한 영유아 생활지도를 살펴보고, 7장에서는 영유아의 바람직한 행동을 지원하기 위한 유아교육기관의 환경구성과 유아교육기관에서의 영유아 생활지도 방법을 다루고 있다. 8장에서는 부모상담과 가정 및 지역사회와 연계한 생활지도 방안에 대해 제시되어 있다.

Ⅳ부는 일곱 장으로 구성되어 있으며, 9장에서는 0~12개월의 영아부터 6~12세 아동의 행동 이해와 지도에 대해 다루고 있고, 10장에서는 영유아 부적응 행동의 이해와 지도 내용으로 제시되고 있다. 11장은 사회적 부적응 행동, 12장은 정서적 부적응 행동, 13장은 신체적 부적응 행동, 14장은 언어 · 인지적 부적응 행동을 나타내는 영유아를 지도하기 위한 구체적인 실제를 다루고 있으며, 15장은 특별한 요구를 지닌 영유아를 지도하기 위한 방안을 구체적으로 제시하고 있다.

본 서는 영아와 유아를 대상으로 한 유아교육 · 보육 현상에서의 활용에 초점을 맞추어 생활지도에 대한 전문적인 제반 이론과 실제에 적용하는 데 용이하도록 내용을 편성하여 이론과 실제가 부합되도록 구성하였다. 본 서를 마무리 지으면서 여전히 미흡한 부분이 있음에 출간을 주저하는 마음이 앞서기도 하였으나, 오랫동안 출간을 미루어 온 까닭에 추후 보완하는 노력을 하기로 하고 발간하기로 하였다. 이 책을 사용하는 분들께서 관심 어린 지적과 충고를 해주시면 큰 도움이 되리라 생각한다.

끝으로 이 책이 나오기까지 여러 가지 도움을 주신 여러분들에게 고마움을 전한다. 또한 오랫동안 이 책의 출간을 위해 수고해 주신 정민사 대표님과 직원 여러분들께도 깊은 감사를 드린다.

2021년 1월
저 자

차 례 CONTENTS

II 영유아 행동의 이해

III 유아교육기관의 생활지도 운영

IV 영유아 생활지도의 실제

Part

I

영유아 생활지도의 기초

Chapter

01

영유아 생활지도의 이해

영유아가 민주 시민으로 성장하도록 돕기 위해 어떻게 지도해야 하는가는 오랫동안 영유아를 양육하고 지도하는 사람들의 주요 관심사가 되어 왔지만 일치된 생활지도의 방법을 찾지 못하고 의견을 달리해 왔다. 또한 사회적·개인적 필요성에 따라 영유아 생활지도의 방법도 달라져 왔다. 따라서 본 장에서는 영유아를 위한 바람직하고 효과적인 생활지도 방법을 찾기 위해 먼저 영유아 생활지도의 의미가 무엇인지와 생활지도의 필요성, 목적, 그리고 생활지도의 윤리적 측면과 교사의 전문성에 대해 살펴보고자 한다.

1. 영유아 생활지도의 의미

1) 영유아 생활지도의 정의

영유아가 건강하게 성장·발달하고, 올바른 인성을 가진 바람직한 사회 일원으로 자랄 수 있도록 돕기 위한 다양한 노력들이 지속적으로 이루어지고 있다. 이러한 노력의 일환인 영유아 생활지도에 대한 관점은 시대적·사회적 변화와 요구에 따라 달라진다. 생활지도는 훈육과 행동 지도 등과 같은 여러 가지 용어로 사용되어 많은 사람들이 혼동하는데, 이들 용어의 정의를 구분하면 다음의 〈표 1-1〉과 같다(Marion, 2019: 113-114).

| 표 1-1 | 훈육, 생활지도, 벌의 정의

구분	정의
훈육 (discipline)	라틴어 'disciplina(teaching, learning)'와 'discipulus(a pulpil)'에서 유래된 훈육은 가르침과 배움을 의미한다. 전통적 관점에서 훈육은 긍정적 및 부정적 양식을 포괄적으로 다룬다.
생활지도 (guidance)	긍정적 훈육의 범주에 해당하는 생활지도는 바람직한 행동에 초점을 두고 지원 및 안내하는 것을 의미한다. 예를 들면, 지적하기(pointing out), 방법을 보여주기(showing the way), 이끌어주기(leading), 또는 지시하기(directing)를 사용한다. 또한 긍정적 훈육은 제한 설정과 유지, 적절한 행동 가르치기, 유아의 노력 격려하기, 유아 스스로 통제하는 방법 가르치기 등을 포함한다.
벌 (punishment)	부정적 훈육의 범주에 해당하는 벌은 라틴어 'punire'에서 유래되었고, 거칠게 다루는 것을 의미한다. 예를 들면, 성인은 유아에게 활동중지를 시키거나 휴식시간을 빼앗을 수 있다. 이러한 부정적 훈육은 유아가 바람직한 행동을 하는데 도움이 되기보다는 유아가 반항하도록 자극하는 경우가 많다.

2) 영유아 생활지도의 관점

(1) 전통적 관점

전통적 관점에서 훈육은 바람직한 모델을 대상으로 관찰하고, 관찰한 행동을 배워서 실제 그 행동을 하도록 하는 것이다. 이 관점에서 유아는 부모나 교사가 기대하거나 옳다고 생각하는 행동을 해야 하고, 부모나 교사의 권위나 통제를 따라야 하며, 바람직한 행동을 하지 못할 때는 벌을 통해서 통제를 받게 된다. 이러한 전통적인 훈육방법은 유아가 부모나 교사가 원하는 행동을 하지 않았을 때 받게 되는 야단이나 벌을 피하기 위해서 마지못해 기대되는 행동을 하도록 유도하는 성인 중심의 지도 방법이다(지성애, 홍혜경, 2018). 최근 이러한 전통적 관점의 훈육이 벌과 같은 부정적 훈육으로 자주 사용된다는 점에서 부적절하고, 나아가 많은 교육자들이 훈육이라는 용어 사용에도 이의를 제기하는데(Gartrell, 2013; Reynolds, 1996), 이것은 생활지도가 유아들을 순종하게하기 위해서 보상과 벌을 사용하는 전통적 관점의 훈육을 넘어서야 한다는 것을 의미한다(Montessori, 1912/1964, Kohn, 1999; NAEYC, 2009; Gartrell, 2013 재인용).

(2) 현대적 관점

현대적 관점에서 생활지도는 모든 일상 상황에서 영유아의 사회·정서적 유능감을 길러주기 위해서 가르치는 민주주의 교육이다(Gartrell, 2013: 5). 이것은 성인 중심의 훈육보다는 유아의 자율적 자기통제에 의한 생활지도가 이루어져야 한다는 것을 의미한다(Gatrell, 2013). 유아가 스스로 자신을 통제하는 방법을 배울 수 있도록 돕기 위해서 긍정적인 행동 지도전략이 활용될 수 있다. 긍정적인 행동 지도전략은 유아가 타인과 함께 하는 생활 속에서 협동하고, 친절하며, 적극적으로 참여하는 등 사회적 기대에 부합하며 성장할 수 있도록 돕는다. 그러므로 긍정적 생활지도는 유아의 자율적 자기통제력뿐만 아니라 긍정적인 자아존중감이 발달하도록 지원한다(Marrion, 2018).

NAEYC에서는 이러한 현대적 관점의 생활지도를 반영하는 '발달적으로 적합한 실제(Developmentally Appropriate Practice; DAP)를 위한 지침'에서 생활지도의 의미를 다음의 〈표 1-2〉와 같이 제시한다.

| 표 1-2 | 생활지도란?

- 유아의 실수를 벌하기보다는 실수로부터 배우도록 유아를 가르치는 것
- 유아가 문제를 해결할 수 없는 것을 벌하기보다는 문제를 해결하도록 유아를 가르치는 것
- 모든 유아들이 유능한 구성원 및 학습자로서 충분히 인정받는다고 느낄 수 있도록 격려하는 교실을 만드는 것
- 성인은 반응적으로 지도하고, 유아는 발달적으로 적합한 활동을 통해서 의미를 구성하는 지속적인 과정에 참여하는 상호적 학습 환경을 촉진하는 것
- 긍정과 학습의 근원이 되는 자신의 개인적·문화적 정체성을 발달시킬 수 있도록 유아가 자부심을 갖고, 타인의 특성을 이해하도록 돕는 것
- 유아의 전인발달을 돕기 위해 교육과정에서 건강한 정서적, 사회적, 문화적 발달을 인지발달과 동등하게 다루는 것
- 교사, 부모, 유아가 함께 상호작용하는 하나의 팀으로 연결하는 것

출처: Gartrell(2013)

최근에는 유아의 자발적 행동을 격려 및 강화하고, 문제 행동을 예방하거나 이미 일어난 문제 행동을 효과적으로 다루기 위해서 발달적으로 적합한 유아 중심의 긍정적 생활지도가 강조되고 있다.

2. 영유아 생활지도의 필요성

1) 개인의 발달적 요구

행동의 자발적 내적 조절인 자기통제는 유아기에 가장 커다란 변화가 나타나는데, 여기에는 인지적 영역의 조절과 사고가 관여하기 때문에 초인지적 요인과 관련이 크다. 예를 들면, 유아가 자기조절이 필요한 상황에서 잠깐 물러나서 그 상황을 점검하

고, 어떻게 대처할지를 조절할 수 있을 때 자기통제적인 행동이 가능하다. 즉, 유아는 타인이 말한 것을 기억하고, 기다리고, 유혹을 참을 수 있어야 자기통제적인 행동을 할 수 있는데 초보적인 수준의 자기통제력은 2세경이 지나야 나타나기 시작한다(Flavell, Miller, & Miller, 2001).

영아는 자기통제력을 갖고 태어나지 않고, 처음에는 외적인 통제를 받으며 행동하다가 2세경부터는 점차 내적으로 자신을 통제할 수 있으며, 수년에 걸쳐 자기통제력을 획득하게 된다. 자기통제력에 영향을 미치는 요인으로는 자신의 행동과 외적 기준의 불일치로 인해 느끼는 죄책감과 타인의 감정을 인식하고 공유하는 감정이입의 정서적 요인, 타인의 관점에서 조망하는 능력, 원인과 결과에 대한 이해, 기억력, 언어 등의 인지적 요인, 그리고 경험적 요인을 들 수 있다(Kostelnik, Soderman, Whiren, & Rupiper, 2017).

유아는 어떤 상황에서는 자기통제력을 아주 잘 보이지만, 어떤 경우에는 전혀 그렇지 못하기도 하다. 이는 유아가 자기통제를 보인다고 해서 항상 자기통제가 가능하다고 기대할 수 없으며, 다양한 상황에서 자신의 감성을 조절하는 연습의 기회가 필요하다는 것을 의미한다. 또한 영유아 생활지도의 궁극적 목적이 유아가 스스로 상황을 판단하고 사회적으로 받아들여지는 행동 여부를 결정할 수 있도록 하는 것이라는 관점에서 최근 유아의 자기통제력 증진을 위한 접근이 강조되고 있다. 따라서 자기통제력이 발달하는 영유아기에 자신의 정체성을 획득하고, 자신의 행동과 능력에 자신감을 갖고 주도적으로 또래들과 친밀한 관계를 형성하며, 타인의 입장을 배려하는 친사회적 행동을 격려하면서 유아 스스로 자기통제력을 배울 수 있는 환경을 제공하는 발달적으로 적합한 생활지도가 필요하다.

2) 사회적 변화에 따른 요구

최근에는 맞벌이 가정의 증가와 유아교육의 공교육 및 공보육을 위한 정책 등을 포함한 사회적 변화에 따라 과거에 비해 보다 많은 영유아들이 유아교육기관에 다니게 되고, 기관에 머무는 시간도 점차 늘어나고 있다. 이는 유아교육기관의 하루 일과에서 교사역할의 비중이 더 커지고 중요해짐을 의미한다. 하지만 사회·정서 문제를 가진 영유아가 점차 증가하고 있고, 영유아를 위한 생활지도에 대한 교사들의 잘못된 이해와 방법으로 인해 심각하게는 아동학대로까지 이어져 사회적 이슈로 제기되고 있는 실정이다. 이러한 점에서 영유아의 건강한 성장과 사회·정서 발달을 지원하기 위한 발달에 적합한 생활지도는 과거 어느 때보다도 중요하게 다루어져야 할 것이다.

3. 영유아 생활지도의 목적

영유아를 위한 생활지도가 효과적으로 이루어지고, 그 효과성이 영유아기 이후에도 일관적으로 지속되기 위해서는 생활지도의 목적을 어떻게 설정하는지가 중요하다. 먼저 영유아 생활지도의 주요 목적을 크게 두 가지로 요약하여 제시하면 다음의 〈표 1-3〉과 같다.

| 표 1-3 | 생활지도의 목적

- 영유아가 다른 사람과 어울리고 수용될 수 있는 방법으로 감정을 표현하고, 언어로 문제를 해결하기 위해 필요한 기술을 가르치며, 영유아를 민주시민으로 성장하도록 돕는 것이다.
- 교사나 부모는 민주적 리더로서 역할을 하고, 영유아가 발달적으로 적합한 활동을 통해 의미를 구성해 나갈 수 있도록 상호작용적 학습 환경을 촉진할 뿐만 아니라 영유아가 개인적·문화적으로 자부심을 갖도록 돕는 것이다.

출처: 지성애, 홍혜경(2018: 37)

이러한 목적을 이루기 위한 영유아 생활지도 방법은 교사, 부모, 영유아가 서로 우호적인 관계와 협력체계를 갖추는 것이 우선되어야 한다. 그 이유는 교사, 부모, 영유아가 상호관계를 형성하는 하나의 팀으로써 함께 연결될 때 효과적인 생활지도를 기대할 수 있기 때문이다(지성애, 홍혜경, 2018).

바람직한 행동의 기준은 자신이 속한 시대나 문화에 따라 다르고, 양육자마다 다르며, 영유아의 경우 연령을 고려한 발달의 과정에서도 다르다. 영유아 생활지도의 목표를 설정할 때는 성인이 영유아를 다루기 쉬운 방법에 초점을 맞추기보다는 영유아가 자신이 속한 사회에서 역할을 가장 잘할 수 있도록 돕는 측면에 초점을 두는 것이 필요하다. 따라서 영유아가 민주 사회의 일원으로서 어떤 특성을 가지고 있을 때 사회적 구성원으로서 자신의 역할기능을 잘 발휘할 수 있는지를 먼저 이해하고, 이를 반영하여 다음의 〈표 1-4〉와 같이 영유아 생활지도의 목표를 장기적으로 설정할 수 있다(Fields, Meritt, & Fields, 2017: 5-6).

| 표 1-4 | 생활지도의 목표

구분	목표
자아개념 발달	**영유아가 긍정적 자아개념(self-concept)을 갖고 성장하도록 돕는다.** 자아개념은 자신이 누구이고 무엇을 할 수 있는지에 대해 이해하는 것이고, 자아존중감(self-esteem)은 자아개념에 대해 어떻게 느끼는가 하는 것을 의미한다. 현실적인 자아개념은 정신 건강에 필수적이고(Landy, 2009), 긍정적 자아존중감이 발달할 수 있는 기반이 된다.
자기 조절력 증진	**영유아의 자기-조절력(self-regulation/self-discipline)이 증진하도록 돕는다.** 어떤 사람들은 수용할 수 있는 행동에 대한 보상을 받고, 수용할 수 없는 행동에는 벌을 받는 것을 통해 자기-훈육(self-discipline)이 이루어진다고 믿는다. 하지만 보상과 벌에 의해서 조절되는 것은 무엇이 옳고, 어떻게 현명하고 사려 깊은 판단을 하는지에 대해 배우는 것과는 아주 다르다(Kohn, 2005, 2011; Turiel, 2006). 영유아는 타인에 의해 자신의 행동이 조절되는 한 자신의 행동을 조절하는 것을 배울 수 없다. 따라서 영유아가 사회적 기대에 부합하도록 자신의 행동을 조절하는 다양한 경험의 기회를 제공하여야 할 것이다.
도덕적 자율성 향상	**영유아가 도덕적 자율성(moral autonomy)을 갖고 성장하도록 돕는다.** 도덕적 자율성은 어떤 보상이나 벌에 상관없이 관련된 모든 사람들의 권리와 요구를 고려하여 옳고 그른 것에 대한 결정을 하는 능력을 의미한다. 도덕적으로 자율적인 사람은 타인을 존중하는 개인적인 감정 때문에 타인에게 친절하다. 반면, 타율적인 사람은 친절한 행동에 대한 보상을 받거나 친절하지 않아서 벌을 받는 것이 두려울 때만 타인에게 친절하다. 이러한 보상과 벌과 같은 외적 판단에 의존하는 타율성과 달리 자율성은 자신의 믿음이나 이해와 같은 내면적인 판

	단을 따른다. 따라서 도덕적으로 자율적인 유아는 또래 집단의 압력으로부터 영향을 받지 않으므로 또래들에게 받아들여지기 위해서 부적절한 집단 활동에 참여하지 않는다.

많은 부모나 교사는 현재 영유아의 문제 행동이나 문제를 해결하는 것에 초점을 두고 빠른 시간 안에 해결할 수 있는 방법을 찾으려는 경우가 있다. 하지만 이것은 오히려 영유아의 긍정적 자아개념, 자기조절력, 그리고 도덕적 자율성이 발달하는 데 도움이 되지 못할 수 있다. 그러므로 부모나 교사는 영유아의 문제 행동이나 문제를 효과적으로 해결하기 위해서 먼저 영유아에게 발달적으로 적합한 경험을 통해 무엇을 가르칠 것인지를 장기적 관점에서 고려하여야 할 것이다(지성애, 홍혜경, 2018).

4. 영유아 생활지도를 위한 윤리적 측면 및 교사의 전문성

1) 윤리적 측면

심리학자와 교육자들은 인간을 어떻게 통제할 수 있을 것인지에 관한 통제 및 지도 방법에 관심을 두고 있다. 그러나 많은 전문가들은 문제 행동수정을 위한 중재방법을 인간 행동에 공공연하게 적용시켜서 한 인간을 통제하는 것은 적합하지 않고 비윤리적인 것이라고 지적한다. 이와 관련하여 교사들은 영유아를 위한 생활지도와 부적응 행동 지도를 할 때 다음의 질문들을 생각해 보면서 윤리적 측면을 고려할 필요가 있다(지성애, 홍혜경, 2018).

- 영유아는 어떤 존재인가?
- 영유아는 선택의 자유가 있는가?
- 영유아의 행동은 관찰 및 측정 가능하며, 영유아는 반복적인 행동 원리에 따라 행동하는가?

- 영유아의 행동은 외적인 힘에 의해 변화될 수 있는가?
- 교육자는 영유아의 행동을 수정할 수 있는가?
- 다른 영유아 또는 부모는 한 영아/유아의 행동을 변화시킬 수 있는가?
- 영유아의 특정 행동을 수정하고 바르게 지도하는 것을 누가 결정할 것인가?
- 영유아의 행동을 변화시키기 위해 교실에서 어떤 지도 방법을 사용할 것인가?
- 영유아의 행동을 변화시키기 위해 사용하는 지도 방법을 감독하고 승인하는 것은 누가 담당할 것인가?
- 어떤 목적을 위해 생활지도 방법을 적용할 것인가?

이와 같은 질문들을 통해 교사나 부모는 영유아 생활지도 방법이 영유아에게 적합해야 하고, 영유아가 선택할 수 있도록 자유를 허용할 때 보다 효과적이라는 것을 인식해야 한다. 무엇보다도 영유아를 위한 생활지도 방법이 영유아의 발달에 긍정적인 영향을 미치는지를 우선적으로 고려해야 할 것이다.

2) 교사의 전문성

교사는 영유아의 바람직한 행동을 효율적으로 증진할 수 있는 효과적인 생활지도 방법을 모색해야 한다. 교사는 영유아의 행동을 지도할 때 영유아의 연령과 발달에 적합한 가장 효과적인 이론을 적용하기 위해서 여러 가지 이론들을 고려해야 한다. 그 이유는 한 가지 이론만을 적용하여 모든 영유아의 행동을 지도하는 것은 적합하지 않기 때문이다. 또한, 교사는 자신이 적용하기 쉬운 지도 방법을 선택하는 것이 아니라 영유아의 바람직한 행동 지도에 도움이 되는 방법을 선택해야 한다. 이를 위해서 교사의 전문성이 필요하다.

교사의 전문성이란 교사가 항상 효율적인 지도 방법을 모색하지 못한다 할지라도 교실에서 개별 영유아들과의 상호작용의 질을 높이기 위해서 교사 자신의 경험으로부터 많은 것을 배우고자 노력하는 과정임을 상기하여야 한다.

교사는 영유아들이 스스로 생각하고 시도해 볼 수 있도록 격려하면서 생활지도를 해야 한다. 이와 같은 지도 방법은 전문성을 갖춘 교사에 의해서 적용될 수 있고, 이러한 지도 과정을 통해 교사의 전문성도 점차 더 성숙할 수 있다.

영유아의 행동 지도를 위한 전문성을 갖춘 교사의 지도 방법을 제시하면 다음과 같다(지성애, 홍혜경, 2018).

첫째, 문제 상황을 평가하기 위해 전문적인 지식을 활용한다.
전문적인 교사는 영유아가 규칙을 지켰는지 또는 어겼는지에 집중을 하기보다는 실제로 일어난 문제 상황을 심도 있게 이해하려는 시도를 먼저 한다.

둘째, 일어난 상황을 판단한 다음 이에 관한 가설을 설정하고, 가설을 기초로 영유아의 문제 행동을 지도한다.
전문적인 교사는 문제 해결을 위한 다양한 접근 방법을 시도하고, 영유아의 문제 행동에 대한 체벌을 하는 대신 영유아가 문제를 해결할 수 있는 대안을 찾을 수 있도록 지원한다.

셋째, 영유아들이 경험을 통해 배울 수 있도록 지원한다.
전문적인 교사는 문제 상황을 빨리 종결짓는 데 초점을 두지 않고, 문제 상황을 통해 영유아가 학습할 수 있도록 돕는다.

본 장에서는 영유아 생활지도가 성인 중심으로 이루어지기보다는 영유아의 자발적이고 자율적인 자기통제력이 발달하도록 돕는 영유아 중심의 생활지도가 이루어져야 함을 제시하였다. 따라서 부모나 교사는 영유아가 현재 직면한 문제나 행동의 해결책을 단기간에 찾기보다는 장기적인 관점에서 영유아에게 발달적으로 적합한 경험을 통해 무엇을 가르칠 것인가를 먼저 생각하여야 할 것이다. 또한 부모나 교사는 영유아 생활지도나 부적응 행동을 지도하기 위해 필요한 전문성을 길러야 하고 윤리적인 측면도 고려하여야 할 것이다.

Chapter

02

영유아 생활지도의 이론적 배경

영유아 생활지도의 대표적인 접근으로 정신분석적 접근, 행동주의적 접근, 구성주의적 접근, 인본주의적 접근을 들 수 있다. 정신분석적 접근에서는 영유아의 욕구를 충족시킴으로써 영유아의 문제 행동을 지도하고, 행동주의적 접근에서는 영유아의 부적절한 행동에 대한 강화와 모델링의 사용을 통해 바람직한 행동으로 변화시키는 지도 방법을 제시한다. 또한 구성주의적 접근에서 영유아는 성인이 정한 제한이나 규칙을 그대로 수용하여 따르는 수동적 존재가 아니므로, 영유아가 스스로 상황을 판단하고 대안을 찾고 자기조절의 기회를 갖는 경험을 통해서 자기 통제력을 키우는 지도 방법을 제시한다. 인본주의적 접근에서는 영유아의 감정이 수용되고, 효과적으로 의사소통하는 방법과 영유아의 잘못된 지각이나 목표에 의해 부적절한 행동이 일어난다고 보고 이를 위한 대안적인 방안을 제시한다. 본 장에서는 이와 관련한 영유아 생활지도의 이론적 배경을 자세히 살펴보고자 한다.

1. 정신분석적 접근

1) Freud 이론의 관점

정신분석 이론의 대표적 학자인 Freud는 원초아(id), 자아(ego), 초자아(superego)의 개념으로 성격형성을 소개하였다. 성격 구성요소인 원초아는 본능적이고 일차적인 욕구를 충족시키기 위해 쾌락의 원리를 따르기 때문에 이로 인해 문제 행동이 나타날 수 있고, 자아는 자신의 욕구와 사회적 규범과 규칙 등의 사이에서 균형을 이루려고 하기 때문에 바람직한 행동을 할 수 있으며, 초자아는 이상적 자아를 실현하기 위해 도덕적 양심의 원리에 따라 행동하게 된다고 하였다. Freud는 인간의 본능을 성욕과 공격성으로 설명하였는데, 성적 에너지인 리비도(libido)가 행동에 중요한 영향을 미친다고 하였다. Freud는 인간의 성격 발달을 리비도가 집중되는 신체부위에 따라 구강기, 항문기, 남근기, 잠복기, 생식기의 단계로 나누어 설명하였는데 6세 이전에 성격이 결정되고, 유아기에 결정된 성격은 변화하지 않는다고 하였다. 또한 Freud는 무의식적 과정(unconscious process)도 행동에 영향을 미칠 수 있다고 하였고, 인간이 정서적으로 어려움을 겪을 때 그 고통에서 벗어나거나 극복하기 어려운 참을 수 없는 경험으로부터 자신을 보호하기 위해 퇴행, 투사, 합리화와 같은 방어기제(defence mechanisms)를 사용한다고 하였다(Geldard, Geldard, & Foo, 2018).

2) 정신분석적 접근에 따른 지도전략

정신분석적 접근에 따르면 영유아는 Freud가 제시한 각 발달단계에서 욕구가 충족되지 않을 경우 집착, 고착, 적대감, 아버지 또는 어머니와의 갈등 등과 같은 성격발달상의 문제 행동을 나타낸다. 영유아의 성격발달이 원만하게 이루어지기 위해서는 Freud가 제시한 발달단계에서의 욕구가 충분히 충족될 수 있도록 지도하여야 한다. 예를 들어, 구강기에는 빨기와 같은 활동을 통해서 구강의 욕구를 충족시켜 주어야 하고, 항문기에는 배설의 욕구를 충족시켜 줌으로써 안정적인 배변훈련이 이루어질 수 있도록 지도하여야 할 것이다. 남근기에는 바람직한 아버지 또는 어머니의 모습을 보여줌으로써 영유아가 동일시를 통해 자아를 발달시킬 수 있도록 도와야 할 것이다.

2. 행동주의적 접근

1) 행동주의 이론의 기본적 입장

행동주의 이론에서 행동은 환경의 영향을 받아 형성되고, 자극과 반응 관계를 통해서 새로운 행동이 일어난다고 보았다. 행동주의 이론가인 Watson은 자극은 행동이 일어나게 하는 사건이고, 반응은 자극에 대한 관찰할 수 있는 행동으로 보았으며, Thorndike는 행동에 따른 결과의 경험이 어떠한가에 따라 이 행동이 강화된다고 보았다(Morrison, 2018). Skinner는 유아교육을 포함하여 교육의 모든 측면에 광범위한 영향을 미친 행동주의 이론가들 중 한 사람으로, 행동을 수정하기 위해 강화의 원리를 체계적으로 적용하는 방법을 제시하였다. 행동주의 이론가들은 행동수정, 강화, 보상 등과 같이 영유아를 위한 행동주의적 생활지도의 기초 원리를 제공하고 있다. 또한 행동주의 이론의 요소들은 유아교육에서 다양한 방법으로 사용될 수 있는데, 특히 장애 영유아를 포함하여 영유아들에게 특정 기술을 가르치고자 할 때 체계적으로 적용될 수 있다(Essa, 2013).

행동주의 이론을 다른 이론들과 비교하였을 경우 구별되는 기본 원리들은 다음과 같다. 첫째, 행동을 통제하고 결정하는 환경의 역할을 강조한다. 둘째, 영유아의 관찰 가능한 행동이 중요하다. 셋째, 학습의 원칙은 영유아의 연령, 인종, 문화와 관계없이 다양한 능력을 가진 영유아들에게 적용되고, 학습을 위한 적절한 경험을 제공하는 것이 가장 중요하다. 넷째, 학습은 점진적 · 지속적으로 이루어지고, 학습과 발달은 조건화된 특정 행동이 점차적으로 발전하는 것이다(Morrison, 2018). 행동주의 이론에서 영유아는 주변 환경에 반응하는 방법을 점차적으로 학습하고, 영유아의 발달은 연령과 발달단계에 따라 이루어지는 것이 아니라 학습을 통해 이루어진다고 본다(지성애, 홍혜경, 2018).

2) Skinner 이론의 관점

영유아를 위한 행동주의적 생활지도의 기초 원리가 되는 행동수정, 강화, 행동형성을 살펴보면 다음과 같다.

(1) 행동수정(Behavior modification)의 원리

Skinner는 거의 모든 행동은 환경을 통해 학습된다고 강조하였는데, 행동수정은 특정 행동을 변화시키기 위해 특정 환경 사건을 체계적으로 마련하는 것을 의미한다(Allen & Cowdery, 2014). 행동수정의 기본 원리는 물리적·사회적 구성요소를 포함하는 환경을 조작함으로써 행동이 변화될 수 있거나 수정될 수 있다는 것이다. 이러한 행동수정은 조작적 조건화(operational conditioning)를 통해서 이루어진다. 조작적 조건화는 의도적으로 결과를 조절함으로써 행동을 증가시키거나 감소시키는 것으로, Skinner는 행동을 이해하기 위한 가장 좋은 방법은 행동의 원인과 결과를 알아내는 것이라고 하였다. Skinner는 행동에 대한 즉각적 결과를 강화(reinforcement)라고 하였다(Essa, 2013). 조작적 조건화는 강화물(reinforcer)에 의해서 반응이 일어나는 학습의 과정을 의미한다. 강화물은 특정 행동을 개선시키거나 소거시키기 위해서 사용되거나 철회되기도 한다. 예를 들어, 유아가 자신의 방을 매일 정리하기를 원한다면 유아가 방을 정리할 때마다 칭찬한다. 강화물인 칭찬은 유아가 방을 정리하는 행동을 보다 많이 할 수 있도록 돕는다. 여기서 방을 정리하는 것은 칭찬에 의한 조건화된 반응이다(Geldard et al., 2018).

(2) 행동수정 방법

① 강화(reinforcement)

Skinner는 조작적 행동을 유지하기 위해서는 강화의 역할이 매우 중요하고, 조작적 행동은 강화를 통해 변화 또는 수정될 수 있다고 하였다. 강화는 여러 가지 행동수정 방법 중 가장 많이 활용되는 방법이다. 강화는 크게 긍정적 강화와 부정적 강화로 나눌 수 있다.

가. 긍정적 강화(positive reinforcement)

긍정적 강화는 영유아가 바람직한 행동을 한 경우 즉시 영유아가 원하거나 좋아하는 자극을 제공하는 것으로 영유아의 긍정적 반응 행동이 반복적으로 나타나도록 돕는 역할을 한다. 긍정적 강화는 다음의 〈표 2-1〉과 같이 물리적 강화와 사회적 강화를 포함한다(Essa, 2013).

| 표 2-1 | 긍정적 강화

물리적 강화	사회적 강화
• 구체물(예: 스티커)을 유아에게 제공한다.	• 칭찬, 미소짓기, 안아주기, 관심 보이기 또는 참여하기와 같은 반응으로 유아의 바람직한 행동을 인정하는 보상을 제공한다
⇒ 유아가 바람직하고 기대되는 조작적 행동을 보다 자주 하고, 이 행동이 지속될 수 있도록 돕기 위해 스티커를 활용할 수 있다.	⇒ 교사들은 사회적 강화가 유아의 바람직한 행동을 증진시키는 데 효과가 크기 때문에 많이 사용한다.

| 그림 2-1 | 교사에게 받은 스티커를 붙이는 유아

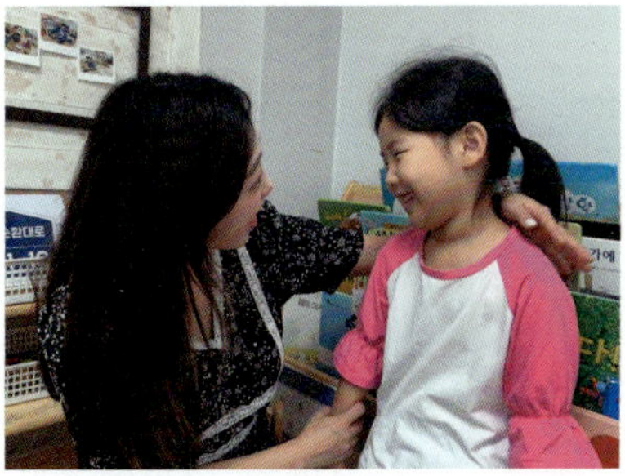

| 그림 2-2 | 교사에게 칭찬받는 유아

유아교육기관의 하루 일과에서 영유아의 기본생활습관 형성을 돕고, 긍정적 행동을 지원하기 위해 교사는 다음의 〈표 2-2〉와 같은 효과적인 강화물을 사용할 수 있다.

| 표 2-2 | 교사가 사용할 수 있는 효과적인 강화물

구분	효과적인 강화물
언어적 반응 (Verbal responsiveness)	• 영유아의 바람직한 행동에 대한 의견 표현하기 • 관심을 나타내는 질문하기 • 영유아의 질문에 대한 대답하기 • 인정을 나타내는 감탄사 사용하기(예: 대단하구나!)
설명적 칭찬 (Descriptive praise)	• 영유아가 성취한 것에 초점을 맞추어 칭찬하기
물리적 접근 (Physical proximity)	• 영유아 가까이에 조용히 서 있거나 앉아 있기 • 영유아를 살펴보거나 고개를 끄덕이거나, 미소 짓거나 경청하면서 진심으로 흥미를 보여주기
신체적 접촉 (Physical contact)	• 토닥이기 • 안아주기 • 신체적으로 편안하게 해주기 • 손잡기 • 전후좌우로 부드럽게 흔들기
물리적 도움 (Physical assistance)	• 정글짐 오를 때 도와주기 • 그네 밀어주기 • 평균대 위에서 균형 잡도록 도와주기
유아가 원하는 것 제공하기 (Providing things that children want)	• 놀잇감, 활동, 나들이, 좋아하는 간식, 이야기 읽기

출처: Allen & Cowdery(2014: 313)

나. 부정적 강화(negative reinforcement)

부정적 강화는 영유아가 원하지 않거나 좋아하지 않는 자극을 제거함으로써 바람직한 행동이 증가하도록 돕는 역할을 한다. 부정적 강화는 긍정적 강화와 같이 영유아의 바람직한 행동을 강화하기 위한 동일한 목표를 가지고 있으나 방법적인 면에서 차이가 있다. 벌은 부정적 강화에 해당되지 않음을 유의해야 한다.

② 비강화: 소거(extinction)

소거는 이미 강화된 행동(예: 떼쓰기)을 감소시키기 위해서 영유아에게 제공되었던 강화를 철회하는 비강화 방법이다. 소거는 부적절한 행동에 대해 영유아가 싫어하는 결과를 제공하는 벌과는 다르다. Skinner는 벌은 행동을 통제하기 위한 효과적인 방법이 아니라고 하였다(Essa, 2013). 소거는 강화 지연(withholding reinforcement)을 포함하는데 교사가 영유아의 부적절한 행동을 감소시키려는 노력에도 불구하고 이 행동이 감소되지 않을 경우 사용될 수 있다. 강화물 지연은 영유아의 바람직한 행동에 대한 교사의 긍정적 관심이 함께 제공될 때 생활지도 방법으로서 매우 효과적이다. 하지만 강화물 지연 또는 철회가 지속적으로 사용될 수 없다면 영유아의 바람직하지 않은 행동이 더 강화될 수 있으므로 주의 깊게 사용되어야 한다(Allen & Cowdery, 2014). 소거에 해당하는 활동중지는 교실 내의 모든 활동, 자극, 관심으로부터 제거되는 것을 말한다. 강화 철회의 가장 극단적인 형태인 활동 중지는 가장 마지막에 사용하여야 하고, 교사의 재지시하기 또는 무시하기와 같은 방법으로 지도할 수 없는 심각한 부적절한 행동(예: 다른 유아의 장난감 빼앗기, 다른 유아를 발로 차기)을 지도할 때 적합하다(Allen & Cowdery, 2014).

③ 행동형성(shaping)

행동형성은 영유아의 성취능력을 고려하여 영유아가 배워야 할 행동을 작은 단계로 나누어 가르치고, 각 단계에서 성취를 체계적으로 강화함으로써 영유아가 새로운 행동을 배울 수 있도록 돕는 방법이다(Essa, 2013).

3) Bandura 이론의 관점

행동주의 이론가들의 관점을 확장시킨 Bandura의 사회학습 이론에서는 학습은 강화에 의해서만 일어나는 것이 아니라 모델링, 관찰, 다양한 경험들, 그리고 자기조절을 통해서 일어난다고 보았다(Morrison, 2018). 사회학습 이론 관점에서 영유아는 학습하고자 하는 대상의 행동을 관찰하고, 그 행동을 해석하여 모방하는 관찰 학습을 통해서 사회적 행동을 배운다고 보았다. 모델링의 대상은 교사나 부모와 같은 성인과 또래 영유아가 될 수 있는데, 특히 온정적인 교사나 부모 모델이 영유아의 사회적 행동에 긍정적인 영향을 미친다고 보았다(Shonkoff & Phillips, 2000; Essa, 2013). 유아기에 학습하는 사회적 기술은 교사나 부모와 환경에 의해 습득되고 이러한 사회적 기술은 영유아가 생활 속에서의 경험 방식과 친구 선택 그리고 놀잇감을 공유하며 함께 어울리는 방식을 결정하도록 돕는다.

영유아는 새로운 행동을 직접 해본 경험이 없더라도 다른 사람의 행동을 관찰함으로써 새로운 행동을 학습할 수 있다(Bandura & Walters, 1963; 지성애, 홍혜경, 2018 재인용).

(1) 관찰학습(observational learning)의 인지과정

영유아는 관찰하는 모든 것을 모방하는 것은 아니다. 어떤 행동을 관찰한 다음 이러한 행동을 학습할 것인가를 결정하기 위해 다음과 같은 인지적 요인들이 작용된다(Bandura, 1969; Cairns, 1983; White, 1970; 지성애, 홍혜경, 2018 재인용).

- 집중요인(attention factor): 유아가 상황과 사건을 변별하고 해석할 수 있는가?
- 보유요인(retentional factor): 유아는 해당되는 상황 또는 사건에 관한 정보를 기억하는가?
- 재생요인(reproductive factor): 유아는 상황과 사건을 재연할 수 있는가?
- 동기요인(motivational factor): 유아가 상황, 사건 등과 연관된 것들을 학습하려고 하는가?

(2) 모델화

사회학습 이론가들은 학습은 사회적 환경 안에서 발생하는 것이라고 하였다. 이는 영유아들은 다른 사람들을 관찰함으로써 많은 영향을 받는 사회적 존재라는 것을 상기시켜 준다. 실제로 영유아는 주변의 다른 사람을 관찰함으로써 많은 새로운 행동을 학습한다. 또한 영유아들은 다른 사람의 마음에 상처 주기, 물건을 함께 나누어 사용하기, 양보하기 등의 행동들도 다른 사람의 행동 관찰을 통해 학습하기도 한다. 이러한 관찰학습을 위한 모델들은 주변의 실제 사람들뿐만 아니라 텔레비전, 비디오게임, 책 등에서 나오는 등장인물들도 포함된다(Maccoby & Martin, 1983; Stevenson, 1983; 지성애, 홍혜경, 2018 재인용).

영유아들은 부모의 양육행동과 타인으로부터 존경을 받는 인물 또는 자신보다 힘이 세고 여러 가지 기술과 능력을 가진 사람들을 선택하여 모방한다. 특히 영유아들은 실제 생활에서 성인들의 행동에 흥미를 갖고 쉽게 모방을 한다. 예를 들면, 어떻게 인사를 하는지, 어떻게 도움을 청하고 양보하는지, 또는 어떻게 물건들을 사용하는지 등을 모방한다. 그러나 영유아들이 흥미를 갖고 모방하는 행동들이 모두 긍정적인 것이 아니라는 것을 유념하여야 한다.

이와 같은 행동주의 접근 방법을 영유아를 위한 생활지도에서 적용하는 것이 적절한 지에 대한 논란의 여지가 있을 수도 있다. 하지만 실제 많은 유아교육기관에서 영유아의 기본 생활습관 지도를 위해 스티커와 같은 강화물을 제공하여 영유아의 바람직한 행동을 격려하고 있다. 또한 모델링과 강화는 새로운 행동이나 기술을 습득하기 위한 가장 효과적인 방법으로 활용되고 있다(지성애, 홍혜경, 2018). 따라서 행동주의 접근 방법은 영유아들이 일상생활에서 반드시 필요한 여러 가지 기본 기술을 익히고, 좋은 습관을 형성하며, 긍정적인 사회적 행동을 학습하기 위한 지도 방법으로 유용하게 활용될 수 있다는 점을 고려하여야 할 것이다.

4) 행동주의적 접근에 따른 지도전략

영유아의 바람직한 기본 생활습관과 행동을 지도하기 위해 활용할 수 있는 대표적인 행동주의 지도전략인 행동수정과 모델링 과정을 살펴보면 다음과 같다.

(1) 행동수정

영유아의 행동을 수정하기 위해 강화를 사용할 수 있고, 강화는 다음의 〈표 2-3〉과 같이 단계적으로 제공되어야 한다(지성애, 홍혜경, 2018).

| 표 2-3 | 강화를 통한 행동의 수정 단계

행동수정의 단계	내 용
1. 문제 평가하기	영유아 주변의 사회적 환경을 주의 깊게 관찰하고 문제 행동과 관련된 상황을 점검한다.
2. 수정해야 할 행동 결정하기	영유아의 바람직하지 못한 행동과 성인의 바람직하지 못한 반응 행동 또는 영유아의 바람직하지 못한 행동이 일어나도록 자극하는 교실 환경에 대한 관찰이 끝나면, 다음으로 인적 및 물적 환경을 어떻게 변화시킬 것인지와 수정해야 할 행동(예: 소리 지르기)을 결정한다.
3. 강화물 결정하기	영유아의 긍정적 행동을 강화하기 위한 강화물을 결정하기 위해서 먼저 어떤 강화물이 영유아에게 가장 효과적이고 가치 있는 것인지를 고려해야 한다.
4. 행동목표 설정하기	영유아의 방해하는 행동을 감소시키는 것이 최종 목표라면, 이 목표를 달성하기 위해 영유아가 성공할 수 있는 능력을 고려하여 단계적으로 목표를 설정하여 접근하여야 한다. 예) 유아가 이야기 나누기 전체 시간 동안 방해하는 행동을 하지 않는 것이 최종 목표라면, 첫 단계에서는 유아가 이야기책을 듣는 시간 동안 방해하는 행동이 나타나지 않도록 하는 목표를 설정하면서 시작할 수 있다.
5. 강화의 단계 동안 유아의 행동을 세심히 관찰하기	영유아의 문제 행동은 성인이 지도하는 접근 방법이 효과적일 경우 점차 감소한다. 만약 유아의 문제 행동이 감소하거나 개선되지 않는다면 적용하고 있는 행동수정 방법은 재검토되고 재조정되어야 한다.

영유아의 행동을 수정하기 위해 사용할 수 있는 토큰 강화, 칭찬, 그리고 활동중지의 사용방법은 다음과 같다.

① 토큰 강화의 사용방법

토큰 강화는 조작적 행동인 목표 행동(예: 정리정돈하기)이 자주 나타나도록 강화시키는 역할을 한다. 토큰은 구체물(예: 스티커)이 될 수 있고, 영유아가 목표 행동을 나타낼 때마다 토큰을 제공한다. 영유아가 약속한 만큼 토큰을 모으면 원하는 보상(예: 놀이 시간 더 갖기, 나들이 가기)과 교환한다. 토큰 강화의 효율적인 사용 방법은 다음과 같다(지성애, 홍혜경, 2018).

첫째, 보상을 자주 준다.

토큰에 대한 보상은 매일 주는 것이 효과적이다. 특히 어린 유아일수록 보상을 자주 제공할수록 새로운 행동을 빨리 학습하게 된다.

둘째, 목표 행동에 접근하는 각 단계마다 보상을 제공한다.

만약 유아가 자신의 방을 스스로 정리하도록 하는 것이 목표일 경우 유아가 자신의 방 일부분만을 정리하였을 때도 토큰을 제공한다.

셋째, 토큰을 제공할 때 사회적 강화(예: 칭찬)도 함께 제공한다.

넷째, 유아에게 제공되는 토큰의 수를 기록할 수 있는 간단한 차트를 준비한다.

목표 행동 유형과 각 행동이 나타날 경우 유아에게 제공된 토큰의 수를 차트에 기록한다.

다섯째, 유아와 함께 기대되는 행동이 무엇인지에 대해 이야기 나누고, 유아 자신이 기대되는 행동을 했을 경우 어떤 방법으로 보상받을 것인지에 대해 이야기 나눈다.

만약 유아가 토큰 사용방법을 원하지 않을 경우 효과가 없을 수도 있기 때문에 유아가 원할 경우 토큰 강화를 사용한다.

여섯째, 유아가 바람직하지 못한 행동을 하였다 하더라도 그 동안 모은 토큰을 빼앗아서는 안 된다.

일곱째, 유아가 바람직한 행동을 학습해 나가는 과정에서 점차적으로 토큰을 주는 시간 간격을 늘려 토큰 사용을 줄여나간다.

여덟째, 유아가 바람직한 행동을 학습한 후에는 토큰을 사용하지 않더라도 사회적 강화(예: 칭찬)는 계속 제공한다.

② 칭찬의 사용방법

효과적인 칭찬은 영유아의 활동 결과에 대한 교사의 평가가 아니라 영유아의 활동과 성취에 초점을 맞추어 격려하는 것을 의미한다. 영유아의 바람직한 행동을 강화하기 위한 효과적인 칭찬의 방법은 다음과 같다(지성애, 홍혜경, 2018; Dweck & Elliott, 1983).

첫째, 영유아가 어떤 행동에 대해 칭찬받는지 알 수 있도록 구체적으로 칭찬한다.
둘째, 영유아가 바람직한 행동을 한 직후 칭찬한다.
5~10초 안에 칭찬하는 것이 가장 효과적이다.
셋째, 영유아가 교사나 부모의 칭찬을 신뢰할 수 있도록 정직하게 진심으로 칭찬한다.
너무 과장된 칭찬은 하지 않는다.
넷째, 비언어적 방법(예: 가볍게 어깨 두드려주기, 미소짓기 등)을 칭찬과 함께 사용한다.
다섯째, 영유아의 과제완성과 문제 해결뿐만 아니라 시도 또는 노력을 칭찬한다.

효과적인 칭찬을 제공하기 위해서 칭찬할 때 부정적 언급은 하지 않아야 하고, 성공한 행동과 좋은 결과뿐만 아니라 활동 과정에서 관찰되는 영유아의 노력을 칭찬해야 한다. 또한 너무 어려운 과제의 경우는 영유아가 과제를 수행할 수 있도록 영유아의 성취능력을 고려하여 여러 단계로 나누고, 각 단계에서 영유아가 성공적으로 과제를 끝낼 때마다 칭찬해야 한다.

③ 활동 중지(time out)의 사용방법

활동 중지는 바람직하지 않은 행동을 감소시키기 위해 일관성 있게 적용할 때 효과적이다. 활동 중지는 1분 정도면 충분하고 3분을 넘지 않아야 한다. 영유아는 활동 중지를 통해서 하지 말아야 할 행동만 배우게 되므로 교사는 영유아가 적합한 반응 행동도 배울 수 있도록 지도하여야 한다. 또한 어떤 영유아들은 자신이 원하지 않는 것을 하지 않기 위해서 부적절한 행동을 하는 경우(예: 정리정돈을 하기 싫어서 놀이가 끝날 무렵 다른 유아들을 방해하는 행동)도 있는데 이럴 경우 활동 중지를 사용하는 것은 적합하지 않다

(Allen & Cowdery, 2014).

(2) 모델링의 활용

영유아는 주변의 다른 사람들을 관찰하면서 새로운 행동을 학습하는 경우가 많다. Bandura가 제안한 모델링 과정은 다음과 같다(Morrison, 2018).

① 타인에 대한 관심가지기(Attention to people)

영유아의 타인에 대한 관심은 이들이 가진 매력적인 특성과 특별한 행동에 대한 것에서부터 시작된다. 특히, 운동선수, 인기 연예인, 그리고 만화 주인공이 영유아에게 인기 있는 역할 모델이 된다.

② 재현하기 위한 행동 선택하기(Selecting behaviors to reproduction)

어떤 행동을 재현할 것인지 선택하는 데 있어서 영유아가 존경하고 가치 있는 타인을 보는 것이 중요하다. 즐거움을 주는 행동은 더 많이 모델링이 될 가능성이 있다. 반면, 영유아가 특정 행동을 하는 다른 유아가 벌을 받는 것을 본다면 그 행동을 모델링할 가능성은 적다.

③ 관찰한 행동을 기억하기(Remembering the observed behaviors)

기억하기는 관찰한 행동을 회상하는 것을 통해 일어난다. 만약 유아가 그 행동을 기억하지 못하면, 유아는 그 행동의 영향을 받지 않을 것이기 때문이다.

④ 관찰한 것을 재현하기(Reproducing what was observed)

재현하기는 영유아가 그 행동을 수행하기 위해 필요한 기술을 가지고 있고, 연습할 기회가 있을 때 가장 잘 일어난다.

3. 구성주의적 접근

1) 구성주의 접근의 기본적 입장

구성주의(constructivism)는 영유아들이 자신의 경험을 정리하고, 구조화하고, 재구성하는 인지과정이다. 이것은 기존 사고체계가 물리적·사회적 세계와 상호작용을 통해 수정되고 풍부해지는 평생 지속되는 과정이다. 구성주의 접근에서 영유아들은 지식을 적극적으로 찾는 존재라고 믿는다(Morrison, 2018).

(1) Piaget 이론의 관점

Piaget는 영유아의 행동관찰을 기초로 하여 인지발달과정을 사고의 보편적 특성에 따라 여러 단계로 구분하여 제시하였다. Piaget 이론의 기본 핵심은 영유아란 환경적 조건과 자신의 경험에 따라 변화하는 적응적 기제이며, 능동적으로 주변 세계를 이해하기 위한 탐색을 하는 주체로 보았다.

영아 발달 초기인 감각운동기에는 주변 세계를 감각으로 탐색한다. 이러한 발달적 특성을 고려한 영아 생활지도는 영아에게 모든 감각을 활용하여 탐색하는 것을 허용하되, 언어와 함께 행동으로 영아에게 반응하고, 재지시하는 것이 적절하다(지성애, 홍혜경, 2018; Gordon & Browne, 1996).

전조작기의 영유아는 자기중심적 사고로 타인의 입장을 이해하기 어려울 뿐 아니라 두 개념을 동시에 고려하기 어렵다. 예를 들면, 어떤 영유아가 자신의 친구도 되고 다른 영유아의 친구도 될 수 있음을 이해하지 못한다. 또한 규칙은 절대적인 것으로 생각하고, 행동의 잘함과 잘못함은 의도보다는 결과에 의해 판단하는 경향이 있다. 이 시기의 영유아 생활지도는 가능한 규칙을 적게 설정하고, 신뢰 있는 협력자와 안내자가 되기 위한 상호적인 관계를 형성하며, 영유아 자신의 감정과 요구를 언어로 표현하도록 격려하여야 할 것이다(지성애, 홍혜경, 2018; Gordon & Browne, 1996).

구체적 조작기의 유아는 덜 자기중심적이고 논리적인 판단이 가능하며, 또래, 공정성, 집단의 규칙을 중요시하고, 자율적 도덕성을 갖게 된다. 또한 행동의 도덕성 판단을 할 때 동기나 의도를 고려할 수 있게 된다. 이 시기의 유아 생활지도는 유아가 타인의 입장을 이해하도록 안내하고, 결과를 포함하는 집단규칙을 설정하며, 유아의 협상기술을 격려하는 것이 적절하다(지성애, 홍혜경, 2018; Gordon & Browne, 1996).

이와 같은 Piaget 인지발달 이론에서는 각 발달단계의 특성을 고려한 영유아 행동지도가 필요하며, 자율적 통제와 사회적 규칙을 수용하는 것은 유아의 인지능력과 관련성이 있음을 주장한다.

(2) Vygotsky 이론의 관점

Vygotsky는 사회적 상호작용을 통해서 영유아의 인지적 · 언어적 · 사회적 발달이 지원되고 증진된다고 보았다(Morrison, 2018). Vygotsky는 Piaget와 같이 영유아의 발달은 질적 변화의 연속이고, 유아를 지식 획득의 능동적 주체로 보았다.

Vygotsky가 사회적 · 문화적 맥락이 사고과정의 모든 유형을 결정한다고 본 반면, Piaget는 인지발달을 문화적 맥락과는 관계없는 독립된 보편적 특성으로 보았다. 다시 말하면, Piaget는 지식 형성에서 구체적 물체와의 상호작용이 주요 역할을 하고, 사람과의 상호작용은 이차적 역할을 한다고 보았다. Piaget는 또래나 교사는 인지적 불일치를 야기할 수는 있으나 유아가 학습하는 데 있어서 또래나 교사와의 상호작용은 덜 중요하다고 보았다. 그러나 Vygotsky는 구체적 물체와의 조작이 사회적 맥락에서 이루어지고, 다른 사람과 의사소통에 의해 중재될 때만 발달에 유익하다고 보았다. Vygotsky는 언어는 인지발달과 정신기능의 핵심을 구성하는 데 중요한 역할을 하고, 학습은 사회 · 문화적 맥락에서 일어나며 특히, 교사나 또래는 유아의 발달을 이끄는 중요한 중재자가 된다고 보았다.

Vygotsky 이론이 유아 생활지도에 시사하는 점은 교사나 또래가 갈등이나 분쟁 상황의 유아에게 보다 효과적인 전략의 사용을 보여주거나 제시함으로써 도울 수 있다는 것이다. 또한 교사는 유아의 사회적 상호작용을 조정하기 위해 외적인 중개자(external mediator)를 활용함으로써 유아의 행동을 효과적으로 지도할 수 있다. 외적인 중개자의 예로는 순서를 정할 때 문화적으로 전수되는 방법인 '가위 바위 보' 하기, 유아간의 분쟁을 종결하고 새로운 관계를 형성하기 위한 의식으로 악수하기, 그리고 지켜야 할 규칙이나 자신의 감정을 조절하는 것을 회상할 수 있도록 돕는 팔찌나 그림카드 등과 같은 도구(tool)가 있다(Bodrova & Leong, 2006; 지성애, 홍혜경, 2018 재인용).

(3) Kohlberg 이론의 관점

영유아의 옳고 그름의 사고 발달에 관하여 Piaget가 전도덕기, 절대적인 도덕적 사고시기(타율적 도덕성), 상대적인 도덕적 사고시기(자율적 도덕성)로 설명한데 이어 성인까지 확장 및 적용한 학자는 Kohlberg이다. Kohlberg는 도덕적 갈등 상황을 제시한 후 이에 관한 개인의 도덕적 판단과 추론내용을 토대로 발달단계를 3수준(인습 이전-인습-인습 이후) 6단계로 설정하였다. 특히 전도덕적 단계에 있는 유아는 외부의 통제에 중점을 두고, 타인의 규준이 표준이 되며 벌을 피하거나 상을 받기 위해서 행동을 하지만, 초등학생들은 타인이 자신에게 어떻게 행동했는가에 따라 행동하게 된다(이영, 조연순, 1991; 지성애, 홍혜경, 2018 재인용). 영유아들은 점차 나이가 들고 경험이 늘어감에 따라 자기중심적 관점에서 타인 중심적 관점으로 바뀌게 된다. 그러나 그의 이론에는 많은 한계와 문제점들도 지적되고 있다. 예를 들면, 도덕적 판단과 행위간의 불일치문제, 도덕적 퇴행현상, 문화적 보편성의 문제, 도덕성의 본질문제 등이 지적되고 있기도 하다.

Kohlberg의 이론이 유아의 생활지도에 시사하는 점은 유아들에게 지켜야 할 규칙이나 도덕성을 강요하기보다 도덕적 갈등 상황을 포함하는 주제를 제시하고, 토론을 통하여 인지적 불균형을 경험하면서 도덕적 갈등의 문제를 해결할 수 있는 기회를 제공하여야 한다는 것이다. 또한, 도덕적 판단과 행동의 예를 포함하는 다양한 유아문학을 활용하거나, 역할극 놀이를 지원하는 등의 방법을 통해 유아의 도덕성이 발달할 수 있도록 도와야 할 것이다.

2) 구성주의 접근에 따른 지도전략

구성주의 접근에 의하면 부모나 교사는 영유아의 발달적 수준과 능력을 고려하여 영유아의 이해 수준에 적합한 지도 방법을 사용하여야 한다. 또한 이 접근에서 영유아 생활지도는 영유아의 사회인지, 도덕적 사고의 발달적 관점에서 영유아의 행동을 이해하고, 영유아의 발달에 적합한 지도이어야 한다는 것이다.

(1) 발달적 특성에 따른 기대하기

영유아 생활지도는 발달적 특성에 따라 적절한 기대를 설정하는 것이 중요하다. 그 이유는 영유아들의 부적절한 행동 유형은 영유아의 발달에 따라 다르므로 기대되는 행동도 이에 따라 달라져야 하기 때문이다. 예를 들면, 감각운동기에는 영아가 움켜잡거나, 머리카락을 잡아당기거나, 물거나 하는 행동으로 문제가 발생되나 영아는 이러한 행동과 행동에 따른 결과를 연관 짓는 것이 불가능하다. 따라서 이 시기에 부모나 교사는 영아의 이러한 행동이 허용되지 않음을 알도록 지속적으로 분명하고 일관성 있는 반응을 해야 한다.

전조작기의 영유아는 언어를 획득하게 되지만 사고는 여전히 자기중심적인 특징을 가진다. 이 시기의 영유아 생활지도에서는 영유아가 자신의 관점에서 세계를 보므로 타인의 입장을 배려하도록 요구하는 방법은 발달적으로 적절하지 않다. 따라서 이 시기에는 유아가 그 상황을 어떻게 이해했는지 먼저 표현하도록 하여 수용한 후, 자신이 원하는 것을 하기 위해 다른 방법을 찾아보도록 안내하는 것이 필요하다.

나이든 유아나 학령기 아동은 언어적 표현이 가능할 뿐만 아니라 타인의 관점에서 조망이 가능해지고, 사회적 관계의 폭도 넓어지며, 특히 또래 간의 관계나 집단의 소속감을 중요시한다. 따라서 이 시기의 아동 생활지도는 아동이 자신의 요구보다는 타인의 입장을 배려하고, 공정함과 옳고 그름을 도덕적으로 추리하여 행동을 하도록 도와야 할 것이다.

(2) 자기통제력 향상 돕기

유아의 발달 특성상 자신의 충동을 조절하고 다른 사람의 입장과 권리를 이해하기는 어렵다. 하지만 성인이 주도적이고 권위적인 지도를 한다면 유아는 자신의 삶을 스스로 조절하고 통제하는 데 필요한 정보를 내면화하고 학습할 기회를 갖지 못할 것이다. 또한 복잡하고 다양하게 변화되고 있는 사회에서 유아는 보다 다양하고 예측하기 어려운 문제 상황들에 직면하게 될 것이다. 따라서 유아가 다양한 자극과 유혹에 대해 스스로 자기를 통제할 수 있는 능력을 길러 주는 것은 매우 중요하다. 이러한 맥락에서 유아의 자기통제력 발달을 돕기 위한 보다 적극적인 생활지도가 필요하다.

(3) 갈등적 상황 활용하기

갈등 상황을 활용하여 유아가 사고하고 판단할 기회를 갖도록 하는 것이 필요하다. 교사는 유아에게 왜 그런 행동이 기대되는지 추리할 기회를 주고, 어떻게 갈등 상황을 해결할지에 대해 의견이나 생각을 묻고, 잘한 행동이나 잘못된 행동을 했을 때 어떤 결과가 일어났는지 생각하고 말하는 기회를 주어야 할 것이다. 이러한 경험은 유아가 자신의 행동을 스스로 조절하는 능력을 기를 수 있도록 도울 것이다.

또한 교사는 유아 간의 갈등 상황이 일어났을 때, 이 상황에 대해 생각하고, 토의와 협상하는 기회를 갖도록 하는 것이 필요하다. 특히 유아들 간의 갈등이나 분쟁이 잦

| 그림 2-3 | 친구와의 싸움 및 화해를 주제로 한 그림동화
출처: 시바타 아이코(글), 이토 히데오(그림). 2006. 친구랑 싸웠어! 시공주니어.

| 그림 2-4 | 친구 간 갈등상황의 동화내용을 듣고, 해결방법에 대해 소그룹으로 토의하는 유아들

은 상황을 동화나 그림자료로 제시하고, 유아들의 생각과 가능한 해결방안을 비교하거나 검토하는 활동은 효과적인 지도 방법 중 하나이다(지성애, 홍혜경, 2018; 최윤정, 이기숙, 1999).

(4) 규칙 정하기에 참여하기

유아가 자신이 지켜야 할 규칙 정하기에 참여하는 것은 중요하다. 무엇보다 유아를 위한 발달적으로 적합한 생활지도의 핵심은 유아가 성인이 정한 제한이나 규칙을 그대로 수용하고 따르는 수동적 존재가 아니라는 것을 인식하는 것이다. 따라서 유아 생활지도에 있어 임의적으로 제한이나 규칙을 제시하기보다는 유아 자신의 문제에 대해 직접 참여하여 함께 해결방안을 결정하여 시행하도록 하는 접근이 무엇보다 중요하다. 이러한 접근은 유아 자신이 문제를 인식하도록 돕고, 자신의 수준에서 해결방안을 제시하기 때문에 이 결정을 따르기가 쉽고 자발적인 참여를 유도할 수 있다. 뿐만 아니라 정해진 규칙이나 분명한 제한은 지속적으로 적용되도록 하고 변경될 때에는 유아들과 합의하여 재조정하는 배려도 필요하다.

(5) 협동의 기회 활용하기

유아는 또래, 부모, 교사 등 주위 사람으로부터 많은 것을 배울 수 있고, 유아 자신이 실제 경험한 것과 자신이 속한 문화에서 가치를 두는 것에 기초하여 행동을 획득하게 된다. 따라서 성인과 또래가 공유하는 사회적 · 문화적인 가치가 생활지도에 반영되어야 하며 교사나 또래는 유아가 바람직한 행동을 습득할 수 있도록 촉진자로서 역할을 해야 할 것이다.

이러한 관점에서 협동작업 과제는 유아들이 활동의 참여자들로서 공동의 목표를 추구하기 위하여 서로간의 의견 차이를 조정해야 하는 기회를 줄 뿐만 아니라 자신들의 생각이나 문제 해결 전략을 비교할 수 있는 기회를 제공하므로 보다 능동적이고 자발적인 행동을 이끄는 데 효과적이다.

| 그림 2-5 | 정해진 시간 안에 '도형으로 모양 맞추기' 협동 놀이를 하는 유아들

4. 인본주의적 접근

1) Rogers 이론의 관점

Rogers 이론의 주요 개념은 자신에 대한 자아개념 발달이다. 자아개념은 주변의 수많은 사건에 대하여 인간이 어떻게 반응하고, 이러한 사건들과 관련하여 자기 스스로를 어떻게 느끼는가에 기초하여 형성된다. Rogers는 유아는 자신의 문제를 해결하기 위한 힘을 가지고 있다고 보았고, 교사의 역할은 유아가 답을 찾도록 도와주는 것이라고 보았다. 또한 유아는 자신의 행동을 조절할 수 있는 능력과 자신의 잠재력을 발휘하고 스스로 발전하려는 능력을 갖고 있다고 보았다.

Rogers 이론에서는 인간은 자신이 사는 세계와 그들 스스로의 의식적인 지각에 의해 지배된다고 보았다. 이것은 개개인의 의식적인 지각은 자신에 의해 지각될 때 의미를 갖게 되므로 매우 개인적이고 주관적인 것이라는 것이다. 이 이론에 의하면 개인의 관점은 매우 주관적이기 때문에 성인과 유아의 관계에서 성인의 행동이나 말이 때로는 그 상황에 관련된 성인 자신의 견해를 유아에게 강요하는 것으로 인식되어질 수 있다.

Rogers는 인간은 타인으로부터 인정받고, 수용되고, 지원받는 등의 긍정적인 관심에 대한 욕구를 누구나 갖고 있고, 타인으로부터 긍정적 관심이 내면화되어 자신을 긍정적으로 생각하게 된다고 본다. 예를 들면, 만약 유아가 성인으로부터 긍정적인 인정을 받지 못한다면, 유아는 자신의 잠재력을 발휘하기보다는 성인으로부터 인정을 받으려고 에너지를 사용하게 되어 자아 발달에 문제가 생길 수 있다. 그러므로 유아는 타인으로부터 긍정적인 관심을 받고, 유아 나름의 개인적 지각을 인정받을 때 비로소 온전한 인간으로 기능할 수 있게 된다는 것이다.

이 이론적 입장에 따르면, 성인은 유아 자신이 나름대로 느끼는 것을 인정해 주는 것이 필요하고, 유아의 잘못이나 유아에게 무엇을 해야 하는지 요구할 필요는 없다는 것이다. 그 이유는 유아는 자신이 상황을 평가할 능력을 갖고 있을 뿐만 아니라 유아 스스로 원만한 문제 해결을 할 수 있기 때문이다.

2) Rogers 이론에 따른 지도전략

Rogers의 지도전략을 사용하는 교사와 부모들은 유아의 노력을 지원하고, 수용과 승인을 보여주는 것이 성인의 역할이라고 본다. Rogers 이론을 기초로 한 부모효율성훈련(Parent Effectiveness Training; P.E.T.)은 대표적인 유아 생활지도 프로그램이다. Thomas Gordon(1962)이 개발한 이 프로그램은 유아와 가족의 임상적 작업을 통해 부모-자녀관계 문제를 가진 많은 경우들이 효과적인 대인관계의 기술을 알지 못하였기 때문이었음을 알아내고, Rogerian 상담가에 의해 사용되는 기술들을 부모에게 적용한 것이다. Rogers는 P.E.T. 프로그램의 원리를 교사에게 적용한 교사효율성훈련(Teacher Effectiveness Training; T.E.T)도 개발하였다. 이 프로그램들에서는 유아의 생활지도를 위해 다음과 같은 기술들을 제시한다(지성애, 홍혜경, 2018; Marion, 2019).

(1) 문제 소유자 파악하기(problem ownership)

많은 부모나 교사는 유아의 문제를 대신 해결해 주려고 시도하기보다는 유아가 자신의 문제를 해결하도록 격려하여야 한다. 유아가 문제에 대처하고 인식하도록 돕기 위해서는 무엇보다도 유아의 수용 가능한 행동과 수용 불가능한 행동을 구분하는 것이 중요하다. 수용 가능한 행동과 불가능한 행동은 다음의 〈표 2-4〉와 같다.

| 표 2-4 | 수용가능한 행동과 불가능한 행동

수용 가능한 행동	유아를 괴롭히는 문제들 (교사 · 부모-자녀관계에 문제없음)	유아가 문제를 소유함 (교사 · 부모, 유아 문제없음)
수용 불가능한 행동	교사 · 부모를 괴롭히는 문제들	교사 · 부모가 문제를 소유함

출처: 유안진, 김연진(1991); 지성애, 홍혜경(2018: 73) 재인용

(2) 적극적으로 경청하기(active listening)

교사나 부모는 유아들에게 자신들의 감정이나 생각이 존중받고, 이해되고, 수용되고 있다는 것을 느끼도록 하기 위해서 적극적으로 들어야 한다. 유아들은 자신의 내적 감정을 직접 표현하게 되면 비난과 질책을 받을까봐 간접적인 표현을 하면서도 부모나 교사가 그 뜻을 이해해 주기를 내심 바란다. 따라서 부모나 교사들은 유아의 상징적인 또는 간접적인 표현에서 그것이 진정으로 무엇을 뜻하는지를 해석해야 한다. 이러한 해독과정(decoding process)은 유아가 문제를 가지고 있을 경우 그 문제를 해결하도록 도와줄 수 있다.

(3) 나-전달방법(I-message) 사용하기

유아의 행동을 교사나 부모가 수용할 수 없는 경우, 흔히 '네가 ~하다'는 식의 너-전달방법(You-message)을 많이 사용한다. 그러나 너-전달방법 사용은 비난의 감정으로 인식되기 쉽다. 따라서 유아를 탓하지 않고 교사나 부모 자신이 그 행동에 대해 어떻게 느끼는지를 단순히 전달하는 나-전달방법(I-message)이 보다 효과적이다. 나-전달방법은 성인이 느끼거나 기대하는 것을 전달하고, 행동을 바꾸는 것은 유아의 몫으로 남겨 두는 전략이다.

좋은 나-전달방법은 사실에 대한 간단한 진술이고, 다음의 4가지 요소를 포함한다 (Marion, 2019).

- (보고, 듣고, 냄새 맡고, 만졌던) 관찰했던 정보를 제공한다.
- 구체적인 결과를 말한다.
- 어떻게 느꼈는지 말한다.
- 변화에 집중한다.

교사나 부모는 상황을 변화시키는 방법에 대한 아이디어를 제공하거나 유아가 변화하도록 격려하는 해결책을 제안하도록 돕는 질문을 할 수 있다.

교사나 부모가 유아의 문제 행동에 대해 나-전달방법을 사용할 경우 포함되는 메시지는 다음과 같이 크게 세 부분으로 나누어진다.

교사나 부모가 수용할 수 없는 행동을 단순히 서술하기	예) 네가 치우기로 한 것을 치우지 않았기 때문에
유아의 행동 결과로 인한 교사나 부모의 감정을 말하기	예) 선생님은/엄마는 화가 난다
교사나 부모의 감정에 대한 이유를 설명하기	예) 왜냐하면 선생님이/엄마가 다 치워야 하기 때문이야

나-전달방법을 사용할 때 항상 이 부분들을 모두 포함해야 하는 것은 아니다. 나-전달방법에서 중요한 것은 유아의 행동에 초점을 맞추는 것이 아니라 교사나 부모 자신의 입장에서 메시지를 전달하기 때문에 유아와 의사소통이 원활할 뿐만 아니라 유아의 자발적인 협조를 얻어내기 쉽다는 것이다.

(4) 무승부 방법(no-lose method) 사용하기

일반적으로 유아가 문제를 소유한 경우는 적극적으로 들어주기 방법을 적용함으로써 유아-교사·부모 사이의 문제를 줄일 수 있다. 교사나 부모가 문제를 소유한 경우는 나-전달방법을 사용함으로써 갈등을 줄일 수 있다. 그러나 여전히 유아와 교사·부모 사이의 갈등을 야기하는 문제들이 있을 경우는 무승부 방법을 사용할 수 있다. 무승부 방법은 어느 누구도 이기거나 지지 않고 갈등을 해소하는 방법이다.

무승부 방법의 경우 교사나 부모는 유아의 의견과 의사결정능력을 존중하고, 유아 역시 성인의 제안을 존중하면서 토의를 통해 서로 수용할 수 있는 해결책을 함께 찾아 나가는 방법으로 유아와 성인의 동등한 관계에서 이루어지므로 가장 민주주의적인 해결방법이라고 할 수 있다.

무승부 방법을 효율적으로 사용하기 위해서는 적극적으로 경청하기와 나-전달방법을 함께 적용하는 것이 효과적이다. 무승부 방법은 유아의 자아개념을 손상시키는 권위를 사용하는 대신 성인이 유아와 동등한 입장에서 상호작용하는 기회를 제공하여 갈등을 해결할 수 있기 때문에 유아교육 현장에서 유용하고 효율적으로 활용할 수 있는 방법이다.

3) Adler 이론의 관점

Freud가 인간은 원래 생물학적 존재이고, 생리적 욕구 해결을 통해 성격이 형성되며, 보이지 않고 통제할 수 없는 무의식적인 힘에 의해 행동한다고 본 반면, Adler는 인간은 본래 사회적 존재이고, 사회적 환경과 교사와 같은 타인과의 상호작용이 성격발달에 상당한 영향을 미치며, 유아는 능동적으로 의식적으로 자신의 성장에 기여한다고 보았다(Marion, 2019). Adler 이론에서는 열등감 콤플렉스 또는 과도한 경쟁에 의한 과잉보상 없이 유아가 열등한 삶의 위치를 극복하기 위해 유아 자신이 노력하는 것이 중요한 삶의 과제이다. 또한 Adler는 태어나서 5세 동안에 사려 깊은 성인으로부터 격려를 받는 것이 필요한 매우 중요한 시기라고 보았다. 이 시기에 성인은 유아에게 무조건 허용하거나 명령하는 것이 아니라 격려하고, 유아 개개인의 잠재력이 사회적으로 반응하는 방식으로 발휘될 수 있도록 생활지도를 해야 한다고 보았다(Gartrell,

2013).

Adler이론에서는 유아가 자신이 발달하는 과정에서 중요한 역할을 하며, 유아 자신의 경험에 대해 어떻게 해석하고 지각하는지가 중요하다고 본다. 예를 들어, 유아가 또래집단에서 소속감을 가지기 위해 집단의 상황과 교사나 친구들의 의도를 정확하게 해석하지 못할 경우 잘못된 목표를 가지고 부적절한 행동을 하거나 협력을 거부할 수도 있다(Marion, 2019).

이와 같이 Adler의 이론은 성격 발달의 새로운 관점을 제시하였고, 생활지도 대상이 되는 유아가 부적절한 행동을 하는 이유와 유아의 생활지도에 있어서 성인의 역할에 대한 이해를 돕는 데 기여하였다.

4) Adler의 이론에 따른 지도전략

유아의 잘못된 목표와 지각에 따른 부적절한 행동과 이 행동을 지도하기 위한 보다 적합한 접근 방법을 제시하면 다음의 〈표 2-5〉와 같다. 〈표 2-5〉에서 제시하는 잘못된 목표들은 첫 번째 목표 행동이 성취되지 않으면 다음 목표 행동으로 순차적으로 진행되는 연계성을 가진다(Marion, 2019). 따라서 교사나 부모는 유아의 잘못된 목표나 지각이 무엇인지 먼저 파악하여 각각의 부적절한 행동을 지도하기 위한 보다 적합한 접근 방법을 적용함으로써 유아가 성공적으로 집단의 일원이 될 수 있도록 도와야 할 것이다. 또한 교사나 부모는 유아의 초기 잘못된 목표가 다음 목표 행동으로 진행되지 않도록 부적절한 행동을 조기 개입하여 지도하여야 할 것이다.

| 표 2-5 | Adler의 잘못된 목표

잘못된 목표	유아의 잘못된 지각	유아 행동	성인의 느낌과 반응	보다 적합한 접근 방법: 첫 충동은 무시하기
주의 끌기 (Attention) : 유아는 지나친 관심을 요구한다.	인정이 필요한 유아는 "내가 관심의 중심이 되어야 해."라고 잘못된 생각한다.	장난을 치거나 수동적 또는 게으름으로 성인을 계속 바쁘게 한다.	• 짜증이 난다. • 요구를 들어준다. • 야단친다.	• 집단에 적절하게 참여하는 방법을 보여준다. • 주어진 과제를 하도록 부드럽게 요구한다.
힘 행사하기 (Power) : 유아는 힘을 갖기 위해 싸운다.	"나의 개인적 가치는 내가 힘이 있다는 것을 보여줄 때 생긴다."	힘을 갖기 위해 짜증, 반항, 지나친 논쟁, 완강한 반항과 같은 방법을 사용한다.	• 위협받는다고 느끼거나 화가 난다. • 힘 싸움에 휘말리는 경향이 있다.	• 유아에게 싸우기 원하지 않는다고 말한다. • 논쟁을 거부한다.
보복하기 (Revenge) : 유아는 보복을 하고자 한다.	상처받고 화난 유아는 "내가 보복을 해서 다른 사람들을 상처주면 인정을 받을 거야."라고 자주 말한다.	다른 사람들에게 화를 잘 내고, 보복을 한다는 것에 대한 확신을 주는 데 많은 에너지를 소비한다.	• 기분이 상한다. • 물러설 수도 있다. • 보복할 수도 있다. • 유아의 잘못된 생각에 영향을 미친다. • 전혀 도움이 안 된다.	• 개인적인 일로 받아들이지 않는다. • 유아가 가치 있다고 느끼도록 돕는다. • 화와 불안을 다루는 방법을 가르친다.
무능함 보이기 (Incompetence) : 유아는 부적절한 모습을 보인다.	이기지 못한 유아는 "나는 집단에서 잘하지 못하는 사람의 역할을 할 거야."라는 모습을 보인다.	유아는 자신이 할 수 있음에도 마치 할 수 없는 것처럼 자주 행동한다.	• 좌절하고, 짜증나고, 혼란스럽다. • 포기하고 유아에게 큰 기대를 하지 않는 경향이 있다.	• 유아에게 기대하는 것을 알린다. • 유아의 능력에 대한 자신감과 신뢰를 보인다. • 필요한 경우 과제를 수행하는 방법에 대해 설명한다. • 유아가 먼저 변하지 않는다면 부드럽게 요구한다.

출처: Marion(2019: 47)

Adler의 이론을 성인과 영유아의 상호작용에 적용한 영유아 생활지도의 접근 방법에는 Dreikurs의 민주적인 생활지도와 Dinkmeyer와 McKay의 STEP을 예로 들 수 있다(지성애, 홍혜경, 2018).

(1) Dreikurs의 민주적인 생활지도

Dreikurs는 Adler의 이론을 기초로 하여, 모든 행동은 목적 지향적 특성을 가지고, 인간은 사회일원으로 소속되고 인정받고 싶어 하는 사회적 동물이라고 보았다. 예를 들어, 영유아는 자신이 속한 집단의 일원이 어떻게 하면 될 수 있는가에 대한 잘못된 지각이나 목표를 가지게 될 경우 부적절한 행동을 하게 된다. 이러한 부적절한 행동은 영유아의 잘못된 이해와 판단에 따른 것이므로 영유아를 이해하기 위해서는 겉으로 나타나지 않는 행동의 목적이나 의도를 이해해야만 한다. 또한, 부모나 교사는 대안적인 반응을 통해서 영유아가 집단의 일원이 될 수 있는 보다 나은 방법을 찾도록 도와주어야 한다.

Dreikurs는 영유아와 부모 또는 교사와의 관계에서 평등성에 기초한 민주적인 관계를 형성하는 것이 중요하다고 본다. 영유아는 성인에 비해 경험이나 능력이 부족한 면이 있지만 인간으로서의 가치나 존엄성은 성인과 동등하기 때문에 상호 존중하는 태도로 민주적인 생활지도가 이루어져야 한다. 영유아를 위한 민주적인 생활지도란 동등성과 상호 존중의 기본 원리를 따르고, 영유아에게 무한정의 자유를 허용하는 것이 아니라, 제한된 범위 내에서 선택의 기회를 주고 자신이 선택한 결정에 책임지는 자기훈육(self-discipline)을 원칙으로 한다.

(2) Dinkmeyer와 McKay의 STEP(Systematic Training for Effective Parenting)

부모교육 프로그램인 STEP은 Dinkmeyer와 McKay(1982)가 개발한 효율적인 부모 역할 수행을 위한 체계적 훈련 프로그램이다. STEP은 부모들이 민주적인 양육의 원리를 이해하고, 부모역할을 수행하기 위해 필요한 기술을 연습할 수 있도록 다음과 같이 9단계(sessions)로 구성되어 있다.

① 영유아의 행동과 잘못된 행동을 이해하기

부모는 자녀의 관심 끌기, 주도권 행사하기, 보복하기, 부적절함(무능함) 보이기와 같은 잘못된 목표를 이해하는 것이 필요하고, 영유아가 다른 사람을 돕거나 집단에 기여하는 등의 긍정적인 행동목표를 갖도록 격려하여야 한다.

이 단계에서 부모는 자녀와 긍정적인 관계를 맺기 위해서 상호 존중하기(mutual respect), 즐거운 시간 갖기(taking time for fun), 격려하기(encouragement), 사랑함을 서로 표시하기(communicating love)가 필요하다.

- 상호 존중하기 :
  영유아의 의사를 존중하는 것은 강압적이고 부정적인 말을 피하는 것으로부터 시작될 수 있다.
- 즐거운 시간 갖기 :
  영유아와 함께 하는 시간은 시간의 양보다는 질이 중요하다. 부모는 적은 시간이라도 영유아와 함께 즐겁게 할 수 있는 활동이나 경험을 하는 것이 필요하며, 무엇을 할 것인지 함께 결정하는 것이 중요하다.
- 격려하기 :
  영유아 자신의 능력과 강점을 인식하도록 격려하고, 이러한 격려하기는 영유아의 잘못된 행동을 줄일 수 있다.
- 사랑함을 서로 표시하기 :
  영유아가 안정감을 느끼기 위해서는 적어도 한 사람으로부터는 전폭적인 사랑을 받으며, 자신이 사랑할 사람도 있어야 한다. 부모는 영유아가 기대하지 않을 때 안아주거나 쓰다듬어 주거나 토닥거려 주는 행동으로 영유아가 진정으로 사랑받고 있음을 나타낼 수 있다.

② 부모로서 자기 자신과 영유아에 대해 더 잘 이해하기

부모는 자녀와 자기 자신을 더 잘 이해하기 위해서 영유아의 정서와 자신의 정서에 대한 이해가 우선 필요하다. 예를 들어, 부모는 자신의 정서가 영유아에게 어떤 영향을 주는지 또는 영유아들이 어떤 부정적인 방법으로 감정을 사용하는지를 인식하여야 한다.

③ 영유아가 자신감을 갖도록 격려하기

부모가 자녀의 행동을 긍정적으로 보고, 사랑하고, 수용하는 것이 영유아의 결과적 행동에 의해 좌우되어서는 안 된다. 부모는 영유아의 성취보다는 하려는 시도나 노력을 인정하여야 하며, 칭찬과 격려도 구분하는 것이 필요하다. 칭찬은 영유아가 이룬 결과에 주어지게 되고 경쟁을 유도하기 쉽다. 반면, 격려는 영유아의 노력이나 시도와 향상에 주어지고 영유아가 협력하도록 돕는다. 격려의 말은 영유아에게 자신감과 자신의 가치를 느끼도록 지원한다.

④ 효율적 듣기로 의사소통을 원활히 하기

부모는 자녀의 말을 효율적으로 듣기 위해서 영유아가 자신에게 말하는 것뿐 아니라 말하지 않는 내면의 감정을 이해하고 있다는 것을 알게 하는 반영적 듣기(reflective listening)가 필요하다. 반영적인 듣기를 위해서는 부모의 폐쇄적인 반응보다는 개방적인 반응이 필요하다. 개방적인 반응이란 영유아가 표현하려는 의도나 감정에 민감하거나 비판하지 않는 반응을 하는 것으로 영유아에게 그들의 말을 진정으로 듣고 있음을 느끼게 하고 계속 이야기할 수 있도록 격려하는 반응이다.

⑤ 영유아에게 자신의 생각과 감정을 전달하고 대안 찾기

부모는 문제가 누구에게 있으며, 그 문제에 대해 어떻게 생각하고 느끼는지를 자녀에게 전달하고, 함께 대안을 찾아야 한다. 대안 찾기는 단순히 영유아에게 대안을 제시하거나 충고하는 것을 의미하는 것은 아니다. 단순한 대안 제시는 영유아가 스스로 문제를 해결하는 것을 배우도록 돕는 것이 아니라 오히려 부모에게 의존적이게 하거나 거부 반응을 초래할 수 있다. 만약 부모의 대안 제시나 충고의 결과가 잘못되었을 경우 영유아는 그에 대한 책임도 지지 않게 되므로 부적절하다.

⑥ 책임감을 발달시키는 훈육방법인 자연적 · 논리적 귀결 사용하기

부모는 자녀의 잘못된 행동에 벌을 사용하는 대신 대안적 훈육방법으로 자연적 또는 논리적 귀결을 사용하여 영유아가 자신의 행동에 책임지도록 한다.

⑦ 생활지도시 받게 되는 도전에 자연적 · 논리적 귀결 적용하기

일상생활에서 부모가 자녀들과 자주 부딪히는 도전적인 상황(예: 옷 입을 때 옷의 선택, 정리정돈, 자주 잊어버리는 일 등)의 문제를 다룰 때 자연적 또는 논리적 귀결을 적용할 수 있다.

⑧ 가족모임이나 집단시간을 갖기

부모는 자녀가 가족모임이나 집단의 의사결정 과정에 참여하는 동등한 기회를 제공한다. 이러한 기회는 영유아가 부모를 비롯한 다른 사람들과 민주적인 관계를 가질 수 있도록 돕는다. 또한 영유아는 이 기회를 통해 서로의 생각, 의견, 불만을 이야기하여 갈등이나 문제를 해결하고 함께 즐기거나 할 일 등에 대한 계획세우기에 참여한다. 따라서 함께 참여하는 정기적인 모임을 가지는 것이 필요하다. 모임을 가질 때 주의해야 할 사항은 말다툼이나 불만만을 다루는 데 초점을 맞추지 않도록 한다.

⑨ 자신감을 발달시키고 잠재력을 활용하기

부모의 노력에도 불구하고 자녀와 부딪히는 문제가 항상 순조롭게 해결되는 것은 아니다. 그러나 부모는 자포자기하기보다는 자신감을 발달시키고 잠재력을 계발하기 위한 노력을 하는 것이 필요하다. 완벽한 부모가 되고자 하는 것보다 자녀와의 관계를 개선하는 것에 더 관심을 두어야 한다. 또한 부모는 통제할 수 없는 것에 대해서는 스스로 수용하고 관계 개선을 위한 방법을 찾기 위해 노력하여야 할 것이다.

5. 통합적 영유아 생활지도

최근 유아교육기관에서 효과적으로 활용할 수 있는 영유아를 위한 생활지도의 대표적인 방법으로는 여러 이론의 지도전략을 통합적으로 적용하는 영유아의 발달적 특성에 적합한 생활지도와 자기통제력의 발달을 돕는 생활지도를 들 수 있다.

1) 영유아의 발달적 특성에 적합한 생활지도

발달적 특성에 적합한 생활지도란 영유아가 잘못한 것에 초점을 두기보다는 영유아가 적합한 행동을 학습하도록 돕는 데 초점을 둔 긍정적인 지도 방법이고, 영유아와 성인이 상황을 바꾸기 위해 함께 하는 협동적인 지도 방법이다(Gestwicki, 2016). 영유아의 인지 및 사회인지발달 특성을 고려한 구체적인 생활지도 방법은 다음과 같다.

(1) 영유아의 인지발달 특성에 적합한 생활지도

영유아의 인지발달과 사회성 발달은 서로 연관되어 있고, 발달에 적합한 영유아 생활지도를 위해서는 이러한 견해를 수용하여 영유아의 발달에 따라 영유아가 사고할 수 있는 능력이 다르다는 것을 인정해야 한다. 영유아의 인지발달 특성을 고려한 생활지도 방법은 다음과 같다.

① 영유아들은 긍정적인 경험(예: 다른 또래를 도와주는 행동, 다른 또래들과 함께 놀잇감을 사용하는 행동 등)과 마찬가지로 부정적인 경험(예: 다른 또래에게 맞았기 때문에 그의 반격으로 때리는 행동, 다른 사람의 별명을 부르는 행동 등)도 표현하고 표상한다는 것을 이해하고, 영유아의 문제 행동을 지도해야 한다.

② 다른 사람에게 상처를 입히는 행동과 같은 영유아의 문제 행동은 긍정적인 방법을 통해 지도하여야 한다. 영유아의 문제 행동을 그대로 반영하는 부정적 체벌은 피해야 한다.

③ 전조작기 유아에게 전환(transformation) 과정을 인식시키려고 시간을 소모할 필요가 없다. 전조작기 유아들은 변화된 결과가 나타나기까지의 과정 또는 전환을 무시하고 현재 존재하고 있는 상황에만 초점을 맞추어 판단하는 경향이 있기 때문이다.

④ 전조작기 유아는 자동적으로 가역적인 사고를 할 수 없다는 것을 이해하고 유아의 문제 행동을 지도하여야 한다.

⑤ 구체적 조작기의 아동들도 전조작기의 유아들과 같이 긍정적인 생활지도 방법을 적용해야 한다. 구체적 조작기의 아동들은 교사의 모델링, 직접적인 교수, 지시, 교사가 기대하는 행동, 자신이 할 수 있는 것과 해서는 안 되는 것을 이해하는 데 필요한 인지수정(cognitive modification) 전략을 이해하는 데 별로 어려움이 없는 편이다.

NAEYC의 '발달적으로 적합한 실제(DAP)를 위한 지침'에서 제시한 생활지도전략은 다음의 〈표 2-6〉과 같다(Gestwicki, 2016).

| 표 2-6 | 발달적으로 적합한 생활지도전략

• 유아의 문제 행동을 줄이는 것만 집중하기보다 유아의 사회적 기술과 의사소통 및 정서 조절 기술을 가르치기 • 수용될 수 없는 행동에 대해 분명한 제한을 설정하고, 상호 존중과 배려의 분위기에서 설명과 함께 설정된 제한을 실시하기 • 유아가 문제 행동을 나타낼 때만이 아니라 지속적으로 주의를 기울이기 • 규칙에 대해 이야기 나누고, 규칙을 정하기 위해 학급 회의와 그룹 토론을 자주 사용하기 • 유아가 수용 가능한 행동을 하도록 돕기 위해 (가족과 협력하여) 교사는 활동과 환경을 수정(modifications)하고, 성인 및 또래 지원을 제공하기

(2) 영유아의 사회인지발달 특성에 적합한 생활지도

사회인지(social cognition)는 유아가 타인의 행동, 동기, 감정, 또는 의도에 대해 어떻게 생각하는지를 의미한다(Marion, 2019). 이러한 유아의 사회인지의 발달적 특성을 고려한 생활지도 실제는 다음과 같다(지성애, 홍혜경, 2018).

① 상대 유아의 행동 이해하기

영유아들에게 타인의 감정을 자동적으로 이해할 것을 기대해서는 안 된다. 교사는 유아가 수행하는 행동이 다른 사람에게 어떻게 영향을 미칠 것인가에 대한 정보를 자주 언급하여 조망적 관계를 사고할 기회를 주는 것이 필요하다. 이러한 기회를 통해 유아는 차츰 타인의 감정을 인식하고 이해하게 된다.

② 의도적 행동과 우연적 행동 구별하기

교사가 유아들을 지도할 때 유아들에게 '우연적 사고'에 대해 자주 언급하는 것은 매우 효과적이다. 유아들보다 연령이 많은 초등학교 아동들은 우연적 사고를 이해할 수 있다고 기대할 수 있으나 유아들은 의도적 행동과 우연적 사고를 구별할 수 없으므로 그 차이를 상기시켜 줄 필요가 있다.

③ 친구 사귀기와 갈등 해결하기

공격적 유아, 비인기아 등 또래들에게 따돌림 낭하는 유아들에게는 특별한 사회적 기술을 가르쳐야 한다. 예를 들어, 성우는 또래들과 활동에서 자기 마음대로 다른 또래들의 놀이와 활동의 모든 것을 간섭하기 때문에게 또래들과 많은 문제에 부딪힌다. 성우는 또래들과 잘 지낼 수 있는 효과적인 방법을 모르는 것처럼 보인다. 그래서 교사는 성우에게 사회적 기술을 가르치기로 결정할 수 있다. 사회적 기술은 모델링의 과정을 통해서 유아를 직접적 · 간접적으로 지도하고, 피드백과 강화방법을 사용하여 조직적이고 체계적으로 지도할 수 있다.

2) 자기통제력의 발달을 돕는 생활지도

유아의 자기통제력을 증진시키는 생활지도는 유아의 자아존중감을 키워 주고, 협력할 수 있도록 격려하며, 자신에게 일어난 일에 대한 책임감을 갖는 것을 점차 배울 수 있도록 돕는다. 또한 유아가 주도적으로 문제를 해결하고, 자신의 행동 및 요구를 조절하는 것을 지원하는 다양한 방법으로 적용되고 있다.

유아의 자기통제력은 다음의 〈표 2-7〉과 같이 4단계의 발달단계를 거친다(Kostelnik et al., 2017).

| 표 2-7 | 자기통제의 4단계

순응의 형태	정 의	행동통제의 근원
무도덕	영아는 옳고 그른 것에 대한 개념이 없다.	영아의 외부
집 착	유아는 보상과 처벌에 반응한다. 유아는 종종 보상과 처벌을 예견하고 이에 따라 행동한다.	타인과 유아 간 공유
동일시	유아는 좋아하는 타인의 행동을 선택하기 시작한다. 유아는 다양한 상황에서 사람이 어떻게 행동할지 추측하며 똑같이 행동한다.	타인과 유아 간 공유
내면화	자신의 판단과 가치로부터 만들어진 윤리의 내적 준거를 이용하여 자신의 행동을 조절한다.	유아의 내부

유아의 자기통제력은 집착 단계에서부터 내면화 단계로 순서적으로 발달하며, 다음 단계로 들어가기 위해 한 단계를 건너뛸 수는 없다. 그러나 한 단계에서 다른 단계로의 진행은 유아마다 다르다.

유아의 자기통제력은 성숙과 경험을 통해 발달하지만 부모나 교사가 기대하는 행동도 학습해야 한다. 유아기 동안 자기통제와 조절이 요구되는 사회·정서적 과업을 이루기 위해 유아가 학습해야 할 행동은 다음의 〈표 2-8〉와 같다.

| 표 2-8 | 자기훈육을 위한 발달과업

사회·정서적 과업	유아가 학습해야 할 행동	
자기통제 학습하기	• 다른 사람의 이야기 듣기 • 다른 사람의 감정을 다루기 • 기다리고, 차례 지키고, 공유하기 • 충동적·공격적 행동을 억제하기	• 행동의 제한을 받아들이기 • 언어로 감정을 표현하기 • 규칙을 지키기
자기인식과 자신감 학습하기	• 어른과 또래관계를 좋아하기 • 변화와 새로운 상황을 수용하기 • 좋고 싫음을 언어로 표현하기 • 자기동일시 형성하기	• 자랑하기 • 성취에 대해 긍지를 가지기 • 신체 인식하기
자율적으로 되기	• 자신의 친구, 활동 선택하기 • 부모로부터 격리하기 • 자신의 학습을 주도하기	• 자조기술(self-help)을 학습하기 • 과제를 수행하고 끝내기 • 판단과 의사결정을 경험하기
협동하기 학습하기	• 소집단에서 작업하기 • 집안일 돕기 • 일하는 어른 돕기 • 규칙을 인식하기	• 집단결정을 돕기 • 집단놀이와 경쟁게임 즐기기 • 어른을 기쁘게 하기
감정이입하기	• 편안함, 도움, 공감을 보이기 • 행동이 다른 사람에게 미치는 영향을 알기 시작하기	• 다른 사람과의 차이를 인식하기 • 다른 유아에 대한 애정 보이기
문제 해결자 되기	• 설득될 수 있기 • 협상할 수 있기	• 대안적 상황을 찾을 수 있기 • 갈등을 끄집어내기
도덕적 의식 발달하기	• 행동의 결과를 알기 • 옳고 그름의 인식을 시작하기	• 원인과 결과관계를 알기 시작하기 • 행동의 다른 예로부터 벌을 이해하기

출처: Gordon & Browne(1996); 지성애, 홍혜경(2018) 재인용

(1) 자기통제력 증진을 돕기 위한 지도전략

유아의 자기통제력 증진을 돕기 위해 발달적으로 적합한 다음의 9가지 지도전략을 활용할 수 있다(지성애, 홍혜경, 2018; Gestwicki, 2016).

① 모델링 제시하기

유아는 자신에게 중요한 사람의 행동을 모방하고, 모방을 통해 많은 것을 학습한다. 일상의 일과에서 직면하는 상황에서 부모나 교사가 문제를 해결하기 위해 어떻게 자신의 욕구를 통제하는가를 봄으로써 자신도 그 방법을 수용하게 된다.

② 긍정적으로 언급하기

부모나 교사는 유아들에게 하지 말아야 할 것에 대해서는 자주 언급하지만 해야 할 것을 말해 주지 않는 경향이 있다. 유아 생활지도에서는 무엇이 수용될 수 있는 행동인지 분명히, 간단하게, 구체적으로 유아가 알게 하는 것에 초점을 두어야 한다. 간단하고 긍정적인 언급은 유아가 자신의 행동을 조절할 것이라는 성인의 신뢰감이 전달될 수 있다.

또한, 긍정적 언급은 유아의 행동 결과에 대한 칭찬보다는 무엇을 기대하고 있는지 알려주는 것이다. 예를 들어, "교실에서는 걸어 다니자", "기침할 때는 입을 가리자", "미끄럼 탈 때는 앉아서 내려오자" 등으로 교사나 부모가 기대하는 행동을 분명히 전달하거나 또는 회상하도록 도와주어 유아가 자발적으로 그 행동을 수행하도록 한다.

③ 관심보이기

유아에게 긍정적인 관심은 무엇보다 강력한 강화수단이 될 수 있다. 유아의 행동에 대해 구체적 피드백을 주었을 때 유아는 어떤 행동이 긍정적으로 인식되는지 정확하게 이해하게 된다. 또한 유아는 긍정적인 관심과 칭찬을 받을 만한 행동에 대해 관심과 칭찬을 받을 때 더 의미있게 수용하고, 자아존중감과 자기통제력이 증진하게 된다. 나아가 유아 자신이 노력한 것에 대한 인정이나 관심은 지속적으로 긍정적 행동을 가능하게 한다.

한편 유아들은 부적절한 행동을 함으로써 부모나 교사의 관심을 유도하려고 하기도 한다. 이러한 행동이 위험한 상황이거나, 다른 유아를 다치게 하려고 하는 상황이 아닐 때는 무시하거나 관심을 나타내지 않음으로써 부적절한 행동을 줄일 수 있다.

유아들이 욕설이나 비속어를 사용할 때 성인들은 흔히 민감하게 반응하게 되고 유아들은 오히려 이를 즐기는 것을 볼 수 있다. 이럴 경우 부모나 교사는 유아들이 자신의 욕구를 바람직한 행동으로 나타냈을 때 관심을 보여주고, 즐거운 시간을 함께 공유하는 기회를 가짐으로써 유아의 부적절한 행동이 줄어드는 것을 도울 수 있다.

④ 재지시하기

부모나 교사가 유아에게 수용되는 행동을 구체적으로 재지시한다면 유아는 잘못된 행동을 하기 전에 자신의 행동을 바꿀 수 있다. 특히 유아의 관심이나 활동수준에 관련된 제안은 더욱 효과적이다. 또한 재지시하기는 유아가 부정적 상황을 피하도록 돕기 때문에 유아의 자아존중감이 손상되지 않고 행동을 바꾸게 할 수 있는 지도전략이다.

⑤ 제한 설정하기

유아는 허용되지 않는 행동이 있다는 것을 분명히 이해할 때, 그 행동을 시도하려는 욕구가 줄어든다. 제한 설정을 위해서 교사는 다음과 같은 질문을 고려해야 한다.

- 유아의 행동은 유아 자신이나 타인에 대해 잠재적 또는 현재의 안전과 관계되는가?
- 유아의 행동은 기물에 손상을 줄 위험이 있는가?
- 유아의 행동은 타인의 권리를 방해하는가?

만약 위의 질문에 대한 답이 “예”라면 교사는 규칙을 만들어서 유아의 문제 행동을 중재해야 한다(Kostelnik et al., 2017). 교사에 따라 잠재적으로 상황을 위태롭게 하는 것에 대한 해석이 다양하지만 이 세 가지 질문은 규칙을 만들 때 일관되게 적용할 수 있는 준거가 될 수 있다. 이러한 분명한 제한 설정은 유아의 자기통제력을 길러주는 데 도움이 된다. 또한 제한에 대한 이유를 유아와 함께 이야기할 수 있는 기회를 가지거나 제한 설정에 함께 참여할 때 더욱 효과적이다.

⑥ 선택 허용하기

부모나 교사는 유아가 기대되는 행동을 하도록 요구하면서 동시에 자아존중감을 갖고 자신의 행동을 통제하기를 바란다. 흔히 부모나 교사는 유아에 대한 행동제한과 규칙을 정하는 힘을 가지고 이를 행사한다. 이럴 경우 유아의 자아존중감과 유아 자신의 행동에 대한 자기통제를 기대하기 어렵다. 따라서 성인과 유아가 함께 힘을 공유하기 위해서는 제한에 어떻게 반응할지에 대한 선택을 제공해야 한다. 즉, 유아와 제한을 정하는 힘을 공유하게 된다면 유아는 제한의 범위 내에서 개별적 행동을 조절할 수 있는 힘을 갖게 되는 것이다.

⑦ 자연적 · 논리적 귀결 사용하기

인간은 많은 것을 언어적 설명보다는 직접적인 경험에서의 시행착오를 통해 배운다. 특히 유아는 자신의 행동 결과에 대한 구체적 경험을 통해 효과적으로 학습한다. 자연적인 결과를 경험하는 것은 유아가 행동과 결과의 관계를 알도록 돕는 매우 유용한 방법이다. 그러나 현실적으로 모든 것을 자연적 귀결을 통해 학습하도록 하는 것은 제한이 있다. 이를테면 유아의 행동결과가 안전과 관계가 있거나 유아 자신에게 중요한 의미를 갖지 않는 경우는 효과적이지 않다. 자연적 · 논리적 귀결은 유아가 자신의 행동에 책임지는 것을 요구하는 접근 방법이다.

가. 자연적 귀결

자연적 귀결은 유아가 자신의 행동에 대한 자연적인 결과를 경험하도록 하는 것이다. 자연적 귀결은 다음과 같은 경우에는 적용될 수 없다.

- 자연적 귀결을 경험할 수 없는 경우나 전혀 유아에게 의미가 없을 경우
  - 예 잘 먹지 않는 유아에게는 먹지 않아서 경험하는 배고픔이 별의미가 없음
- 결과가 위험하게 될 경우
  - 예 뜨거운 것을 만져서 화상을 입을 수 있는 상황

이와 같이 자연적 귀결을 적용할 수 없는 경우에는 논리적인 귀결로 대체하여 활용할 수 있다.

나. 논리적 귀결

논리적 귀결은 유아가 자신의 행동에 대한 사회적 질서의 현실을 경험하도록 하는 것이다. 예를 들면, 유아가 아침에 늦게 일어나면 정해진 시간에 등원버스를 타지 못하고 유치원이나 어린이집에도 늦게 도착하게 되어 이미 시작한 하루 일과 활동이나 놀이 중간에 참여하게 되는 등의 결과를 경험하게 되는 것이다.

교사가 생활지도 과정에서 유아가 논리적 결과를 경험하도록 할 경우 유아가 이를 어떻게 인식하는지가 중요하다. 만일 유아의 관점에서 논리적으로 받아들여지지 않으면 이는 벌로 생각할 수 있기 때문에 생활지도 대상이 되는 행동에 따르는 결과와 대안을 가르치고 조심스럽게 배려하여 지도하는 것이 필요하다(Gartrell, 2013). 또한 교사는 유아의 갈등과 문제 행동 상황에서 유아가 말하는 것을 주의 깊게 듣고 관찰하여 상황을 정확히 파악해야 한다. 이를 통해 교사는 유아의 갈등과 문제 행동을 해결하기 위한 적절한 모델을 제시하고, 규칙과 관련된 것이라면 인내심을 가지고 지켜야 할 규칙과 규칙을 지켜야 하는 이유를 지속적으로 상기시켜야 할 것이다. 교사는 이러한 과정을 단순히 문제 상황으로 인식하기보다는 학습의 기회로 보아야 할 것이다(Copple & Bredekamp, 2009).

다. 자연적 및 논리적 귀결방법 적용시 고려할 점

교사나 부모가 자연적 또는 논리적 귀결을 사용할 때 다음의 사항을 고려하여야 한다(Dinkmeyer, McKay, & Dinkmeyer, 2008).

- 유아가 결과로 경험하는 것이 벌이나 보복이 아닌 논리적인 것으로 볼 수 있어야 한다.
- 교사나 부모의 태도는 단호하며 친절하여야 한다. 단호함이란 유아의 행동에 대한 확고한 태도를 의미하는 것으로서 교사의 목소리는 부드러우나 태도에서는 단호함을 보여주어야 한다.
- 과잉보호를 하지 않도록 한다. 유아가 스스로 할 수 있는 것을 대신 해주는 것은 유아에게 자기 존중과 책임감을 경험할 기회를 빼앗는 것이 된다.
- 유아가 항상 기대하는 행동이 무엇인지 분명히 알 수 있고 예측할 수 있도록 일관성을 가지고 지도해야 한다.
- 유아와 유아의 행위는 구별하여야 한다. 교사나 부모들은 유아의 잘못된 행동은 수용할 수 없지만 유아 자신이 존중받고 있음을 알도록 해야 한다.
- 유아를 동정하지 않도록 한다. 교사나 부모들의 유아에 대한 '안됐다', '미안하다'는 감정이 동정과 과보호를 하게 된다.
- 유아는 어떻게 행동할지를 결정하는 것을 배워야 하는 독립체라는 인식을 갖고, 유아 자신이 결정한 결과에 대해 책임지는 것은 당연하므로 주위 사람들의 비난을 걱정할 필요는 없다.
- 말을 적게 하고 행동으로 모범을 보이고, 유아와 싸우거나 굴복시키려고 하지 않도록 한다. 교사나 부모의 지도 목적은 유아가 자신의 행동에 책임을 갖도록 돕는 것이지 유아를 이기는 것이 아니라는 것을 명심할 필요가 있다.
- 모든 유아들이 함께 문제에 대해 책임을 공유하도록 한다. 만약 한 집단에서 문제가 생길 경우 누가 또는 어느 쪽이 잘못했는지를 밝히려 하면 유아들을 서로 경쟁자로 만들게 된다. 따라서 책임을 공유하게 하고 누구의 잘못인지 가리려고 하지 말아야 한다.
- 자연적 또는 논리적 귀결을 사용할 때는 먼저 선택이 가능하도록 하고, 다음 기회에는 선택을 변경할 수 있음을 인식시키고, 만약 잘못된 행동이 지속된다면 다시 선택할 기회를 갖는 데 필요한 시간을 연장시킨다. 무엇보다도 자연적 또는 논리적 귀결이 효과적이 되기 위해서는 시간이 걸리므로 인내를 갖고 지속적으로 지도하는 것이 필요하다.

⑧ 문제 해결을 위한 토의

부모나 교사는 유아의 갈등 상황에 개입하여 문제를 해결하기 위해 조정하기보다는 유아가 협상하는 기술을 학습하도록 촉진할 필요가 있다. 유아의 협상능력을 증진시키기 위해서는 유아의 갈등 상황에 대한 해결을 위해 직접 토의하도록 유도하는 방법을 활용할 수 있다. 토의는 유아에게 자신의 문제를 자신의 노력과 방법으로 해결할 수 있다는 신념을 갖게 할 수 있다는 점에서 효과적인 방법이다.

⑨ 나-전달방법 사용하기

부모나 교사는 유아의 행동에 대한 자신의 개인적 정서반응을 표현하고, 이를 통해 유아의 바람직하지 않은 행동을 바꾸려고 한다. 유아는 성인과의 친밀한 관계를 갖고 성인을 기쁘게 하는 행동을 하려고 하기 때문에 성인이 자신의 행동에 대한 느낌을 전달할 때 관심을 갖게 된다. 성인의 정서적 표현은 있는 그대로 솔직해야 하고, 비판이나 수치감을 갖도록 해서는 안 된다.

자기중심적이고 자신의 욕구나 충동을 조절하기 어려운 유아들에게 자기통제력이 발달하도록 돕는 것은 먼저 유아가 좋은 선택을 학습하는 것에서부터 시작될 수 있다. 또한 자기통제를 학습하기 위해서는 예측 가능한 일과와 안정감 있는 환경의 제공이 도움이 되며, 유아에게 기대되는 행동이나 규칙을 기억할 수 있는 시각적 단서를 제시하는 것이 필요하다(Gestwiski, 2016).

본 장에서는 영유아 생활지도의 대표적인 접근인 정신분석적 접근, 행동주의적 접근, 구성주의적 접근, 인본주의적 접근을 중심으로 영유아 생활지도의 이론적 근거와 적용 방법에 대해 살펴보았다. 그러나 영유아의 생활지도와 부적응 행동을 지도하기 위해 모든 사람이 동의할 수 있는 최선의 이론적 접근 방법 하나를 모든 영유아들에게 적용하는 것은 적절하지 않다. 최근에는 이들 접근 방법을 통합적으로 적용하는 추세이고 이와 관련하여 간략히 제시하였다. 따라서 교사나 부모는 개별 영유아의 발달 특성과 양육 환경 등을 고려하여 영유아의 바람직한 행동을 지원할 수 있는 하나 또는 여러 이론의 접근 방법을 활용하여야 할 것이다.

Chapter

03

영유아의 발달단계별 행동 특성

영유아의 생활을 지도하기 위해서는 무엇보다도 영유아의 요구 및 발달적 행동 특성을 이해하여야 한다. 따라서 본 장에서는 영유아의 신체 · 운동적 발달, 인지 · 언어 발달, 정서 · 사회성 발달을 출생부터 12개월까지의 영아기, 12개월부터 24개월까지의 걸음마기, 3세부터 5세까지의 유아기와 6세부터 12세경의 아동기로 구분하여 발달단계별 행동 특성을 살펴보고자 한다.

1. 영아기(출생~12개월)의 행동발달 이해 및 생활지도 지침

1) 영아기 발달상의 주요 행동 특성의 이해

(1) 지각 발달

영아는 출생 시 이미 상당 수준의 감각 지각능력을 갖고 태어난다. 따라서 주변에서 주어지는 다양한 자극을 감각을 통해 지각하고, 이를 기초로 점차 주변의 사물을 이해하게 된다. 영아기의 지각적 발달과 관련된 생활지도의 방법을 제시하면 다음의 〈표 3-1〉과 같이 요약할 수 있다(Gordon & Browune, 1996; 지성애, 홍혜경, 2018 재인용).

| 표 3-1 | 영아기의 지각 발달과 생활지도 방법

구분	지각 발달 특성	지도 방법
시 각	• 출생시 시각이 흐릿함 • 4개월경 얼굴 인식 • 6개월경 시각적 지배	• 초기 시각적 경험이 시각 발달에 중요함 • 의사소통 시도를 위해 시각접촉인 눈맞춤(eye-contact)을 활용함
청 각	• 사람 목소리를 선호 • 위치를 알아내기 위해 청각 사용	• 때때로 말을 걸고 상호작용을 유도함 • 교사나 부모가 어디 있는지 영아가 찾기 쉽도록 목소리를 사용함
후각 / 미각	• 출생 시부터 기능	• 영아가 좋아하는 것과 좋아하지 않는 것을 존중함
피부감각	• 출생 시부터 압박, 고통, 덥고 추운 것에 민감함	• 가볍게 흔들고, 안아주는 것은 영아를 진정시킴 • 영아를 돌볼 때 붙잡거나 만지는 것에 대한 민감성이 다른 기질적 차이를 존중함

출처: Gordon & Browne(1996); 지성애, 홍혜경(2018) 재인용

(2) 신체 성장과 운동기술

생후 1년간 신체적 성장은 급격히 이루어지는데, 영아는 고개조차 못 가누는 상태에서 한두 걸음 걷게 되는 등의 엄청난 변화가 일어난다. 그러나 여전히 팔과 다리, 눈과 손의 협응이 잘 이루어지지 않아 움직임은 유연하지 못하다. 그러므로 부모나 교사는 영아가 신체적 기술을 배우고 연습할 수 있는 반복적인 기회를 제공하는 것이

중요하다. 이것은 훈련이 필요한 것이 아니라, 영아가 움직임을 반복하고 시도할 수 있는 안전한 환경과 약간의 개입이나 지원이 필요하다는 것을 의미한다. 안전한 환경 제공은 영아의 자발적인 탐색을 허용하고, 이러한 자발적 탐색이 허용될 때 생활지도의 기초가 되는 신뢰와 자기통제 발달이 가능하게 된다.

(3) 인지 · 언어 발달

영아는 급격한 신체 발달로 움직임이 자유로워지고, 점차 자신의 의도에 따른 탐색이 가능해진다. 영아는 손으로 만지고, 당기고, 던지고, 입으로 빨아봄으로써 물체를 탐색하고, 자신의 행동에 대한 성인의 반응을 통해 자신의 행동이 적절한지 부적절한지를 이해하게 된다. 영아와의 의사소통은 울기, 손짓하기, 몸짓, 미소짓기 등과 같은 비언어적 의사소통에 의한 방법이 대부분을 차지하지만 영아는 간단하고 단순한 지시를 점차 이해하게 된다. 이 시기의 부모나 교사들은 한정된 기억력을 가진 영아에게 반복적 · 지속적으로 수용되는 행동과 수용되지 않는 행동에 대해 일관된 반응을 나타냄으로써 영아가 이러한 행동을 이해하도록 도와야 한다.

생후 1년의 영아들은 점차 한 마디씩 단어를 사용할 수 있게 되고, 이해능력은 이보다 훨씬 앞서므로 주양육자와 의사소통이 보다 용이해진다. 이 시기에 영아가 사용하는 단어의 의미를 이해하기 위해서는 그 상황을 함께 고려해야만 가능하다. 따라서 이 시기 영아의 행동을 지도할 때는 항상 성인의 행동, 말, 몸짓을 사용하여 그 의미를 정확히 전달해야 한다. 이것은 영아가 의사소통하기 위해 언어 사용의 중요함을 알 수 있도록 돕는다. 또한 영아가 표현하고자 하는 의도를 파악하기 위해 상황에 민감해야 할 것이다. 예를 들면, 영아가 김이 나오는 전기밥솥을 만지려고 할 때 "안돼, 뜨거워"라고 말하며 접근을 막는 행동을 계속한다면, 영아는 허용되지 않는 행동을 분명히 이해하게 될 뿐 아니라 나중에는 언어로만 상기시켜도 스스로 행동을 통제할 수 있게 될 것이다.

(4) 정서 · 사회성 발달

영아의 정서적 표현은 일찍부터 쾌, 불쾌, 분노, 두려움 등을 나타내고 극단의 상태를 오가지만 점차 정교화되고 의도적인 정서표현을 할 수 있게 된다. 특히 영아의 기질적 특성은 정서 발달과 영아의 보살핌에 중요한 변인이 된다. 예를 들면, 사소한 변화에도 민감한 반응을 보이고 진정시키거나 달래기 어려운 영아는 양육하는 데 더욱 어려움을 겪게 된다. 따라서 영아 양육을 위해서 부모나 교사는 영아의 기질적 차이, 감정표현, 변화에 대한 민감성 등에 대한 차이를 이해하는 것이 우선되어야 할 것이다. 부모나 교사는 강력한 감정표현을 하는 영아들에게 같은 강도로 대응하는 것은 상황을 더욱 악화시킬 수 있다는 것을 고려해야 한다. 또한, 부모나 교사는 두려움이 많고 약간의 변화에도 민감한 영아에게는 점진적인 변화를 주는 배려를 통해 이에 적응하도록 도와야 한다.

부모와 안정된 애착관계 여부도 영아의 새로운 환경 적응에 중요한 변인이 된다. 부모와 안정된 애착관계를 가진 영아는 일관성 없고 안정되지 않은 부모를 가진 경우의 영아보다 개방적이고 융통적이며, 낯선 것에 대한 수용도 더 쉬운 편이다. 또한, 영아가 자란 문화적 배경도 중요한 변인이다. 예를 들면, 남아가 우는 것을 수치스러운 것으로 보거나, 떼쓰는 것에 대해 허용적하지 않는 문화에서는 영아들은 일찍부터 자신의 감정을 억제하는 것을 배우게 된다.

영아 생활지도에서는 먼저 영아와 애정적이고 신뢰할 수 있는 관계를 만드는 것이 무엇보다 필요하며, 교사는 영아가 친숙하지 않은 것에 대한 강한 반응을 할 것이라는 것을 예측할 수 있어야 한다. 더욱이 부모와 안정된 애착관계를 형성하지 못한 영아가 관계 형성을 할 수 있도록 돕기 위해서는 더 많은 교사의 노력과 시간이 필요할 것이다. 또한 영아가 새로운 것에 대해 불안해하고 부모와 떨어지려고 하지 않는 것은 정상적 반응임을 이해해야 한다.

영아의 행동은 개인적 특성, 가정의 양육방법, 지역사회의 문화 등에 따라 차이가 나지만 일반적인 일상행동의 특성을 제시하면 다음의 〈표 3-2〉와 같다.

| 표 3-2 | 영아의 일상행동 특성(8~12개월)

구 분	특 성
식 사	• 하루에 3회 식사, 오전과 오후에 간식 • 우유병으로 먹기를 거부하기 시작 • 식욕이 증진 • 컵으로 마시기를 좋아함: 컵을 잡고 마지막 한 방울을 먹기 위해 머리를 뒤로 젖힘 • 손가락으로 집어먹기 시작: 때로는 입에서 뱉어냄 • 음식을 좋아하고 싫어하는 것이 나타남 • 끊임없이 손과 발을 움직임: 먹을 때는 그릇을 당기거나 뒤집는 것을 막기 위해 장난감을 쥐어 줄 수도 있음
목욕, 옷입기, 배변 · 배뇨하기	• 목욕을 즐김: 비누, 물수건, 물놀이 장난감을 갖고 놈 • 모자 벗기, 신발 벗기, 양말 벗기에 관심을 보임 • 기저귀를 갈 때 소란을 피움: 젖은 기저귀를 잡아 빼 버림 • 옷 입을 때는 어느 정도 협조적임: 팔은 소매에 집어넣거나, 바지는 입힐 때 다리를 펴기도 함 • 하루에 1~2회 배변함 • 때때로 낮잠 동안에 배뇨하지 않음
잠자기	• 기꺼이 잠자러 감: 금방 잠이 들지는 않고, 누워 놀거나, 돌아다닌 후 잠듦 • 아침 6~8시까지 잠을 잠 • 깨어난 후 15~30분 동안 혼자 놀기도 함: 그런 후 일으켜 주기를 알리는 신호나 시끄러운 소리를 내기 시작함 • 깨어 있을 때는 활발함: 아기침대나 침구 주변의 안전에 주의해야 함 • 대개 오후에 한 번 낮잠을 잠
놀이와 사회적 활동	• 대근육 활동을 즐김: 잡고 서기, 혼자 서기, 기어 다니기 등을 하고 어떤 유아는 걷기도 함 • 머리 위에 물건을 올려놓기를 즐김: 주변 사람이 알아주고 웃기를 기대함 • 집어넣고 빼고 하는 것을 즐김 • 숨기나 까꿍 놀이를 즐김 • 바닥에 물건을 던지고, 되돌아오기를 바람 • 문이 열고 닫히는 것에 흥미를 보임 • 요청에 따라 어른에게 물건을 줌: 즉시 그것을 되돌려 받기를 바람 • "안 돼"하는 것에 멈추는 반응을 함: 그런 후 부적절한 행동을 지속하고 웃으며 놀이로 만들려고 함

출처: Marotz & Allen(2016: 98-99)

2) 영아를 위한 생활지도 지침

영아를 위한 생활지도 시 다음과 같은 지침을 고려해야 한다(지성애, 홍혜경, 2018).

(1) 계획적이고 단계적으로 지도하기

일과에서 변화를 줄 때 주의 깊은 계획과 단계적인 지도로 영아들이 불필요한 스트레스를 받는 것을 피하도록 한다.

(2) 일관성을 가지고 지도하기

일관성 있는 양육 패턴들을 제공함으로써 영아가 양육자에 대한 신뢰를 경험할 수 있는 기회를 제공한다.

(3) 영아의 기본 욕구 충족을 우선으로 하기

영아의 사회적 · 정서적 · 지적 · 신체적 성장과 발달을 촉진하는 양육방법을 사용하고 영아의 기본 욕구를 충족시켜 주는 것이 부모나 교사를 위한 편리함보다 우선되어야 한다.

(4) 주변 환경과 상호작용하도록 격려하기

부모나 교사는 영아에게 자유롭게 환경을 탐색하도록 허용하고, 영아에게 적절한 행동들을 시범보이며, 영아의 서투른 시도를 격려함으로써 여러 가지 기술들을 익힐 수 있도록 하여 영아가 환경과 효과적으로 상호작용하도록 도와야 한다.

2. 걸음마기(12개월~24개월)의 행동발달 이해 및 생활지도 지침

1) 걸음마기 발달상의 주요 행동 특성의 이해

(1) 신체 성장과 운동기술

생후 1년을 전후로 하여 한두 걸음씩 걷기 시작하며, 2세경에는 도움 없이 계단을 오르내릴 수 있고, 2세 반~3세경이 되면 놀이터의 미끄럼틀을 타거나, 혼자 달릴 수 있다. 3세경에는 세발자전거를 탈 수 있을 뿐 아니라 신체적 조절능력이 유연해지는 등 대근육 발달이 급격히 이루어진다. 한편, 소근육 발달은 2세경이 되면 두 손을 사용하여 물건을 쌓기와 물체끼리 맞추거나 빼기가 가능하고, 2세 반~3세경이 되면 식사할 때 숟가락을 잡을 수 있으며, 크레용을 잡고 긁적거리거나 지퍼를 올리고 내리는 등의 동작이 가능하다. 3세경이 되면 간단한 퍼즐이나 혼자 숟가락을 사용하여 식사하는 동작이 가능하다. 특히, 2~3세 시기는 신체적 성숙과 함께 대·소변 가리기의 과업이 이루어지고, 신체조절 및 협응능력이 가능해짐에 따라 기본적인 생활습관과 관련된 스스로 먹기, 화장실 가기, 이 닦기, 옷 입고 벗기 등의 일상생활에 필요한 기술의 습득이 이루어지는 기간이다(Allen & Marotz, 2010; 지성애, 홍혜경, 2018 재인용).

이 과정에서 부모와 교사들은 자주 유아와 갈등 상황에 직면하게 된다. 예를 들면, "쉬"라는 말을 함과 동시에 소변을 보거나, 이를 닦기보다는 치약을 짜는 데 열중하기도 하고, 세수하기보다는 비누를 갖고 장난하고, 장난감을 정돈하다가 다시 쏟아 버리거나 혼자서 곧잘 하다가도 이전으로 되돌아가 모든 것을 해주기를 요구하기도 한다. 또한 부모나 교사의 요구보다 자신의 욕구가 우선하므로 행동에 대한 제한을 수용하지 못한다. 따라서 이 시기의 영아는 의존적인 상태를 벗어나 자립적이고 싶은 욕구와 여전히 의존하고 싶은 욕구가 공존하므로 부모와 교사에게 가장 힘든 시기가 될 수 있다.

(2) 인지 · 언어 발달

| 그림 3-1 | 공원의 분수를 보고 온 후 가상놀이로 재현하는 영아

2~3세경이 되면 신체적인 조절이 가능하여 자립적인 탐색이 활발해진다. 이 시기의 인지 발달적 행동 특성은 직접 손을 사용하여 물체를 탐색하고, 결과를 유도하기 위해 의도적인 행동을 하기도 하며, 상징적 표상이 가능하여 혼자 노는 가상놀이나 상상놀이가 가능하고, 물체의 양적 비교, 같고 다름의 구별, 위치적인 관계 등의 이해도 가능하다.

언어 발달을 살펴보면, 1세 전후에는 한 단어씩 사용하기 시작하며, 3세경에는 충분히 의사소통이 가능하게 되는 언어 발달의 결정적 시기라고 볼 수 있다. 2세경에는 두세 가지 단어로 구성된 전보식 문장을 사용하며, 문장은 내용을 전달하는 명사, 동사, 형용사로 구성되고 조사, 조동사, 접속사 등은 생략하여 사용된다. 점차 단어의 획득도 급증하게 되며 성인의 말을 뜻도 모른 채 모방하기에 열중하기도 한다. 3세경이 되면 명사와 동사를 포함한 문장의 사용이 가능하며, 의문문 · 부정문도 사용하는 등 문장의 기본 구조를 습득하게 된다(Allen & Marotz, 2010; 지성애, 홍혜경, 2018 재인용). 때로는 불완전한 문장을 사용하여 두세 번 추가 질문을 해야 하지만 어느 정도 언어에 의해 의사소통이 가능해진다. 따라서 이 시기에 부모나 교사는 영유아와 언어 상호작용의 기회를 충분히 활용하고 적절한 언어적 모델을 보여주는 것이 필요하다.

걸음마기 영아들이 언어적 이해능력이 부족하지만 부모나 교사는 영아의 행동을 제한하는 이유나 상황에 대해 설명하여야 한다. 이와 같은 설명은 이 시기에 해당하는 영아의 보살핌과 생활지도에 핵심적인 요소이다. 이러한 성인의 태도는 영아들이 충분히 이해하지 못한다 할지라도 그들 자신이 존중받고 배려받고 있음을 전달하는 데 도움이 될 뿐 아니라 갈등 상황을 언어로 사용하여 해결해야 한다는 것을 인식하게 돕는다.

| 그림 3-2 | 지나가는 개미에 관심을 가지고 물어보는 영아

| 그림 3-3 | 모양 구별하기 놀이를 하는 영아

또한 부모나 교사의 일방적인 지시보다 언어를 사용하여 의사소통하는 방법은 언어능력이 부족한 영아의 자발적 협조를 이끌어내는 데 효과적인 접근이다. 예를 들면, 영아가 놀이 후 장난감을 정리해야 할 때, 부모나 교사가 영아에게 다가가서 키를 낮추고 영아의 손을 잡고, "이제 장난감을 정리해야겠다. 왜냐하면 간식을 준비해야 하니까", 그리고 "간식 먹고 다시 놀 수 있어"라고 언어적으로 설명하면 영아는 보다 쉽게 협력하게 될 것이다.

(3) 정서 · 사회성 발달

대체로 2~3세경까지는 부끄러움, 무안함, 자신감 등 대부분의 정서가 분화되고 성인에게서 볼 수 있는 거의 모든 정서가 나타난다. 또한 신체적 조절능력을 획득함에 따라 자신이 할 수 있는 행동범위가 넓어지면서 자신감과 자아에 대한 개념이 발달되는 시기이다. 따라서 자신의 느낌을 강력하게 표현하고, 다른 사람에게 자신을 확인시키려는 시도가 증가하며, 다른 사람들의 의견이나 느낌과는 상관없이 자신의 의지대로 하려고 고집하기 때문에 자주 갈등 상황을 초래한다. 때로는 이 시기의 영아는 자기주장과 요구가 심할 뿐만 아니라 자주 바뀌기도 한다. 그러므로 이 시기의 영아를 효율적으로 지도하기 위해서 부모나 교사는 이러한 발달 특성을 이해하고, 인내와 분명한 한계를 설정하여야 한다. 특히 영아들에게 신체적 위험이나 다른 영아에게 심리적 상처를 줄 수 있는 말과 행동에 대해서는 단호하고 일관성 있는 태도를 보여주어야 한다.

2세경에는 여전히 혼자놀이나 병행놀이를 즐기고, 3세경이 되면서 또래에 대한 관심을 보이고 같이 협동하여 놀이에 참여하기도 한다. 하지만 자기중심적 사고와 자기 것에 대한 소유욕이 강하여 또래와 자주 갈등으로 이어지기도 한다. 영아들은 여전히 놀잇감을 공유하거나 차례를 오래 기다리지 못하므로 충분한 놀잇감을 제공하고, 단순한 규칙이나 제한만을 제공하는 것이 효과적이다. 3세경이 되면 규칙이나 제한을 이해하게 되고 사회적 기술도 습득하게 되어 사회적으로 용납되는 방법의 사용을 받아들일 수 있게 된다(Allen & Marotz, 2010; 지성애, 홍혜경, 2018 재인용).

| 그림 3-4 | 자기 마음대로 놀이하려고 고집하는 영아

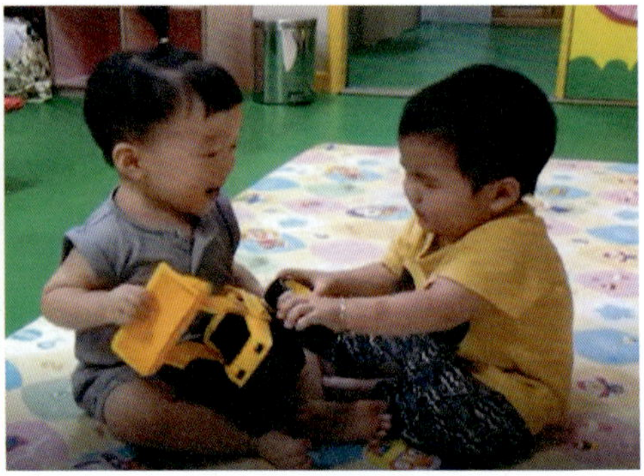

| 그림 3-5 | 서로 장난감을 가지려고 하는 영아들

걸음마기 영아의 일반적인 일상행동의 특성을 제시하면 다음의 〈표 3-3〉과 같다.

| 표 3-3 | 걸음마기의 일상행동 특성(1~3세경)

구 분	특 성	
	1~2세	2~3세
식 사	• 식욕이 왕성하지 않음: 점심은 가장 좋아하는 식사이기도 함 • 때때로 까다로움: 특정 음식만을 고집하기도 함 • 때때로 삼키지도 않은 채 음식을 입에 물고 있음: 더 이상 먹고 싶지 않다는 것을 나타냄 • 숟가락을 어느 정도 사용하기 시작함 • 컵을 사용할 수 있음: 한 손으로 컵을 잡고, 들어 올려 마시고, 내려놓음 • 스스로 먹기에 협조: 어떤 유아는 약간의 도움만이 필요함	• 식욕이 증진됨: 여전히 적은 양의 급식은 좋아함. 채소를 싫어하나 먹기를 강요하지 말아야 함 • 배고프면 혼자 식사를 할 수 있음: 숟가락을 사용함 • 배고프지 않으면 꾸물대거나 음식으로 장난함 • 많은 양의 우유를 마실 수 있음
목욕, 옷입기, 배변 · 배뇨 하기	• 스스로 씻으려고 시도함 • 옷 입기에 협조: 스스로 옷 입고 벗기를 좋아함. 신발과 양말을 벗을 수 있음. 바지를 뒤집어 입거나 한쪽에 두 발을 넣기도 함 • 대 · 소변 조절능력이 생김: 아직 완전히 가리지는 못함	• 어느 정도 몸을 씻을 수 있음: 욕조에서 나오지 않으려고 함 • 낮 동안은 대 · 소변 가리기를 할 수 있음: 낮아는 가리지 못하기도 함 • 때때로 밤 동안 오줌을 싸지 않고 살 수 있음: 잘 가리다가 실수하기도 함 • 옷 입기보다 벗기를 잘함 • 큰 단추, 지퍼를 사용하는 것이 용이해짐
잠자기	• 저녁 8~9시경에 잠을 자나 낮잠을 자지 못했다면 식사 때 잠잘 수 있음: 10~12시간 동안 잠을 잠 • 잠들기에 문제를 가질 수 있음: 엄마를 부르거나, 화장실에 다녀오기, 노래 부르기, 잠자리 정리 등은 잠을 자는 것을 준비하도록 도울 수 있음 • 잠잘 때 특별한 인형, 담요 등을 요청하기도 함 • 잠잘 때 불빛이 들어올 수 있도록 약간 열어 놓기를 원함: 더 안정감을 느끼고 쉽게 잠을 잘 수 있음 • 낮잠을 지속하기도 함	• 10~12시간 동안 잠을 잠: 7~8시경에 일어나고, 더 일찍 일어나기도 함 • 오후 낮잠이 필요하지 않기도 함: 오후 중간쯤 조용한 시간이 여전히 필요함 • 스스로 잠자리에 갈 수 있음: 기존의 잠자리를 위한 의식을 하지 않음. 여전히 잠자리 동화나 이야기가 필요 • 꿈 때문에 잠을 깨기도 함 • 잠자리에서 다시 나오기도 함: 다시 잠자리로 돌아가기 위해 단호함이 필요함

구 분	특 성	
	1~2세	2~3세
	• 낮잠에서 천천히 일어나고, 재빨리 다른 행동에 참여할 수 있음	
놀이와 사회적 활동	• 강한 소유권의 감각이 발달됨: "내 거야." 하는 주장을 자주 듣게 됨, 공유는 힘들고 장난감 등을 감추기도 함 • 돕기를 즐기나 혼자 있을 때는 문제를 야기함: 치약을 바르고, 립스틱을 칠하고, 옷장 서랍을 비워 놓기도 함 • 그림에 대해 이야기하기를 즐김: 동화책의 반복도 좋아함 • 걷기를 즐김: 사물을 보기 위해 자주 멈춤, 사물을 들여다보고, 만지며 특정 장소에 가는 것에는 관심이 없는 듯 배회함 • 여전히 혼자놀이를 즐김: 다른 유아에 관심을 보이지만 대부분 쳐다봄	• 모든 것에 참여되기를 원함: "나도"라고 말하는 시기 • 짧은 기간 동안 자발적 집단놀이를 함: 사회적이고, 협동적으로 놀이하기 시작함 • 다른 유아와 분쟁하고 다투기도 함: 신체적 상해의 위협이 없다면 그들 자신의 불일치를 스스로 해결하도록 허용해야 함 • 옷 입기, 일상생활에 대한 극놀이를 좋아함: 성고정적 관점을 나타냄 • 명령보다는 선택에 더 잘 반응함 • 공유는 여전히 힘드나 그 개념을 이해하기 시작함

출처: Allen & Marotz(2010); 지성애, 홍혜경(2018) 재인용

2) 걸음마기 영아를 위한 생활지도 지침

걸음마기 영아를 위한 생활지도시 다음과 같은 지침을 고려해야 한다(지성애, 홍혜경, 2018).

(1) 민감하게 반응하기

영아의 감정과 욕구에 민감하게 반응한다.

(2) 인과관계를 경험하도록 지원하기

획기적인 인지적 도약을 하는 시기이므로 원인과 결과의 관계를 경험할 수 있는 기회를 제공한다.

(3) 주변 세계를 탐색하는 경험 제공하기

영아들이 자신의 주변 환경을 자유롭게 탐색할 수 있는 다양한 경험을 제공한다.

(4) 안전한 환경 제공하기

영아들이 탐색하는 환경에 대한 안전을 세심하게 고려한다.

(5) 비언어적 의사소통 사용 기회 제공하기

영아들은 신체 언어나 목소리 톤으로부터 감정을 이해하는 능력이 있고, 비언어적 의사소통을 통해서도 일상생활 속에서 언어를 듣고 사물과 사건을 서로 연결할 수 있는 기회를 가지므로 영아들에게 비언어적으로 의사소통할 수 있는 기회를 제공한다.

(6) 언어적 상호작용 격려하기

언어 발달을 자극하기 위해 영아의 발달 수준에 매우 근접한 언어적 상호작용 경험을 제공한다. 여기에서 사용되는 언어는 각 영아의 발달 수준보다 약간 앞서는 것이어야 한다.

(7) 영아의 격리 및 낯선 것에 대한 불안 이해하기

영아의 격리 및 낯선 사람 또는 상황에 대한 불안을 이해하여야 한다.

(8) 영아의 자기중심성 및 소유개념 이해하기

영아의 자기중심성과 소유개념을 이해하고 발달적으로 부적합한 방법으로 행동(예: 공유하기 등)을 강요하지 않는다.

(9) 자율성을 경험하도록 돕기

영아가 자율적으로 할 수 있는 경험(예: 간식으로 제공된 바나나 껍질 벗기기, 두 가지 옷들 중에서 한 가지 옷을 선택하기 등)을 제공한다.

(10) 긍정적 자아개념 형성을 지원하기

영아가 자신에 대해서 긍정적으로 인식할 수 있도록 상호작용함으로써 긍정적인 자아개념을 형성하도록 도와야 한다.

3. 유아기(3~5세경)의 행동발달 이해 및 생활지도 지침

1) 유아기 발달상의 주요 행동 특성의 이해

(1) 신체 성장과 운동기술

유아기는 유아들의 신체적 성장속도가 이전 시기보다 둔화되지만 협응력과 조절력은 더욱 정교화되고 활동량이 많아지는 시기이다. 유아들은 왕성한 에너지를 소비하기 위하여 활발히 운동하고 분주하며 때로는 휴식이나 안정을 위한 시간마저도 거부한다(Allen & Marotz, 2010; 지성애, 홍혜경, 2018 재인용). 그래서 부모나 교사는 유아들이 신체적으로 활발히 움직이는 놀이를 그만두게 하는 데 자주 어려움을 겪게 된다. 이러한 경우 부모나 교사는 유아가 놀이를 즉시 중단하게 하기보다는 덜 활발한 놀이를 제안한 다음 휴식이나 조용한 활동으로 전환하거나, 놀이가 끝나는 시간을 사전에 미

| 그림 3-6 | 하늘을 나는 미래 자동차를 타고 놀이하는 유아들

| 그림 3-7 | 우주 여행놀이를 하는 유아들

리 알려주어 준비할 수 있는 시간을 주는 것이 효과적이다. 특히 활발한 활동이나 놀이를 즐기는 유아에게는 에너지를 발산할 수 있는 복합적 활동과 개방된 공간과 시간을 주어 충분히 발산하도록 하고, 조용한 활동으로 전환하는 데도 시간을 좀 더 허용하는 것이 필요하다.

이 시기의 유아는 소근육과 협응동작에 필요한 조절능력이 발달되어 조립하고, 맞추고, 꿰는 등의 조작적 행동이 가능하다. 이러한 조작적 행동을 위해 다양한 조작적 물체가 제공되어야 하지만 제공되는 물체의 양이나 크기가 유아의 행동과 반응에 영향을 미칠 수 있음을 고려해야 한다. 예를 들면, 놀잇감의 크기가 너무 작거나 많은 수의 놀잇감을 다루어야 할 때는 유아가 좌절하기 쉽고, 놀이보다는 다른 목적으로 취급하여 부적절한 행동으로 이어질 수가 있다. 따라서 유아에게 기대되는 행동을 지원하기 위해서는 유아에게 발달적으로 적합한 놀잇감인가를 점검해 보는 것이 필요하다.

(2) 인지 · 언어 발달

이 시기는 유아들이 타고난 호기심을 가장 활발히 발휘하는 시기이다. 유아들은 자신들의 관심이나 호기심에 따라 직접 문제를 관찰하고 조작할 뿐만 아니라 "왜?", "어떻게?" 등의 질문을 통해 다양한 정보를 수집한다. 그러나 유아들은 논리적인 것보다는 직관적인 것을 기초로 하고, 자기중심적 관점에서 사고하기 때문에 잘못된 판단과 결론에 도달하는 경우가 많으며 합리적인 추리를 기대하기 어렵다. 예를 들면, "지금은 잘 시간이 아니야, 왜냐하면 잠옷을 안 입었으니까", "용진이는 키가 커서 형이야?" 등과 같이 표현하는 것을 자주 관찰할 수 있다(지성애, 홍혜경, 2018).

특히 이 시기에는 유아의 언어 발달과 인지 발달은 서로 밀접하게 관련이 있다. 유아의 행동은 상황을 이해하는 능력(인지), 자신의 경험, 언어 사용에 의해서 영향을 받는다. 유아들은 대부분의 문법적 구조를 획득하고, 성인과 1 : 1 언어 상호작용을 즐기며, 독창적이거나 특이한 언어표현을 즐긴다. 이를테면 새로운 단어(예: 귀핀-귀고리,

밥떡-약식 등)를 만들어 내거나 독특한 표현(예: 코를 세게 풀면 코가 빨리빨리 나와)을 하기도 하고, 성인을 당황하게 하는 욕이나 우스꽝스런 표현을 즐긴다(지성애, 홍혜경, 2018).

이 시기의 유아는 대상이 없음에도 혼잣말을 하기도 한다. 이러한 혼잣말을 Piaget는 유아의 자기중심적 사고의 표현이라고 보았고, Vygotsky는 내적 언어라고 보았다. 또한 Vygotsky는 유아가 혼잣말을 하는 것을 자신의 행동을 모니터링하는 방법으로 보았고, 유아가 생각해 내는 것을 돕고, 사고를 언어로 전환시키며, 자신이 하는 것에 주의를 집중하게 하고, 행동을 지시하는 기능을 하는 의미 있는 행동으로 보았다.

(3) 정서 · 사회성 발달

3세부터 시작되어 5세까지 유아는 타인을 의식하는 자아인식을 갖게 된다. 특히 이 시기의 정서 발달은 기복의 순환(up-and-down cycle)으로 볼 수 있다. 약 반년을 주기로 18개월, 3세 반, 4세 반 등의 시기는 생활지도하기에 힘이 드는 시기에 속하며, 이 시기에 이어지는 시기는 앞 시기보다 순종적이고, 성인을 기쁘게 하기 위해 협조하는 기간이 연속적으로 반복된다(Allen & Marotz, 2010; 지성애, 홍혜경, 2018 재인용). 정서적으로 불균형을 이루는 시기에는 오줌 싸기, 손가락 빨기 등의 퇴행행동도 나타난다. 부모나 교사는 이런 행동을 일시적 현상으로 보고, 적절하게 지원하고 편안하게 다룸으로써 유아들의 자신감과 자신의 감정에 대처하는 능력을 강화시킬 수 있다. 또한, 이 시기의 유아는 동물, 어두움, 변기, 유아에게 친숙하지 않은 물체 등에 공포를 느낀다. 이러한 공포는 인상적 지각에 의한 변환적 추리에 기인한다. 따라서 부모나 교사는 유아의 두려움을 신중하게 받아들이고, 두려움을 내면화하는 대신 유아 자신의 감정을 말로 표현할 수 있도록 도와주어야 한다. 유아의 상상이나 환상적 물체나 동물에 대한 표현도 유아기의 정서적 요구임을 감안하여 수용하되 현실과 상상이 다름을 구별하도록 도와야 한다. 무엇보다 유아가 자신의 정서를 인식하고 표현하는 것을 도움으로써 스스로 감정을 조절할 수 있도록 지원하는 것이 중요하다. 유아가 자신의 감정을 표현하고 조절하는 것을 돕기 위해서는 유아들의 감정을 민감하게 알아차리고, 이것을 언어로 표현해 주고, 유아가 표현하는 감정을 수용하며, 적절하게 감정을 표현하는 방법을 제시할 수 있다. 필요하다면, 적절한 대안 활동도 찾아 제시할 수 있을 것이다.

특히 전통적으로 극놀이는 유아들의 정서적 갈등이나 긴장을 해소하는 기능을 가진 가치 있는 놀이이다. 유아들의 극놀이는 유아 자신의 감정을 표출할 뿐만 아니라 다른 역할을 수행하는 경험을 통해 보다 현실적인 이해를 돕는다. 따라서 유아기 동안 다양한 유형의 극놀이 기회나 경험이 제공되어야 한다.

| 그림 3-8 | 역할을 정하고 극놀이를 하는 유아들

유아들은 자주 함께 놀이에 참여하게 되고 친한 친구가 생기게 된다. 그러나 유아들은 여전히 장난감을 독점하거나, 화가 날 때 친구를 때리거나 밀치고, 일부러 제한이나 규칙을 어기기도 하는 등의 행동을 흔히 나타낸다. 걸음마기 후기나 유아기에 다른 유아와 놀잇감을 공유하는 것이 어려운 이유는 유아기의 인상적 지각으로 물체를 자신이 확장된 것으로 보기 때문이다(Elkind, 1994; 지성애, 홍혜경, 2018 재인용). 비록 이런 행동이 허용될 수는 없으나 부모나 교사는 이 시기 유아들이 사회적 상호작용의 규칙을 배우는 과정에 있다는 것을 인식하는 것이 중요하다. 이 시기에 유아의 사회적 행동을 지도하기 위해서는 먼저 자신에 대한 긍정적 자아감 과 자율성의 형성을 도와야 한다. 이를 위해 유아는 자신의 신체적 특성을 알고, 자신이 할 수 있는 것에 대한

자부심을 갖고, 자신이 선호하는 것을 인정받는 경험이 필요하며, 놀이·활동을 선택하고, 자신의 활동을 주도하고, 스스로 하는 것이 필요하다. 유아는 자아 개념이 형성된 후에 타인과 자신을 구별하고, 친구와 놀잇감을 공유하고 협력하게 되며 나아가서는 타인의 감정에 대해 이해하는 수준까지 발달이 가능하게 된다.

유아의 일반적인 일상행동의 특성을 제시하면 다음의 〈표 3-4〉와 같다.

| 표 3-4 | 유아기의 일상행동 특성(3~5세경)

구 분	특 성	
	3~4세	4~5세
식 사	• 식욕의 변화가 심함 • 특정 음식을 기피하는 현상이 생기고 강요하면 울기까지 함 • 모든 숟가락, 포크 등을 사용함 • 서로 먹으며 이야기를 함 • 식사 준비하는 데 돕기를 좋아함: 식탁을 차리고, 나르는 것을 함	• 잘 먹지만 항상은 아님 • 친숙한 음식을 좋아함 • 간단한 샌드위치나 시리얼을 만듦
목욕, 옷입기, 배변·배뇨하기	• 자신의 배변욕구를 처리함: 때때로 화장실에서 프라이버시를 요구함 • 이 닦기나 목욕하기를 적절히 할 수 있음: 정기적으로 성인의 점검을 받아야 함 • 혼자 옷을 입고, 단추를 끼우고, 신발을 신고, 벨트를 맬 수 있음 • 성인의 도움을 완강히 거부하고 문제가 생기면 좌절함 • 깨끗한 옷을 분리하여 갤 수 있고, 수건을 걷을 수 있으나 쉽게 산만해짐	• 혼자 대·소변 처리를 함: 화장실에 가는 것을 가능한 늦출 수 있음 • 독립적으로 목욕을 하지만 시작할 때 도움이 필요함 • 혼자 옷을 입음: 신발끈 매기, 옷이 뒤집힌 것 등을 알 수 있음 • 옷을 벗어 던져 놓음: 걸어 놓는 것을 상기시킬 필요가 있음 • 코풀기 위해 티슈를 사용: 때때로 잘못하기도 하고 휴지를 아무 데나 버리기도 함
잠자기	• 평균 10~12시간 잠을 잠: 여전히 낮잠을 자기도 함 • 만약 시계바늘이 잘 시간을 가리키거나, 이야기 읽기가 끝나는 것의 신호에 따라 잠자러 갈 수 있음 • 화장실에 가기 위해 일어난 후 다시 잠들기 위해 도움이 필요할 수도 있음	• 잠들기 위한 준비를 독립적으로 할 수 있음: 동생의 잠들기 위한 준비 작업을 도울 수 있음

출처: Allen & Marotz(2010); 지성애, 홍혜경(2018) 재인용

2) 유아를 위한 생활지도 지침

3~5세 유아를 위한 생활지도 시 다음과 같은 지침을 고려해야 한다(Marotz & Allen, 2016).

(1) 3세 유아를 위한 생활지도 지침

① 제한을 설정하고, 제한 설정이 필요한 이유를 짧고 단순한 문장으로 설명한다.

② 유아가 적절하게 행동할 경우(예: 친구와 장난감 나누기) 그 행동을 언어표현으로 인정해 준다.

③ 유아의 문제 행동을 침착하고, 인내력을 가지고 지도한다.

④ 유아의 행동을 재지시한다. 만약 유아가 모래를 던진다면, 유아에게 던진 모래를 모래상자에 다시 담도록 부탁한다.

(2) 4세 유아를 위한 생활지도 지침

① 유아에게 선택하는 기회를 제공한다. 유아가 나들이를 갈 경우 "운동화 또는 구두 중 어떤 것을 신기를 원하니?"와 같이 물어볼 수 있다.

② 유아가 자신의 행동에 따른 결과를 이해하도록 돕기 위해 자연적 결과를 설명한다. 미술 시간에 "만약 네가 물감을 엎지르면 우리가 그림 그릴 물감이 남아있지 않을 거야."와 같이 설명할 수 있다.

③ 유아가 기대되는 행동을 알도록 간단한 지시와 경고를 사용한다. "큰 시계바늘이 숫자 '3'을 가리키면 점심 시간이야. 자, 이제 장난감을 정리하도록 하자."와 같이 안내할 수 있다.

(3) 5세 유아를 위한 생활지도 지침

① 유아가 문제 해결 과정에 참여하도록 지도한다. 실외 놀이를 나가기 전에 "네 겉옷을 찾기 위해 어디를 찾아보아야 할까?"와 같이 질문할 수 있다.

② 유아가 부적절한 행동을 계속 한다면 참여하고 있는 활동을 중지하도록 한 후 유아 자신의 행동에 대해서 스스로 생각할 수 있는 시간을 제공한다.
③ 유아가 규칙 따르기를 더 잘할 수 있도록 규칙 정하기에 참여하도록 지도한다.

4. 아동기(6~12세경)의 행동발달 이해 및 생활지도 지침

1) 아동기 발달상의 주요 행동 특성의 이해

6~8세 아동은 점점 더 복잡한 과제를 수행하기 위해 다양한 발달 기술을 조직하고 결합하는 발달 통합의 단계에 있다. 이 시기 남아와 여아 모두 자신의 개인적인 요구(예: 화장실가기, 식사하기, 학교에 갈 준비하기 등)를 관리하는 것이 능숙해진다.

6세경 아동은 천천히 그리고 꾸준히 성장하고, 유치가 빠지고 영구치가 나온다. 또한, 성인과 같은 얼굴 모습에 더 가까워지고, 전체적인 체형이 발달한다. 근육의 힘이 증가하고, 남아들은 일반적으로 비슷한 크기의 여아들보다 힘이 세다. 또한 대·소근육 운동 기술을 더 잘 통제할 수 있고 일부 서투른 동작이 지속되지만 동작은 더 정확하고 신중해진다. 이 시기의 아동은 활발한 신체활동(달리기, 점프, 오르기, 던지기)을 즐기며, 가만히 앉아 있을 때도 끊임없이 움직인다. 6세경의 아동은 우정의 범위가 넓어지면서 가족에 대한 의존도는 줄어들고, 어른스러운 대화를 하며 많은 질문을 한다(Marotz & Allen, 2016). 7세경의 아동도 천천히 지속적으로 성장하고, 일부 여아는 남아보다 키가 크다. 주의를 기울이면서 높은 곳을 오르거나 뛰어내리는 등 더욱 도전적인 신체활동을 즐긴다. 또한 이 시기의 아동은 보존개념을 파악하기 시작하고, 원인과 결과에 대해 더 잘 이해하며, 대화할 때는 성인의 문장 구조와 언어를 사용한다. 7세경의 아동은 우정을 추구하고 친구가 중요하며, 동성 놀이 친구를 선호하고 집단으로 놀이할 가능성이 더 높다. 또한, 타인의 감정, 동기, 행동에 대한 공감이 발달하기 시작한다(Marotz & Allen, 2016).

6~7세 아동의 일반적인 일상행동의 특성을 제시하면 다음의 〈표 3-5〉와 같다.

| 표 3-5 | 아동기의 일상행동 특성(6~7세경)

구 분	특 성	
	6세	7세
식 사	• 대부분 잘 먹음, 식사를 거를 수 있으나 나중에 보충해서 먹음 • 강한 음식 선호와 새로운 음식을 시도하려는 의지는 예측할 수 없음 • 종종 성인들의 기준에 맞지 않는 식사예절을 사용하고, 한 번에 너무 많은 음식을 입에 넣기도 하며, 우유를 엎지르거나 음식을 무릎에 흘리기도 함 • 음식을 자를 때 칼을 사용하는 것을 어려워함 • 식사 내내 조용히 앉아 있는 것이 어려움	• 대부분의 음식을 먹음, 익숙하지 않거나 싫어하는 음식을 조금씩 먹긴 하나 여전히 몇 가지 음식은 강하게 거부할 수 있음 • 성인들이 보기에는 완벽하지 않지만 식사예절이 개선되고, 우유를 덜 엎지름 • 비교적 쉽게 식기구를 사용하고, 손가락으로 음식을 먹는 일은 거의 없음 • 식사 시간에 대화나 다른 곳에서 일어나는 일들에 의해 때때로 주의가 산만해지고, 다른 때에는 빨리 먹고 끝내는 것에 집중함
목욕, 옷입기, 배변 · 배뇨하기	• 목욕하는 것을 주저하고, 미루거나 피하기 위해 핑계를 댐 • 성인의 큰 도움 없이 일상적으로 화장실을 가고, 때때로 서두르거나 너무 오래 참아서 실수를 하기도 함 • 특히, 학교 첫 주와 같은 새로운 경험 또는 스트레스를 받을 때 바지를 더럽히거나 젖게 하기도 함 • 손씻기, 목욕, 양치질과 같은 일상적 자기관리를 서둘러서 함. 항상 주의하거나 철저하지 않아 제대로 하는지 자주 감독하고 시연을 보여줄 필요가 있음 • 자신의 옷 선택에 관심을 표현하지만, 때와 장소에 적절한 결정을 하기 위해 약간의 지도가 필요함 • 옷을 바닥에 던져 놓거나 종종 어디에 두었는지 잊어버림	• 최소한의 도움으로 목욕이나 샤워를 함. 종종 목욕을 꺼리지만 일단 목욕을 시작하면 긴장을 풀고 즐거워 함 • 때때로 느리고 산만하긴 하지만 혼자 옷을 입음. 시간이 중요해지거나 원하는 다른 일이 있을 때 옷 입는 속도를 빠르게 할 수 있음 • 자신의 옷의 단추와 지퍼를 채우고, 신발끈을 묶음. 하지만 항상 주의깊거나 정확하지 않음(예: 단추를 어긋나게 채우거나 지퍼를 덜 채우거나 신발끈이 금방 풀림) • 옷에는 별로 관심이 없고, 머리를 빗는 것에 많은 관심을 보임 • 장과 방광의 조절이 완벽히 이루어짐. 개인 주기가 잘 확립되어 있고, 학교에서는 배변하는 것을 거부할 수 있음
잠자기	• 9~11시간 숙면을 취해야 함 • 화장실에 가기 위해 중간에 일어나지	• 평균 10~11시간 밤에 잠을 잠. 잠이 부족할 경우 아침에 일어나기 힘들고, 낮은

구 분	특 성	
	6세	7세
	않고 대부분 밤에 잠을 잠 • 밤새 잠을 자지만 어떤 아이들은 계속 악몽을 꾸거나 수면 장애를 경험함	학업 성적과 문제 행동에 기여(Buckhair, 2013; Kelly, Kelly, & Sacker, 2013; Astill et al., 2012) • 나쁜 꿈을 거의 꾸지 않고 잠을 잘 잠 • 대부분 밤에 혼자 잠을 잘 준비를 하지만 여전히 이불을 덮어주거나 책 읽는 것을 즐김 • 대부분 아침에 혼자 일찍 일어남 • 화장실에 가기 위해 밤에 일어날 가능성이 적음

출처: Marotz & Allen(2016: 164-165, 173)

2) 아동을 위한 생활지도 지침

6~8세 아동을 위한 생활지도시 다음과 같은 지침을 고려해야 한다(Marotz & Allen, 2016).

(1) 긍정적인 역할 모델 제시하기

교사나 부모는 아동의 문제 행동 상황에서 체벌하기나 화내기와 같은 방법으로 반응할 경우 공격적인 행동의 모델이 되고, 외적 통제에 의해서 일시적으로 아동의 문제 행동을 멈추게 할 수 있다. 따라서 교사나 부모는 아동에게 긍정적인 행동 반응과 자제력을 보여줌으로써 아동이 자신의 내적 통제에 의해서 문제 행동을 나타내지 않도록 지도하여야 한다. 예를 들면, 교사는 심호흡을 하고, 아동의 눈을 마주치며 침착하고 위협적이지 않은 태도로 반응한다. 필요하다면, 교사는 침착해질 때까지 잠시 문제 행동 상황으로부터 벗어나도록 한다.

(2) 기대하는 것을 분명하고 일관성 있게 안내하기

교사나 부모는 아동에게 기대하는 것을 아동이 이해할 수 있는 말로 분명하고 일관성 있게 전달할 필요가 있다. 예를 들면, 교사는 아동에게 학급의 규칙을 무조건 강요하기보다 학급의 모든 구성원이 안전하고 권리를 누릴 수 있도록 하기 위해 교실에서 규칙은 지켜져야 함을 일관성 있게 말할 수 있다.

(3) 긍정적인 용어를 사용하여 규칙 정하기

교사나 부모는 허용할 수 없는 아동의 행동을 강조하기보다 '먹기 전에는 손을 씻기', '교실에서는 걸어 다니기'와 같이 아동에게 적절하게 행동하는 방법을 가르칠 수 있는 긍정적인 용어로 규칙을 정하여야 한다.

(4) 아동의 감정과 좌절감 인정하기

교사나 부모는 아동이 자신의 감정이나 좌절감에 대해 말할 때 동의할 수 없을 경우에도 잘 들어주어야 한다.

(5) 문제 해결, 의사소통, 갈등 해결 기술을 배우도록 돕기

교사나 부모는 아동이 문제 또는 갈등 상황에서 효과적으로 문제를 해결하고, 의사소통하며, 갈등을 해결하는 데 필요한 기술들을 익힐 수 있도록 도와야 한다.

(6) 논리적 결과 사용하기와 특권(privilege) 보류하기

교사나 부모는 아동이 규칙을 어겼을 경우 논리적 결과를 사용하거나 특권을 보류할 수 있다.

(7) 아동의 바람직한 행동 인정하기

교사나 부모는 아동이 바람직한 행동을 할 경우 그 행동을 인정해 주어야 한다.

(8) 타임아웃 사용 제한하기

교사나 부모는 아동이 문제 행동을 할 경우 타임아웃 사용을 제한하여야 한다. 하지만 필요하다면, 아동이 평정을 되찾도록 돕기 위해 타임아웃을 사용할 수 있다. 이 경우 아동에게 왜 타임아웃을 사용하는지 설명하고 아동을 자신의 방이나 조용한 영역으로 보낸다. 타임아웃 동안 아동은 자신의 잘못된 행동에 대해 생각하고, 감정 통제를 회복할 시간을 가질 수 있다.

(9) 다른 아동이나 타인에게 해를 입히지 않는 부적절한 행동 무시하기

교사나 부모는 아동이 다른 아동이나 사람들에게 해를 입히지 않는 부적절한 행동을 할 경우 이 행동을 무시하고, 이러한 바람직하지 않은 행동을 더 이상 하지 않을 경우 어떠한 형태로든 관심을 보이거나 인정을 해주어야 한다.

본 장에서는 영유아의 발달에 따라 나타나는 주요 행동 특성을 요약하였으며, 영유아와 아동을 위한 발달적으로 적합한 생활지도 지침을 제시하였다. 교사나 부모의 시기별 영유아 발달 특성에 대한 이해는 영유아와 아동과 불필요한 갈등을 줄일 수 있고, 영유아와 아동의 개별적 요구와 행동 특성에 적합한 체계적이고 점진적인 지도 방법을 선택하는 데 도움이 될 것이다.

Part

II

영유아 행동의 이해

Chapter

04

영유아 행동의 영향요인

발달적으로 적합한 영유아 생활지도를 위해서는 영유아의 행동에 영향을 미치는 요인을 이해하고 분석하는 것이 중요하다. 영유아의 행동은 다양한 변인이 관련되어 있을 뿐만 아니라 이들 변인이 영유아의 생활지도에 직접적 또는 간접적인 영향을 미치기 때문이다. 본 장에서는 영유아 행동에 영향을 미치는 요인을 크게 개인적 요인과 환경적 요인으로 나누어 살펴보고자 한다.

1. 개인적 요인

영유아의 행동에 영향을 미치는 개인적 요인으로는 기질, 애착, 기억력과 지각을 들 수 있다.

1) 기질(temperament)

기질은 개인이 가지고 태어나는 고유한 특성으로 감정을 표현하고, 생각하고, 행동하는 방법에서 개인차가 나타나도록 하는 주요 원인이 된다(Kagan & Fox, 2006). 영유아기의 기질적 특성은 성인에 이르기까지 지속되는 경향이 있고, 주변 사람의 반응에도 영향을 준다(김경중 외, 1998). 또한 기질은 비교적 안정적이나, 유전, 성숙, 경험으로 인해 시간이 지남에 따라서 영향을 받는 반응성(reactivitiy)과 자기 조절(self-regulation)에서 차이가 나타난다(Rothbart, Ahadi, & Evans, 2000). 이러한 기질은 유아의 문제 행동에 영향을 미치는 중요한 예측 변인으로(Gartstein, Putnam, & Rothbart, 2012) 영유아 생활지도에서 고려해야 할 주요 요인이다.

(1) 기질의 특성

Chess와 Thomas(1987)가 영아를 대상으로 한 New York 장기 종단연구에서 제시한 기질의 9가지 특성은 다음과 같다(Nelsen, Erwin, & Duffy, 2019).

① 활동수준(activity level)

이 기질은 운동 활동(motor activity)의 수준과 활동적 · 비활동적 기간의 비율로 구분할 수 있다. 예를 들면, 높은 활동수준의 유아는 뛰고 달리고 하는 활동을 선호하는 반면 낮은 활동수준의 유아는 그림을 그리고, 책을 보는 활동을 더 선호함을 볼 수 있다.

② 주기성(rhythmicity)

이 기질은 배고픔, 잠자기, 배변 등의 생리적 기능의 예측 가능성으로 볼 수 있다. 어떤 영아는 먹기, 잠자기, 대·소변 등의 생물학적 기능을 주기적으로 수행하기 때문에 예견할 수 있는 반면, 어떤 영아는 생물학적 기능이 불규칙하여 예견할 수 없는 경우도 많다. 예를 들면, 어떤 영아는 매일 아침 식사 후 배변을 규칙적으로 보는 반면, 어떤 영아는 매일 달라 종잡을 수 없다.

③ 접근 또는 회피(approach / withdrawal)

이 기질은 낯선 음식, 새 장난감, 낯선 사람 등의 새로운 자극이나 상황에 반응하는 방법이다. 접근반응은 미소, 말, 표정 등의 기분 표현이나 새로운 음식을 먹거나 낯선 사람에게 다가가는 것으로 나타난다. 회피반응은 흔히 칭얼대거나 울거나, 낯선 사람에게서 멀리 떨어지거나 뒤로 숨거나, 새 장난감을 밀어내는 등의 부정적 반응으로 나타난다.

④ 적응성(adaptability)

이 기질은 지속적으로 새로운 상황에 반응하고 적응하는 능력이다. 예를 들면, 적응성이 낮은 영아들은 자신의 침대나 베개가 아니면 잠을 잘 수 없고, 자기 집이 아닌 다른 화장실에서는 배뇨, 배변을 하지 못하는 경우가 많다.

⑤ 감각역치(sensory threshold)

이 기질은 자극에 대한 반응이 시작되는 시점이다. 감각자극에 대한 민감성의 수준은 유아마다 다르고 세계를 인식하고 행동하는 것에도 영향을 미친다. 흔히 자극에 민감한 유아는 옷이 조금만 더러워져도 갈아 입혀 주기를 요구하며 부모나 교사를 힘들게 하기도 한다.

⑥ 기분의 질(quality of mood)

이 기질은 매사에 즐거워하는지, 수용적 측면에서 반응하는지 또는 부정적 · 거부적 측면에서 반응하는지와 관련된다. 예를 들면, 부정적인 불평만을 하는 유아의 기질적 특성을 이해한다면 우선 유아가 불평하는 것을 들어주고 난 다음 이야기를 나누는 기회를 가지는 것이 필요하다. 이야기를 나누면서 좋았던 경험에 대해서도 말해 보도록 한다면 유아는 이러한 기회를 통해 긍정적으로 반응하는 것도 배울 수 있을 것이다.

⑦ 반응의 강도(intensity of reactions)

이 기질은 영아의 반응하는 정도를 나타내는 것으로써, 강한 정서적 반응이나 직접적 행동 또는 수용적 반응을 보이는 정도를 말한다. 예를 들면, 한 영아가 넘어져 피를 흘리고 있는 경우 어떤 영아는 소리를 지르는가 하면 어떤 영아는 닦아주기도 하는 등 반응의 강도가 각기 다르게 나타난다. 부모나 교사는 영아의 자극에 대한 반응의 강도가 각각 다를 수 있음을 이해한다면 보다 침착하게 이러한 상황을 다룰 수 있을 것이다.

⑧ 산만성(distractibility)

이 기질은 외부의 자극이 유아의 현재 행동을 방해할 경우 이러한 자극에 반응하거나 이와 상관없이 유아 자신의 행동을 지속하는 정도를 의미한다. 예를 들어, 만약 영아가 우유병을 빨다가 누군가가 지나가는 것을 보고 그 사람이 지나갈 때까지 우유병 빨기를 멈춘다면, 이 영아는 산만성이 크다고 할 수 있다. 부모나 교사는 산만한 영아를 위해 주변의 자극이 될 만한 요인을 줄여 줌으로써 자극에 반응할 기회를 줄일 수 있다.

⑨ 지속성과 주의 집중 기간(persistence and attention span)

지속성은 활동을 하는데 방해나 어려움에 직면할 때에도 기꺼이 그 활동을 지속하는 정도를 의미하고, 주의 집중 기간은 그 활동을 지속할 수 있는 시간의 길이를 의미한다. 예를 들면, 퍼즐을 맞추다가 잘 맞추어지지 않을 경우 쉽게 그만두는 유아와 퍼즐을 완성할 때까지 시도하는 유아를 볼 수 있다. 만약 주의 집중이 어려운 유아에게는 짧은 기간에 할 수 있는 과제를 제공한다면 불필요한 제한을 줄일 수 있을 것이다.

부모나 교사는 어떤 기질이 더 적절하고 부적절한가로 인식하기보다는 영유아마다 가지고 있는 서로 다른 기질적 특성을 이해함으로써 보다 현실적인 기대를 가지고 수용적인 태도로 생활지도를 하는 것이 중요하다.

(2) 영유아의 기질 유형

영유아의 기질 특성을 중심으로 기질 유형을 다음과 같이 3가지 유형으로 구분할 수 있다.

① 쉽게 순응하는 영아(The Easy Children)

이 유형에 해당하는 영아들의 기분은 긍정적이고, 새로운 환경에 쉽게 적응하며, 생물학적 신체적 기능도 주기적인 것으로 나타났다. 하지만 외부환경 자극에 대한 반응 행동의 강도는 낮은 것으로 나타났다. 따라서 이 유형에 해당하는 영아의 부모는 자녀를 보살피는 데 큰 어려움이나 자녀와의 갈등을 별로 경험하지 않을 것이다.

② 천천히 순응하는 영아(The Slow-to-Warm-Up Children)

이 유형에 해당하는 영아들은 일반적으로 활동 수준이 비교적 낮았다. 또한 이 영아들은 새로운 자극에 처음 노출될 때 회피하였다가 천천히 적응하고, 다소 부정적인 기분을 가지고 있고, 낮은 반응 강도로 상황들에 반응하는 것으로 나타났다. 만약 이 유형에 해당하는 영아의 부모가 자녀에게 새로운 사물이나 새로운 자극에 대해 미리 정보를 제공하거나 천천히 노출하여 적응할 수 있는 시간과 융통성을 준다면 이로 인한 갈등상황을 줄일 수 있다.

③ 어려운 영아(The Difficult Children)

이 유형에 해당하는 영아들의 생물학적 신체적 기능은 불규칙하고, 새로운 자극을 받게 되면 회피하고, 환경의 변화에 상대적으로 느리게 적응하였다. 이 영아들의 기분은 일반적으로 부정적이었고, 매우 강렬한 강도로 감정을 표현하는 것으로 나타났다. 따라서 이 유형에 해당하는 영아의 부모는 자녀와 갈등이 빈번히 일어나고 힘든 상황을 경험할 수 있다.

연구대상 중 약 40%의 영아는 '쉽게 순응하는 영아', 15%는 '천천히 순응하는 영아', 그리고 10%의 영아는 '어려운 영아'에 해당하는 것으로 나타났으나 나머지 35%의 영아는 9가지 기질 특성들이 혼재되어 있어 세 유형 중 하나의 유형으로 분류되지 않았다(Chess & Thomas, 1987). 이것은 영유아의 기질을 반드시 3가지 유형으로 분류할 필요는 없음을 의미한다.

영유아의 기질을 고려한 생활지도를 위해서 먼저 교사는 자신의 기질 특성을 점검하는 것이 필요하다. 예를 들면, 교사 자신이 부드럽게 감정표현을 하는 사람인지 또는 격렬하게 감정표현을 하는 사람인지 스스로 판단해 보아야 한다. 또한 교사의 기질 특성과 유아의 기질 특성을 고려하여 효과적인 교사-유아관계를 확립하고, 이에 따른 생활지도를 수행할 수 있도록 효율적인 지도 방법을 모색하여 유아의 긍정적 성장과 발달을 지원하여야 한다(Thomas, Chess, & Birch, 1968; 지성애, 홍혜경, 2018 재인용).

2) 애착(attachment)

애착은 유아와 부모 또는 다른 주양육자와 형성하는 친밀한 정서적 유대관계를 말한다. 애착은 서로 주고받는 상호 관계(reciprocity)에서 일어나며, 애착 과정은 임신시기부터 시작되고, 생후 첫 해 동안 지속된다. 애착은 여러 가지 요인들이 복합적으로 작용하여 형성된다. 그 주요 요인으로는 어머니와 영아의 호르몬 특성과 같은 생물학적 요인, 영아에게 모유를 먹이고 눈을 맞추고 껴안는 등의 행동적 요인, 그리고 어머니와 영유아의 기질 일치와 같은 심리적 요인을 들 수 있다.

애착 행동의 목적은 친밀함(proximity)을 형성하거나 유지하는 것이고, 애착관계를 유지하는 기초가 된다. 부모와 교사의 애착 행동은 쓰다듬거나 만지고, 안아주고 눈을 맞추거나 얼굴을 바라보는 행동을 포함하고, 영아의 애착 행동은 웃거나, 울거나, 빠는 행동, 눈을 맞추거나, 옹알이를 하거나 일반적인 신체 움직임을 포함한다. 이후에는 영아가 발달하면서 따르거나 매달리는 행동과 요구하는 행동(calling)을 포함한다(Morrison, 2018).

애착 형성은 모든 영유아의 삶에서 가장 중요한 계기가 되고, 성장 후 행동에 영향을 미치는 결정적인 요인이 된다. 영아의 안정된 애착 발달은 정상적인 사회성과 정서 발달에 기초가 된다. 하지만 양육자와 불완전하고 회피적인 애착을 형성한 유아는 정서적으로 불안하고, 두려워하고, 의존적이고, 격정적이고, 공격적으로 성장할 가능성이 높다. 따라서 양육자와 아기의 애착의 질이 유아의 문제 행동의 원인이 될 수 있다.

영유아의 애착을 고려한 생활지도를 위해서 부모나 교사는 영유아와 안정애착을 형성하고 유지하기 위해 영유아에게 신뢰감을 주고, 친밀하고 긍정적인 관계를 형성하여야 할 것이다. 부모와 교사는 영아의 건전한 사회적 · 정서적 발달을 효과적으로 돕기 위해 영아의 접근을 허락하고, 지지하며 점차적으로 영아가 주변 환경을 탐색하도록 허용하여야 할 것이다.

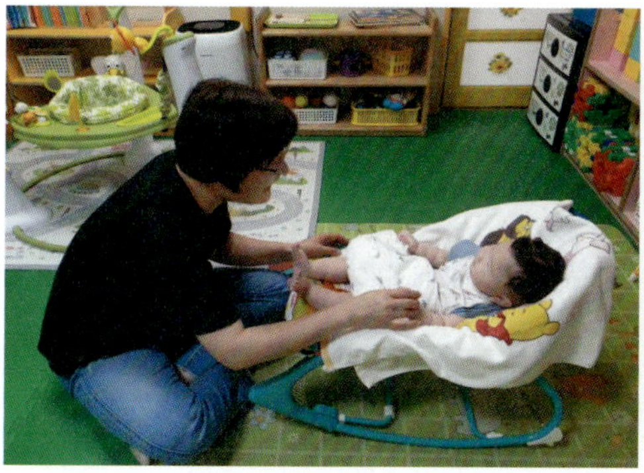

| 그림 4-1 | 영아와 친밀하게 상호작용하는 교사

| 그림 4-2 | 영아들의 탐색놀이를 지원하는 교사

최근에는 자녀의 양육에 있어서 아버지 역할이 강조되고 있다. 우유를 주고, 기저귀를 갈아주고, 목욕을 시켜주는 돌보는 활동을 하는 아버지들은 자녀를 안아주고, 말을 걸거나 바라보는 행동과 같은 애착행동들이 증가하는 것을 보여준다. 따라서 교사들은 아버지와 자녀가 안정애착 관계를 가질 수 있도록 아버지가 자녀를 양육하는 모든 측면에서 참여하도록 지지하여야 할 것이다. 또한, 아버지가 자녀를 양육하는 데 공동 양육자로서 필요한 기술과 자신감을 가질 수 있도록 돕는 훈련 프로그램을 실시할 수 있을 것이다(Morrison, 2018).

3) 기억력(memory)

기억력은 영유아들이 정보를 저장한 후 나중에 그것을 검색, 인출하는 기본적인 인지 과정이다. 영유아기 동안 이들의 기억력에는 크고 주요한 변화가 있다. 영유아의 기억력은 기억의 유형에 따라 천천히 그리고 지속적으로 변화한다. 기억력의 발달은 유아들이 실외 놀이 활동에서의 제한이나, 다른 유아가 화를 나게 할 때 자신의 화난 감정을 말로 표현하기와 같은 생활지도와 관련된 정보를 유아가 기억하도록 돕는다(Marion, 2019).

Marion(2019)은 기억력의 유형을 다음과 같이 4가지로 제시하였다.

- **인식기억**(recognition memory) :
  익숙한 자극이나 이전에 경험했던 상황을 식별하는 능력
- **회상기억**(recall memory) :
  암시나 단서 유무에 관계없이 정보를 불러내는 기억
- **단기기억**(short-term memory) :
  작업을 수행하기 위해 필요한 기억으로 작업기억이라고도 함. 임시로 기억되어 있는 정보
- **장기기억**(long-term memory) :
  사건과 상황 등에 대해 인식하고 영구 기록으로 저장한 정보

교사는 이러한 기억력의 유형을 이해하는 것이 중요하다. 그 이유는 영유아의 기억력은 교사가 생활지도를 할 때 영유아에게 안내하거나 영유아가 상호작용으로부터 기억하는 것을 돕기 때문이다.

영유아의 기억력 발달단계는 다음의 〈표 4-1〉과 같다.

| 표 4-1 | 영유아의 기억력 발달단계

연령	특 성
출생~5개월	• 인식기억 - 인식기억이 좋다. - 영아들은 자신 앞에 여러 번 놓인 장난감에 익숙하거나 지루해한다. - 이러한 지루함은 영아가 장난감을 기억하거나 인식한다는 것을 의미한다. • 회상기억 - 아주 어린 영아들은 단서나 상기(reminder)가 제공되어야 기억을 떠올릴 수 있다. - 성인은 2~3개월 된 영아가 모빌을 차도록 격려한 다음 며칠 후 영아가 지켜보는 동안 모빌을 움직이면서 영아가 자신이 모빌을 발로 찼던 것을 생각나게 할 수 있다. 영아는 모빌을 찼던 것을 회상할 것이다. 그러나 성인은 영아에게 단서를 주어야 한다는 것에 주목하여야 한다. 그렇지 않으면 영아는 혼자 힘으로 모빌을 차는 것을 능동적으로 기억할 수 없었을 것이다.
5개월~1세	• 인식기억이 높아진다. - 영아의 기억에 대한 고전적 연구에 의하면 영아는 사물을 몇 번만 보고도 인식할 수 있다. 또한 영아들은 몇 주 동안 그 사물을 기억할 수 있는 것으로 나타난다. • 회상기억 또한 높아진다. - 약 6개월 이후에 영아는 사물을 기억하기 위한 단서가 자주 필요하지 않다.
1~3세	• 약 2세 이후에 영아는 얼마 전에 일어났던 흥미로운 사건들을 떠올릴 수 있고, 때로는 이야기 형태로 기억에 대해 이야기할 수도 있다. • 3세가 되면 1년 전에 자신에게 일어났던 일을 떠올릴 수 있을 것이다.
4~12세	• 기억력은 취학 전 시기와 아동 중기에 현저하게 향상된다. • 순수 회상기억: 4세 유아는 가끔 단서 없이 기억할 수 있고, 8세 아동은 단서 없이도 훨씬 더 기억을 잘 한다.

출처: Marion(2019: 62)

유아교육기관의 교실에서 일어나는 다양한 학습활동 과정에는 유아의 기억력 증진을 돕기 위한 많은 기회들이 있다. 유아의 기억력 증진을 돕기 위해 친숙한 그림, 소리, 사물들을 사용하기, 적은 단계로 나누어 활동과 학습을 계획하기, 새로운 정보는 조금만 제시하기, 기억전략 사용을 격려하기, 기억하고자 하는 것을 다양한 방법으로 반복하기, 적극적 참여로 기억을 강화하기, 수행한 경험과 사물들을 명명하기 등의 방법들을 사용할 수 있다(지성애, 홍혜경, 2018; Jackson, Robinson, & Dale, 1977).

유아의 기억을 돕는 이러한 여러 가지 방법들은 새로운 정보가 유아에게 의미가 있도록 하여 기존의 정보와 연계시킬 때 효과적이다.

4) 지각(perception)

지각은 인지발달 전체 과정의 한 부분이고, 보고, 듣고, 만지고, 냄새 맡는 것을 통해 얻은 정보를 조직하는 과정이다. 영유아들은 먼저 사물을 감지하고 난 다음 그 정보를 인식하거나 조직하고, 마침내 학습한다(Marion 2019).

생후 1년 동안 영아의 지각능력은 현저한 발달을 보이고, 2~5세의 영유아는 다양한 측면의 지각능력을 습득하게 된다. 그러나 이 시기의 영유아들은 아직 지각능력에 있어 제한적이다. 영유아들은 주의를 기울이지 못하게 하는 지각적 문제를 가질 수 있고 이러한 문제들은 교사가 영유아들을 생활지도할 때 영향을 미친다. 영유아의 주의 집중에 영향을 미치는 지각적 특성은 다음과 같다(Marion, 2019).

- 세밀히 탐색하고 조사하는 기술이 부족하다.
  영유아들은 무엇인가를 탐색할 수 있지만 체계적인 탐색활동을 하지 않는다. 이들의 탐색은 나이 든 유아들만큼 정확하거나 효율적이지 않고, 일부 유아들은 어느 시점에서 탐색을 멈춰야 하는지 알지 못하는 것 같다.
- 관련 없는 정보를 무시하는 데 어려움이 있다.
  유아들은 주의를 통제하는 데 어려움이 있다. 유아들은 의미 없는 정보나 자극을 무시하는 것을 어려워한다. 그들의 관심은 갑작스러운 강한 자극을 듣거나 볼 때 산만해진다. 갑작스러운 변화나 밝은 불빛이나 시끄러운 소음과 같은 강한 자극은 짧은 시간 동안 거의 모든 사람의 관심을 끌 것이다. 하지만 영유아의 경우 이러한 변화나 자극을 무시하는 것이 더 어렵다.

- 한 번에 한 가지에만 집중하는 경향이 있다.

어린 유아들은 한 번에 한 가지 문제에 집중하는 경향이 있다. 예를 들어, 4세 유아에게 똑같은 크기의 점토 덩어리 두 개를 보여준다. 이 유아 앞에 있는 덩어리 중 하나를 납작하게 하면 유아는 납작해진 점토가 더 많다고 말할 것이다. 유아는 같은 양의 점토 두 덩어리와 납작해진 점토의 상태, 이 두 가지를 동시에 주목하는 데 큰 어려움을 겪는다. 마찬가지로 유아는 자신과 다른 유아의 견해가 차이가 있을 때 다른 유아의 견해에 동시에 주의를 기울일 수 없을 것이다.

- 충동적으로 행동하는 것은 지각에 영향을 미친다.

생각이 깊은 유아들은 큰 실수를 피할 만큼 천천히 활동하기 때문에 그들의 작업이 더 정확하게 이루어지는 경향이 있다. 충동적인 유아들은 지나치게 빨리 과제를 수행하는 경향이 있기 때문에 중요한 정보를 잃어버리거나 불필요한 실수들 하게 된다. 어린 유아들은 충동적인 경향이 있어 그들이 멈추고, 주위를 둘러보고, 선택에 대해 생각하는 것을 어렵게 만든다.

- 어떤 장애는 지각에 영향을 미친다.

주의력 결핍 과잉행동장애(Attention Deficit Hyperactivity Disorder; ADHD)의 특징들 중 하나는 충동성이다. ADHD는 유아의 연령과 발달에 있어서 정상적 범위에서 벗어난 부주의, 과잉행동, 충동성, 또는 이러한 특징들의 복합적 문제를 나타낸다. 교실에서 관찰할 수 있는 충동성은 질문을 끝내기도 전에 대답을 외치는 것, 차례 기다리기를 어려워하는 것, 진행 중인 활동이나 그룹 시간 또는 교사가 다른 사람과 이야기할 때 방해하는 것을 포함한다.

교사와 부모는 영유아의 발달 행동 특성뿐만 아니라 기질, 애착, 기억력, 지각능력 등의 개인 특성을 이해함으로써 영유아와의 불필요한 갈등을 줄일 수 있고, 영유아의 개별적 요구와 행동 특성에 적합한 보다 체계적이고 점진적인 생활지도 방법을 선택하는 데 도움이 될 것이다.

2. 환경적 요인

영유아의 행동에 영향을 미치는 환경적 요인으로는 부모의 양육태도, 형제, 또래, 미디어, 학대, 유아교육기관을 들 수 있다. 이러한 환경적 요인들을 자세히 살펴보면 다음과 같다.

1) 부모의 양육태도

대부분의 부모들은 자녀가 원하는 현명한 부모가 되기를 바란다. 일부 부모들은 양육 서적을 읽거나 부모교육과 세미나 또는 맘카페와 같은 부모커뮤니티 참여가 부모 역할을 잘 수행하도록 돕는다고 믿는다. 한편 어떤 부모들은 그들의 부모가 자신들을 양육한 방식으로 자녀들을 양육하는 것에 만족해한다. 심지어 그들은 자신이 부적절하게 양육되어 유아기가 불행했음에도 불구하고 자신들이 생존했기 때문에 자녀들도 생존할 것이라고 인식한다. 하지만 이러한 부모의 양육태도는 자녀의 문제 행동을 유발시킬 수 있는 원인이 될 수 있다.

Baumrind(1967)의 양육태도(parenting style)에 대한 고전 연구에서는 부모가 기대하는 것에 대한 이유를 유아에게 설명하는 부모를 둔 유아는 상호작용 유형에서 사회적으로 유능하고, 또래들과 긍정적으로 상호작용하며, 자기 통제적이고, 자신감이 있고, 자립적이며, 일반적으로 행복해 하고 탐구적인으로 나타났다(Essa, 2013). 또한 Baumrind (1996)는 부모의 요구(demandingness)와 반응성(responsiveness)의 수준에 따라 부모의 양육

유형을 권위 있는(authoritative), 권위적(authoritarian), 허용적(permissive), 방임적(uninvolved) 유형으로 제시한다(Marion, 2019).

부모의 양육 유형에 따른 자녀의 행동 특성은 다음의 〈표 4-2〉와 같다.

| 표 4-2 | 부모의 양육 유형에 따른 유아의 행동 특성

부모의 양육유형	자녀의 행동 특성	
권위적 (authoritarian)	• 목적이 없음 • 두려워함, 걱정함 • 적대적임 • 자립심과 자기 통제력이 낮음 • 변덕스럽고 불행해함	• 의심이 많음 • 다정하지 않거나 불친절함 • 내성적임 • 공격적임
허용적 (permissive)	• 공격적임 • 목적이 없음 • 독재적임 • 미성숙함 • 충동적임	• 성취도가 낮음 • 자립심과 자기 통제력이 낮음 • 반항적임 • 불행해함 • 내성적임
방임적 (uninvolved)	• 공격적임 • 미성숙함 • 충동적임 • 불안정함 • 책임감이 없음	• 성취도가 낮음 • 자아존중감이 낮음 • 자립심과 자기 통제력이 낮음 • 변덕스러움 • 순응하지 않음
권위 있는 (authoritative)	• 협력적임 • 호기심이 많음 • 공감적임 • 다정하고 친절함	• 목표 지향적임 • 행복해함 • 성취도가 높음 • 자립심과 자기 통제력이 높음

출처: Kostelink et al.(2018: 309)

영유아는 일상생활의 다양한 상황에서 성인의 요구와 영유아 자신의 행동에 대한 성인의 반응을 경험하게 된다. 이러한 지속적 경험을 통해 영유아는 점차 수용되는 행동과 그렇지 않은 행동을 인식하게 된다. 또한, 영유아의 행동에 대한 성인의 반응은 사람마다 다를 수 있다. 예를 들면, 부모나 교사가 지시하였을 때 유아가 부당함을 제기하는 것을 자기주장을 하는 것으로 보고 수용하는 성인이 있는가 하면 반항으로 보고 절대 허용하지 않는 성인이 있을 수 있다. 한편 부모들 중에는 자녀의 부적절한 행동에 대해 단호히 벌을 주어야 한다는 입장과 타이르는 정도면 된다는 입장의 차이를 나타내는 경우를 자주 본다. 이와 같이 영유아 생활지도에 있어서 성인의 양육태도 또는 훈육 유형에 따라 영유아의 반응과 행동이 달라질 수 있음을 고려하여야 할 것이다.

또한, 최근 우리나라의 학대피해 아동 신고 및 학대건수는 2001년 이후 지속적으로 증가하는 추세(보건복지부, 2019)이며, 영유아들이 부모들에 의해 신체, 정서, 성 학대와 방임을 당하고 있다는 보고가 늘어나고 있다. 지속적으로 학대를 받는 유아의 경우 코티솔과 아드레날린과 같은 스트레스 호르몬이 과도하게 생성되어 뇌세포를 죽이고, 뇌세포(시냅스) 사이의 연결을 줄일 수 있다(Marion, 2019). 그러므로 부모들이 바람직한 양육태도와 생활지도 방법에 대한 이해를 높일 수 있도록 돕는 적극적인 노력이 필요하다.

2) 형제자매

많은 유아들에게 새로운 동생의 출생은 그들의 생활에서 전환점이 된다. 만일 유아가 형이나 언니라면 새로 태어난 아기를 가정에서 자신의 위치를 위협하는 존재로 인식하게 될 것이다. 이때 유아는 부모에게 더욱 매달리고 부모를 소유하고자 하며, 심지어는 어머니의 임신기간 동안 자주 눈물을 흘리거나 울기도 한다. 어린 유아에게는 자신이 좋아하는 사람으로부터의 관심과 사랑을 상실하는 것이 두려울 수 있고, 세상에서 가장 중요한 사람을 공유해야 한다는 것을 쉽게 수용하기 어려울 수 있을 것이다.

유아가 형이나 언니가 아닌 경우에도 형제관계는 유아들을 혼란시킬 수 있다. 유아는 자신보다 성숙한 형이나 언니로 인해서 소외됨을 느낄 수 있다. 이러한 상황에서 형제들 중 중간에 있는 유아들은 부모의 관심을 얻기 위해 긍정적인 방법을 찾으려고 시도하기도 하지만 때로는 가족에게서 따돌림이나 차별을 받고 있다고 느끼기도 한다. 그러나 모든 형제관계가 경쟁에 기초하는 것은 아니다. 형제관계의 많은 부분이 유아들에게 긍정적이고 역동적인 경험을 주기도 한다. 따라서 형제관계로 인해 유아가 문제 행동을 나타낼 경우 교사는 부모와 의논하여 유아의 긍정적 행동을 위해 생활지도할 수 있는 방법을 모색하여야 할 것이다.

3) 또래

유아들은 성장하면서 또래들과 함께 보내는 시간이 점점 더 많아진다(Miller, 2016). 하지만 평소 또래와의 상호작용 실패를 경험하는 유아들은 또래에게 무시되거나 또래에게 거부되는 두 가지 범주로 나눌 수 있는데, 이를 제시하면 다음과 같다(Kostelnik et al., 2017: 242).

(1) 또래에게 무시되는 유아(peer-neglected children)

또래들은 일반적으로 수줍어하거나 수동적인 유아들을 무시한다(Coplan, Schneider, Matheson, & Graham, 2012). 또래에게 무시되는 유아들은 말을 많이 하지 않고, 같이 놀려고 거의 시도하지 않으며 관심의 대상이 되는 것을 좋아하지 않는다. 이 유아들은 또래 유아들의 관심을 끌기 위한 사회적으로 수용되는 방법을 모르거나 사용하지 않기 때문에 무시될 수 있다(Michelson et al., 2013). 또래에게 무시되는 유아들은 종종 간과되기를 원하고, 또래와 상호작용에서 멀리 떨어져 있기를 기대한다. 이러한 순환과정은 무시되는 유아들이 또래와 성공적으로 상호작용하고, 새로운 상호작용 방식을 배울 수 있는 기회를 갖지 못하게 한다. 또한 또래에게 무시되는 유아는 점점 더 고립감을 느끼게 된다.

(2) 또래에게 거부되는 유아

또래들은 이 유아들을 적극적으로 피하고, 또래에게 거부되는 유아들은 놀이친구를 찾는 데 어려움을 겪는다(Ladd, 2005). 또한 또래에게 거부되는 경험을 할 때 유아들은 더 공격적이 되는 경향이 있다. 이러한 초기 공격성과 거부의 경험으로 인해 유아는 반사회적 행동을 할 가능성이 있다(Jimerson, Swearer, Espelage, 2010). 또래에게 거부되는 유아는 위축되거나 공격성과 같이 두 가지 행동패턴을 보이기도 한다.

또래와 상호작용에 어려움이 있는 유아들은 여러 가지 측면에서 발달적으로 비슷하다. 예를 들면, 상호작용 기술에 대한 자신감이 적은 수줍은 유아들은 자신들이 사회적으로 더 편안함을 느끼는 어린 유아들과 친구가 되기도 한다(Kostelnik et al., 2017). 교사는 또래에게 무시되거나 거부되는 유아들이 고립감이나 위축 및 공격적 행동을 나타내지 않고, 긍정적 상호작용을 지원하기 위해 사회적으로 수용되는 방법과 여러 가지 사회적 기술을 익힐 수 있는 기회를 제공하여야 할 것이다.

4) 미디어

TV와 비디오 또는 스마트폰 게임이나 동영상, 태블릿은 공격성을 모방하도록 하는 자극물이 될 수 있으며 문제 행동을 유도할 수 있는 원인을 제공할 수 있다. 특히 12개월~6세 이하 영유아의 부모 602명을 대상으로 한 스마트 미디어 사용 실태 및 부모 인식 분석(오주현, 박용완, 2019)에 따르면, 스마트 미디어를 최초 사용하는 시기는 1세가 45.1%로 가장 높게 나타났고, 2세가 20.2%, 3세가 15.1%로 나타났다. 또한 영유아는 스마트 미디어를 주중 하루 평균 30분 이상 사용하는 비율이 57.2%로 나타났고, 1시간 30분 이상 사용하는 비율도 8.7%로 나타났으며, 주말 하루 평균 사용 비율은 더 높은 것으로 나타났다. 영유아가 부모의 스마트폰을 사용하는 비율은 69.2%, 자신의 키즈폰이나 키즈 패드 등을 가지고 있는 비율도 23.8%로 나타났다. 이러한 연구결과를 통해 영유아가 스마트 미디어를 사용하는 시기가 점점 빨라지고 있고, 영유아가 스마트 미디어를 사용하는 빈도가 높으며 접근이 용이함을 밝히고 있다.

일상생활에서 지나친 스마트폰 사용은 영유아의 문제 행동과 정서지능에 상당히 부정적 영향을 미친다(Cho & Lee, 2017). 또한 유아가 품행(conduct) 문제와 과잉행동/부주의와 같은 문제 행동을 나타낼 가능성이 높고, 유아의 사회적 고립 증가와 사회적 역량 발달을 돕는 사회적 상호작용의 기회를 방해하여 정서/행동 문제를 초래할 가능성이 높다(Hosokawa & Katsura, 2018). 따라서 교사는 가정과 연계하여 영유아가 너무 이른 시기에 그리고 장시간 미디어에 노출되는 것을 예방하여야 할 것이다.

5) 유아교육기관

유아교육기관의 물리적 환경과 일과운영은 영유아의 문제 행동에 영향을 미칠 수 있으므로 영유아의 문제 행동이 유발되지 않도록 영유아의 발달적 요구를 반영하여 조직되어야 한다. 물리적 환경은 영유아에게 매력적으로 고안되고, 건강과 안전적 요소에 각별히 주의하여 발달과 학습을 지원하는 분위기가 될 수 있도록 마련하여야 한다. 또한 영유아의 연령에 적합한 양질의 놀잇감과 자료들이 제공되어야 하고, 영유아의 놀이와 활동에 방해되지 않도록 공간밀도를 고려해야 한다.

한편, 유아교육기관의 하루 일과는 영유아가 예견할 수 있도록 일관성 있게 운영되어야 한다. 영유아들은 일관성 있고 예측 가능한 하루 일과(예: 낮잠 시간, 식사 시간)에서 안정감을 느낄 때 유아교육기관에 잘 적응하게 된다. 또한 하루 일과시간이 바뀌는 전환시간(예: '이야기 나누기' 시간이 끝나고 '소집단 활동'으로 전환하는 시간)은 영유아에게 자주 스트레스를 주므로 영유아에게 어떤 시간에 끝나고 어떤 시간이 이어지는지 알려줌으로써 안정감과 편안함을 주어야 한다. 이러한 일관성 있는 하루 일과와 전환시간은 영유아가 자신의 행동을 스스로 통제할 수 있도록 돕기 때문에 문제 행동이 일어날 수 있는 상황을 사전에 방지할 수 있다. 그러나 어린 영아들의 경우에는 개인적인 내적 스케줄이 서로 다르므로 개별 영아의 발달적 요구를 고려하여 융통성 있는 하루 일과를 계획해야 한다.

교사의 역할은 영유아의 문제 행동 지도에서 무엇보다도 매우 중요하다. 교사는 영유아의 행동을 사려 깊게 평가하는 능력, 문제 행동에 영향을 미치는 원인을 파악하는 능력, 행동을 변화시키기 위한 계획 및 수행에 있어 일관성을 유지하는 능력 등의 전문성을 갖추어야 한다. 또한 교사는 영유아의 문제 행동 또는 생활지도를 할 때 자신의 감정을 조절하여야 하고, 부적절한 행동을 하는 영유아를 '나쁜 아이'라기보다는 '부적절한 행동에 참여하고 있는 유아'로 보아야 할 것이다.

또한 아동복지법 제26조(아동학대 신고의무자에 대한 교육) 제1항에는 아동학대 예방 및 신고의무와 관련된 교육 내용을 포함하도록 되어 있으며, 교사들은 학대받는 영유아를 발견하면 관련 기관에 보고 및 고발하여야 한다. 신체학대 또는 성 학대뿐만 아니라 상습적이고 거친 비난이나 방임은 유아의 자아존중감을 파괴하고, 고통을 야기함으로써 이로 인한 문제 행동이 발생할 수 있다. 따라서 교사는 학대로 인한 신체적 징후(예: 멍이나 상처, 성장장애 등)와 행동적 징후(지나치게 공격적이거나 위축된 행동, 실수에 대한 과잉 반응 등)를 나타내는 영유아가 관찰되는지 주의 깊게 살펴보아 학대 가능성을 파악하여 신속하고 적절한 대처를 할 수 있어야 한다. 뿐만 아니라 부모들과 학대 문제와 관련하여 편하게 의논할 수 있는 상담자의 역할을 수행해야 한다.

본 장에서는 영유아의 행동에 영향을 미치는 요인을 크게 개인적 요인과 환경적 요인을 중심으로 살펴보았다. 이 외에도 문화적, 사회·경제적 차이는 부모나 교사가 영유아에게 기대하는 행동이 다를 뿐만 아니라 바람직하지 못한 행동을 다루는 데 있어서도 차이를 가지고 올 수 있다. 그러나 무엇보다도 가족의 변인이 일차적으로 가장 큰 영향을 미친다고 볼 수 있다. 가족의 형태로 핵가족, 확대가족, 편부모가족, 맞벌이 부부 여부 등에 따라 부모의 양육 형태가 다르고, 부모-자녀관계, 부모의 갈등해소 방법, 의사소통 방법 등은 영유아의 행동에 직접적으로 반영된다. 영유아들은 일차적으로 가족들과의 상호작용을 통해 기대되는 행동을 실험하고, 실수하며, 격려를 받거나 제지받으며 점차 자기 스스로 행동을 통제하는 것을 배워 가게 된다. 교사는 이와 같은 다양한 변인들이 영유아의 행동에 영향을 미치고, 이 변인들이 영유아의 생활지도에 직접적 또는 간접적인 영향을 미친다는 것을 이해해야 할 것이다.

Chapter

05

영유아 행동의 평가

영유아 생활지도를 효과적으로 수행하기 위해서 교사는 영유아의 행동을 먼저 이해하여야 하고, 이를 위해 발달적으로 적합한 평가(assessment)를 활용할 수 있다. 평가는 관찰, 면접, 포트폴리오, 검사, 그리고 기타 자료로부터 정보를 얻는 체계적인 절차로 영유아 발달 특성이나 문제 행동을 판단하는 데 사용할 수 있다(Marion, 2019). 본 장에서는 평가를 크게 비형식적 평가와 형식적 평가로 나누어 살펴보고자 한다.

1. 비형식적 평가(informal assessment)

비형식적 평가는 참평가(authentic assessment)와 형성평가로 자주 일컬어진다(Morrison, 2018). 참평가는 영유아와 친숙하고 영유아에 대해 잘 알고 있는 성인이 영유아의 일상생활에서 자연스럽게 나타나는 행동 및 기능적인 역량에 대해 시간의 경과에 따라 영유아의 발달을 관찰하여 체계적으로 기록하는 것이다(Bagnato & Yeh Ho, 2006; Bagnato, Neisworth, & Pretti-Frontczak, 2010 재인용). 이러한 비형식적 평가에서는 정보를 수집하기 위해 직접적 관찰, 녹음/녹화, 면접의 방법을 사용하고, 자연스러운 놀이 상황이나 조성된 놀이상황 또는 일상생활에서 영유아의 사회적 기술 등 여러 가지 기술을 관찰한다(Bagnato, 2007). 비형식적 평가는 유아교육기관에서 하루 일과 동안 영유아들의 다양한 행동들과 기능적인 역량을 관찰할 수 있다는 점에서 유용하게 활용될 수 있고, 영유아를 위한 발달적으로 적합한 평가방법으로서 표준화 검사에 대한 대안적인 평가방법으로 사용할 수 있다(Bagnato et al., 2010).

영유아의 행동을 평가하기 위한 비형식적 평가 방법 중 관찰, 면접, 포트폴리오를 중심으로 살펴보면 다음과 같다.

1) 관찰

관찰은 영유아의 행동을 가장 효과적으로 평가할 수 있는 방법 중 하나이다. 행동을 관찰하는 것은 행동양식을 알아내고, 문제의 근원을 파악할 수 있는 유일한 방법이다(Fields et al., 2017). 또한 관찰은 영유아가 놀이하거나 활동에 참여하는 자연스러운 환경에서 나타내는 여러 가지 행동에 대한 정보를 얻을 수 있기 때문에 영유아의 행동을 이해하고 예측할 수 있도록 돕는다(Essa, 2013). 관찰의 목적은 영유아의 인지, 언어, 사회, 정서, 신체발달, 영유아의 흥미와 학습 방식, 개별 및 그룹에서 영유아의 학습 및 행동 발달 과정 등을 알기 위한 것으로 이를 통해 영유아의 행동에 대한 자세하고 다양한 정보를 얻을 수 있다(Morrison, 2018).

영유아의 행동을 관찰하기 위한 관찰 장소는 관찰의 목적을 먼저 결정한 후 선택한다. 관찰 방문 동안은 영유아의 놀이나 활동을 방해하지 않도록 주의하여야 한다. 또한 관찰하기 위해 영유아의 가족으로부터 동의를 구해야 하는 경우 관찰하기 전 관찰에 대한 허락을 받는 동의서를 먼저 받아야 한다. 관찰자는 대상 영유아나 가정환경 등에 대한 개인적 편견을 갖지 않도록 해야 하고, 관찰로부터 얻어진 정보에 대한 비밀을 지켜야 한다(Wortham & Hardin, 2016).

(1) 관찰 방법

영유아의 행동을 관찰하기 위해 어떤 관찰 방법을 사용할 것인지에 대한 선택은 관찰 계획하기에서 이루어져야 한다(Morrison, 2018). 영유아의 행동을 관찰하기 위해 활용할 수 있는 방법은 일화기록, 연속기록, 시간표집, 사건표집 등이 있다.

① 일화기록(anecdotal notes)

일화기록은 교사들이 가장 많이 사용하는 유용한 관찰 방법 중 하나이다. 일화기록에는 관찰 날짜, 관찰 장소와 관찰이 이루어진 시간(예: 과학 영역, 대집단 시간, 등원시간)과 상황에 대한 간략한 객관적인 설명이 포함된다. 영유아의 행동에 대한 관찰사의 감징이나 해석과 같은 주관적인 해석을 포함해서는 안 된다(Fields et al., 2017). 따라서 교사는 일화기록을 사용할 때 관찰되거나 들은 것만을 기록하고, 사실을 기록하고 행동이 일어난 장소와 영유아가 말하고 행동한 것을 포함해야 한다(Morrison, 2018). 또한 교사는 교실에서 영유아들의 다양한 행동이나 또래나 교사와의 상호작용, 영유아의 사회, 정서, 언어, 인지 등 발달의 여러 가지 측면 등을 직접 관찰하여 간략하게 이야기식(narrative)으로 기록할 수 있다(Marion, 2019).

교사는 영유아의 새로운 문제 행동뿐만 아니라 평소 주목하고 있던 영유아의 문제 행동이 나타날 때마다 그리고 한 명 또는 여러 명의 영유아들을 대상으로 관찰할 때 일화기록을 사용할 수 있다. 교사는 일화기록을 통해 영유아가 문제 행동을 하는 이유, 문제 행동을 강화시킬 수 있는 조건과 문제 행동이나 상황에서 영유아가 배우는 것은 무엇인지에 대한 정보를 얻을 수 있다(Irwin & Bushnell, 1980).

② 연속기록(running record)

연속기록은 일정 기간 동안 일어나는 일련의 사건에서 나타나는 영유아의 행동에 대해 상세히 기록하는 것이다. 또한 연속기록은 일화기록이 특정 사건에서 영유아의 행동을 관찰하는 것과 달리 일반적으로 행동에 대해 보다 상세히 기록하기 때문에 영유아의 행동에 대한 통찰력을 얻는 데 도움이 된다(Morrison, 2018). 교사는 자신의 의견이 아니라 관찰 가능한 사실(예: 보고 들은 것)만을 기록하기 위해 서술적 표현을 사용하고, 연속기록을 하는 동안 영유아의 관심을 끌지 않는 장소에 앉아서 영유아와 상호작용하지 않고 관찰해야 한다(Marion, 2019).

연속기록은 일화기록과 비교할 때 상대적으로 많은 시간과 비용이 들 수 있기는 하지만 교사가 영유아의 문제 행동에 대한 보다 상세하고 구체적인 정보를 얻고, 이를 통해 문제 행동의 변화를 분석하기 위해 연속기록을 사용할 수 있다. 연속기록은 행동이 일어나는 순서, 행동에 대한 환경적 영향과 다른 사람의 반응을 상세하게 기록하기 때문이다.

③ 시간표집(time sampling)

시간표집은 행동의 유무를 판단하기 위해 간단하게 주기적으로 행동을 관찰하는 방법이다(Allen & Cowdery, 2014). 시간표집을 위해 관찰자는 관찰할 행동, 시간 간격, 행동 기록방법을 미리 결정해야 한다. 교사는 영유아의 공격적인 행동 또는 일과 활동 중 특정한 시간에 참여하지 않는 등의 부적절한 행동의 빈도를 관찰하기 위해 시간표집을 사용할 수 있다(Wortham & Hardin, 2015).

④ 사건표집(event sampling)

사건표집은 특정한 상황에서 발생하는 영유아의 행동을 관찰하는 방법으로 영유아의 행동이 특이하거나 드물게 나타나는 경우 그 원인 또는 결과를 알아보기 위해 일반적으로 사용된다(Beaty, 2014). 사건표집을 사용할 경우 행동이 일어나는 상황 동안 관찰대상 유아에게 집중하여야 하고, 행동을 관찰하면 가능한 빨리 해당 행동과 그 행동에 따른 사건들을 즉시 기록해야 한다. 또한 일화기록과 마찬가지로 영유아의 행동양식을 나타내는 여러 가지 사건의 예들을 수집해야 한다(Fields et al., 2017).

교사는 영유아의 문제 행동의 인과 관계를 분석하여 문제 행동의 내용뿐만 아니라 그 이유를 파악하고자 할 때 사건표집을 사용하는 것이 적절하다.

2) 면접

면접은 유아들이 무엇을 알고 또는 무엇을 생각하는지 알아보기 위해 인터뷰하거나 질문하는 오래된 기술이다(Nilsen, 2016).

(1) 면접의 목적

면접은 읽고 쓰는 능력이 발달하기 시작한 유아와 아직은 종이와 연필로 자신을 표현할 수 없는 유아의 행동, 생각 등을 평가하기에 적합한 방법이다(Wortham & Hardin, 2016). 예를 들면, 교사는 읽기 초보자인 유아가 이야기에 대해 이해하고 있는지를 알아보기 위해서 이야기를 들려준 후 이야기의 의미에 대한 유아의 생각을 들어보기 위해 질문을 할 수 있다.

(2) 면접의 종류

면접은 크게 비구조화된 면접, 구조화된 면접, 진단면접으로 나눌 수 있으며, 유아의 관점에서 문제 상황을 어떻게 이해하고 있으며, 어떻게 느끼는지를 파악할 수 있는지에 대한 정보를 얻을 수 있다는 이점이 있다. 비구조화된 면접은 주로 유아가 놀이하거나, 흥미 영역에서 활동하거나 교실활동에 참여할 때 이루어지는 반면 구조화된 면접은 교사가 계획하고 유아에 대해 구체적으로 이해하기 위해 실시하며, 진단 면접은 유아의 교육적 요구가 무엇인지를 결정하기 위한 목적으로 사용된다(Wortham & Hardin, 2016). 특히 구조화된 면접은 유아에 관한 구체적인 정보를 알아내기 위한 계획된 대화(Nilsen, 2016)로 행동의 원인이 무엇인지를 알아내기 위해 정보를 모으는 체계적인 과정인 기능적 행동평가(Functional Behavior Assessment)에도 활용된다(Bagnato, 2007). 기능적 행동평가는 유아의 문제 행동을 다루고 행동의 원인이나 기능을 결정하기 위한 문제 해결 과정(Kritikos, LeDosquet, & Melton, 2012)으로 유아에게 빈번하게 일어나는 문제 행동의 원인을 파악하는 데 필요한 정보를 제공하는 동시에 문제 행동에 따른 적절한 생활지도를 실시할 수 있도록 돕는다.

또한 구조화된 면접은 유아의 일상생활, 일과 활동, 수면과 식습관, 가정과 유아교육기관 환경, 그리고 목표 행동(target behavior)이 발생하는 환경에 대한 정보를 포함하므로 유아의 문제 행동의 기능을 알아내는 데 필요한 구체적인 정보를 얻을 수 있다(Bagnato, 2007).

| 그림 5-1 | 비구조화된 면접 장면

| 그림 5-2 | 구조화된 면접 장면

Paul(2007)에 의하면 유아를 면접할 때는 더 많은 정보를 얻기 위해 점차적으로 유아의 복잡한 수준의 이해력을 요구하는 위계적인 방법으로 다음과 같이 질문할 수

있다. 각 유형의 질문은 유아가 더 많이 생각하게 하고, Wh-질문에 대해 이해하며, 더 길고 많은 대답을 하도록 요구한다(Nilsen, 2016).

- 예/아니오 질문: "물 마실래?"
- 무엇(What)(사물): "이것은 무엇이니?"
- 무엇(What)(행동): "무엇을 하고 있니?"
- 어디(Where)(장소): "인형이 어디에 있니?"
- 어떤(What)(특성): "이것은 무슨 색이니?"
- 누구(Who)(사람): "오늘은 누가 너를 데리러 오니?"
- 누구의(Whose)(소유): "이것은 누구의 신발이니?"
- 어떤(Which)(선택): "어떤 쿠키들을 원하니?"
- 언제(When)(시간): "오늘은 언제 그림을 그릴거니?
- 어떻게(How)(방식): "그 점들을 어떻게 만들었니?
- 왜(Why)(원인-결과): "왜 종이가 찢어졌을까?"

출처: Nilsen(2016: 176)

교사들은 평가를 위한 면접의 효과를 높이기 위해 다음과 같은 몇 가지 사항들을 고려할 수 있다(Wortham & Hardin, 2016).

- 면접을 할 때 메모하거나 유아의 반응을 나중에 검토하기 위해 디지털 녹음을 한다. 유아와 면접할 때 유아가 말하는 방법으로만 응답하지 않고, 행동으로 나타내거나, 그림예시에서 찾거나, 유아가 알고 있는 것을 그림으로 그릴 수 있도록 한다. 이러한 방법은 다른 언어를 모국어로 사용하거나 언어적으로 자신을 표현하는 데 어려움이 있는 유아들에게 도움이 될 것이다(Seefeldt, 2005).
- 유아들과의 면접은 10분 정도로 짧아야 한다. 유아 응답의 정확 여부에 초점을 맞추기보다 더 많은 것을 알아내기 위해 유아가 처음 응답한 후 질문을 이어간다. 교사는 질문에 대한 유아의 대답을 통해 유아가 어떤 종류의 도움을 필요로

하는지 알아내는 데 더 초점을 맞춘다.

- 유아가 질문에 대해 생각하고 응답할 수 있도록 편안하고 충분한 시간을 준다.

교사는 면접하는 동안 유아와 이야기를 나누는 것이 흥미롭고 보람이 있을 수 있으나 유아의 짧은 주의 집중 시간과 자기중심적 성향 때문에 대화가 효과적으로 이루어지지 않을 경우 좌절감을 느낄 수도 있다. 예를 들어, 유아에게 "바나나가 어떤 색깔이니?" 라고 물었을 때 유아는 '흰색, 노란색, 또는 보라색'이라고 대답할 수 있는데 이것은 '바나나'에 대한 유아의 경험이나 '바나나'라는 단어에 대한 기억된 이미지(mental image)에 따라 달라질 수 있다(Nilsen, 2016)는 점을 고려하여야 할 것이다.

3) 포트폴리오 평가(portfolio assessment)

포트폴리오는 "영유아의 노력, 발전, 그리고 성취를 보여주는 것을 목적으로 모은 영유아 작업의 수집품"(Meisels, 1993: 37; Allen & Cowdery, 2014)이고 시간이 흐름에 따라 개별 영유아의 발달과 학습을 반영하기 때문에 교사는 포트폴리오 평가를 통해 영유아의 발달과 학습에 관한 가치 있는 정보를 모을 수 있다. 포트폴리오 평가는 일반적으로 담임교사가 수개월 또는 1년(school year) 동안 완료하는 포괄적인 과정이고, 발달의 전체 영역과 관련한 영유아의 기술, 능력, 수행의 정보를 포함한다. 또한 포트폴리오 평가를 통해 1년 동안 영유아의 발달 변화 또는 향상을 기록할 수 있다(Kritikos et al., 2012).

(1) 포트폴리오 평가의 목적

포트폴리오 내용이 어떻게 사용될 것인지는 평가의 목적에 따라 다르고, 몇 몇 평가의 목적은 다음과 같다(Wortham & Hardin, 2016: 241).

① 평가(assessment & evaluation)

포트폴리오 모음은 일정 기간 동안 유아가 참여한 활동들에 대한 총체적인 이해를 돕기 위해 사용된다. 포트폴리오는 유아가 이해하고 있는 것을 정확하게 알고, 의미 있는 맥락에서 사용할 수 있도록 유아가 가지고 있는 개념과 기술, 유아가 참여한 프로젝트에 대한 다양한 평가가 이루어지도록 많은 유아작품의 예들을 포함해야 한다(Fernsten, 2009; Peters et al., 2009). 유아와 교사가 유아의 성취도를 평가하는 것 외에도, 포트폴리오를 사용하여 교사를 평가할 수 있다.

② 자기 평가와 반성(self-assessment & reflection)

특히 수년간 사용된 포트폴리오는 유아의 작업 샘플과 그림을 종단적으로 비교함으로써 유아의 성장과 향상을 관찰 가능하도록 한다(Hebert & Schultz, 1996). 예를 들어, 많은 유치원과 초등학교 저학년 교사들은 학기 초에 유아들에게 자신의 그림을 그리게 하고, 후속 보고 기간이 시작될 때마다 유아에게 다른 그림을 그리게 한다. 이러한 과정에서 유아는 자신의 노력이 어떻게 향상되었는지 되돌아 볼 수 있다. 유아의 쓰기 샘플들도 이와 같은 유형의 비교를 가능하게 한다.

(2) 포트폴리오 평가를 위한 자료

유아의 발달, 학습, 향상 등과 관련된 정보를 수집하기 위해 포트폴리오에는 다양한 자료들이 포함될 수 있다. 유아가 참여한 다양한 활동 과정 또는 결과물이 포트폴리오 자료로 활용될 수 있다. 포트폴리오는 유아, 교사, 그리고 유아와 교사가 함께 만들 수 있다(Wortham & Hardin, 2016).

Bagnato(2007)에 의하면 포트폴리오는 3링 바인더, 파일 상자 및 전자파일을 포함한 다양한 방법으로 구성될 수 있고, 포트폴리오에 포함할 수 있는 자료들은 다음과 같다.

① 쓰기 결과물 샘플

② 작업 결과물 사진

③ 일화기록

④ 활동에 참여하는 유아들의 비디오테이프

⑤ 적응 행동 체크리스트

⑥ 진행 상황 차트나 그래프

⑦ 유아의 활동 일정

⑧ 학습일지

⑨ (문제 행동) 사건기록

| 그림 5-3 | 유아가 그림을 그리고 글로 적은 동화의 한 장면

Morrison(2018)은 포트폴리오에 포함될 수 있는 자료를 다음과 같이 제시한다.

- 쓰기
- 수학 문제 해결
- 과학 저널 쓰기 및 과학 실험 도면 그리기
- 미술/그리기 활동
- 위의 활동과 관련된 샘플 또는 결과물

| 그림 5-4 | 유아가 자동차의 구조에 대해 알아보고, 이를 그림으로 표현한 결과물

Kritikos 등(2012)이 제시한 포트폴리오를 구성하는 예는 다음과 같다.

- 배경정보
  - 인구통계학적 정보
  - 일반건강 및 의료정보
  - 허가서(permission slips)
  - 개별화 교육계획(IEP) 또는 기타 프로그램 플랜
- 학습 특징
  - 놀이기술 설명
  - 선호 및 싫어하는 놀이 환경
  - 선호 및 싫어하는 활동
  - 선호 및 싫어하는 학습 유형
  - 적절한(프로토콜, 체크리스트) 증거 제시하기
- 발달의 강점과 요구
  - 발달 영역에서의 관찰, 평가
  - 완료된 프로토콜 및 체크리스트
  - 발달능력의 주요 항목
  - 행동기록
  - 일화기록
- 추천
  - 가정에서 할 수 있는 통합활동
  - 적응과 수정

| 그림 5-5 | 유아들이 가위, 바위, 보로 놀이 순서를 정하는 장면

일화 기록

(○○반)

일 시	20●●. 06. 29
대 상	(이름) 조하민 (생년월일) 20●●. 07. 19 (3세)
장 소	○○반교실 - 자유선택활동 (수·조작놀이)
기 록	하민이가 지우, 유준이와 수·조작 영역에새 카트에 물건 담기 놀이를 하고 있다. 돌림판을 돌려 하트가 나오자 유준이가 가게 그림에서 물건을 하나 더 가져간다. 하민이가 ***"아니야, 물건을 주는 거야 친구한테"***라고 말하자 유준이가 ***"아냐 물건 가져가는 거야"***라고 말한다. 하민이가 다시 ***"하트 나오면 물건 주는 거잖아"***라고 조금 큰 소리로 말한다. 유준이가 하민이를 보며 ***"여러 가지 방법이 있을 수도 있어"***라고 애기하자. 하민이가 입을 앞으로 내밀며 다른 자리에 가서 앉는다. 교사가 하민이에게 ***"하민아 속상한 일이 있었니?"***라고 묻자 아무 말도 하지 않는다. 잠시 뒤 교사가 다시 하민이에게 가서 ***"하민아 많이 속상했니?"***라고 물으며 양팔을 벌리자 교사의 품에 안긴다. ***"놀이 방법이 달라질 수도 있는 거야"***라고 말하자 고개를 끄덕인다. 교사가 다시 안아주자 웃는다. 다시 수·조작 영역으로 가서 친구들과 자석 블록 놀이를 한다.
누리 과정 내 용	◎ 자연탐구 : 생활 속에서 탐구하기 - 물체를 세어 수량을 알아본다. ◎ 사회관계 : 나를 알고 존중하기 - 나의 감정을 알고 상황에 맞게 표현한다. ◎ 의사소통 : 듣기와 말하기 - 자신의 경험, 느낌, 생각을 말한다.
분 석	하민이는 평소 하늘 반의 다양한 친구들과 두루 어울리며 인기가 많은 편이다. 언어가 빠르고 문장에 대한 이해력이 높아 놀이 방법을 이야기 해주면 금방 이해하고 놀이 방법을 적용하여 놀이를 하는 모습을 보이며 학급의 규칙이나 약속을 중요하게 생각하여 지키려고 노력한다. 다른 친구가 약속을 지키지 않는 모습을 보면 함께 약속을 지킬 수 있도록 친구에게 약속을 다시 이야기 해주며 친구의 행동을 격려하는 모습도 보인다. 대집단 활동에서도 자신의 생각을 잘 표현하며 동극, 율동, 동시, 이야기 나누기, 새노래 등 다양한 활동에 관심을 가지고 적극적으로 참여한다. 친구들과 놀이 시 놀이를 이끌고 주도하는 모습도 종종 관찰할 수 있다. 마음이 여리고 감성적인 측면이 강해 속상한 일이 있을 때는 스스로 감정을 조절할 수 있도록 시간을 두고 이야기 하는 것이 필요하다. 동화책이나 친구들 관계 속 문제 상황 제시를 통해 사람마다 생각이 다를 수 있음 알고 스스로 감정을 조절할 수 있도록 도움을 주고 교사가 긍정적으로 감정을 조절하는 것을 모델링하여 보여줄 수 있도록 계획해야겠다.

○ ○ 유 치 원

| 그림 5-6 | 유아의 놀이를 일화기록한 예시

포트폴리오 평가의 이점은 자연스러운 학습 환경이나 과정으로부터 유아를 분리하지 않고, 자연스러운 환경에서의 놀이와 같은 진정한 활동 중에 이루어지는 지속적인 목적을 가진 평가라는 것이다. 또한 포트폴리오는 표준화된 검사를 대신할 수 있는 신뢰할 수 있는 평가방법이다(Nilsen, 2016). Campbell, Milbourne과 Silverman(2001)에 따르면, 포트폴리오 평가는 유아의 약점 보다 강점과 능력을 강조하고, 포트폴리오 평가를 통해 프로그램 운영자와 가족 간의 긍정적인 의사소통이 이루어지고, 친밀한 관계가 형성될 수 있다고 한다(Kritikos et al., 2012).

포트폴리오 평가 수행시 가장 중요한 관심사 중 하나가 객관적인 평가가 이루어져야 한다는 것이다. 교사가 유아의 발달, 학습, 향상 등을 나타내는 증거가 어떤 것인지를 미리 명확하게 하고, 2명의 관찰자나 평가자가 포트폴리오를 평가할 경우 보다 객관적인 평가가 이루어질 수 있다(Bagnato, 2007). 또한 포트폴리오는 유아에 관한 사적이고 많은 정보를 담고 있으므로 권한이 없는 사람으로부터 보호되어야 하는데, 가족에 대한 윤리적 책임에 관한 섹션 하에 NAEYC(2005, 2011)의 아동 윤리행동강령(Children's Code of Ethnical Conduct)에서는 다음과 같이 언급한다.

- p-2.7 - 우리는 프로그램의 아동 평가의 성격과 목적 그리고 아동에 관한 정보가 어떻게 사용될 것인지 가족들에게 알려야 한다.
- p-2.8 - 우리는 아동 평가 정보를 기밀로 다루고, 정당한 필요성이 있을 때만 이 정보를 공유할 것이다(Nilsen, 2017: 446).

2. 형식적 평가

형식적인 평가는 영유아의 발달과 진전을 측정하고 평가하기 위해 표준화된 도구를 사용하고, 표준화 검사는 영유아의 수행능력을 판단하기 위한 구체적인 시행절차와 기준을 가지고 있다(Wortham & Hardin, 2016). 표준화 검사는 타당도와 신뢰도를 확보하는 것이 중요한데 타당도는 측정하고자 하는 것을 측정하고, 신뢰도는 측정의 일관성과 관련된다(Essa, 2013). 표준화 검사는 영유아의 능력, 성취, 적성, 흥미, 태도, 가치, 그리고 성격을 포함하는 개인의 특성을 측정하는 것으로 개별 또는 그룹을 대상으로 검사할 수 있다. 검사결과는 수업을 계획하고, 개인 및 그룹 간의 차이를 연구하며, 영유아를 위한 상담 및 지도를 위해 활용될 수 있다(Wortham & Hardin, 2016).

영유아의 생활지도를 위해 관련된 정보를 얻기 위한 표준화 검사는 선별검사, 발달검사, 지능 검사 등을 포함한다.

1) 선별 및 발달 검사(screening & developmental tests)

선별 검사는 발달 지연과 같은 발달상 위험에 처하거나 이상이 있는 영유아를 신속하게 찾아내기 위한 방법으로, 영유아가 문제 행동 또는 부적응 행동의 이슈를 가질 경우 이를 최소화하거나 예방할 수 있는 조기 개입(early intervention)을 제공하도록 돕는다. 선별 검사에서 영유아에게 문제가 있는 것으로 나타나면 진단 검사(diagnostic testing)을 후속으로 실시한다. 국내에서 영유아의 문제 행동, 사회성, 자조기술을 측정하기 위해 표준화하여 활용되는 몇 가지 선별검사를 요약하면 다음의 〈표 5-1〉과 같다.

| 표 5-1 | 영유아를 위한 선별검사

구분	유아 행동평가척도 부모용 (Child Behavior Checklist for Ages 1.5-5; CBCL 1.5-5)	K-CDI 아동발달검사 (Child Development Inventory)	한국 영유아 발달선별검사 (Korean Developmental Screening Test for Infants & Children, K-DST)
목 적	• 선별 및 진단	• 선별 및 진단	• 선별
검사자	• 부모보고식	• 부모보고식	• 부모보고식
대상 연령	• 18개월~5세 영유아(유아교육기관 재원 중인 만 6세 포함)	• 15개월~만 6세	• 4개월~만 71개월
평가 영역	• 문제 행동척도 - 증후군 척도: 내재화(정서적 반응성, 불안/우울, 신체증상, 위축), 외현화(주의 집중문제, 공격행동), 수면문제, 기타 문제 • DSM진단척도: 정서 · 불안 · 전반적발달문제 · ADHD, 반항행동문제	• 9개 영역: 사회성, 자조행동, 대근육운동, 소근육운동, 표현언어, 언어이해, 글자, 숫자, 문제항목(시각, 청각, 건광과 성장, 먹기, 잠자기, 배변 훈련 등 광범위한 징후)	• 6개 영역: 대근육운동, 소근육운동, 인지, 언어, 사회성, 자조
문항수	• 문제 행동척도: 총 100문항	• 총 300문항	• 영역별 8개 문항으로 구성
척도	• 3점 척도 - 전혀 해당되지 않는다	• 2점 척도 - 예 (1점)	• 4점 척도 - 전혀 할 수 없다 (0점)

구분	유아 행동평가척도 부모용 (Child Behavior Checklist for Ages 1.5-5; CBCL 1.5-5)	K-CDI 아동발달검사 (Child Development Inventory)	한국 영유아 발달선별검사 (Korean Developmental Screening Test for Infants & Children, K-DST)
	(0점) - 가끔 그렇거나 그런 편이다(1점) - 자주 그런 일이 있거나 많이 그렇다(2점	- 아니오 (0점)	- 하지 못하는 편이다 (1점) - 할 수 있는 편이다 (2점) - 잘할 수 있다 (3점)
장점	• 각 척도의 내적합치도 .56~.94로 전반적으로 양호	• 내적합치도 .95, 검사-재검사 신뢰도 .81~.96로 신뢰도 높음	• 검사 - 재검사 신뢰도 0.77~0.88로 시간적 안정성 보임 • 민감도 0.88, 특이도 0.95로 타당도 높은 검사 • 웹(web)상 구현 가능 • 우리나라 문화 및 언어 환경에 맞고, 일반적 교육수준으로 이해 가능한 쉬운 언어로 작성 • 18개월부터 자조능력 항목 추가, 정서 및 행동 문제를 나타내는 신경발달장애(예: 자폐스펙트럼장애, 반응성 애착장애 등)를 탐지할 수 있는 추가질문 포함

출처: 오경자, 김영아(2013); 김정미, 신희선(2006); 보건복지부(2014: 11) 일부 발췌.

발달 검사는 발달 영역의 전반적, 대부분, 또는 일부분에서 영유아의 기능(function)을 평가한다. 발달 평가는 일반적으로 동일 연령 유아 집단의 평균 점수 대신 미리 정해진 성취수준을 기준으로 평가한다. 발달을 평가하기 위한 검사도구 중 몇 가지를 소개하면 다음과 같다(Essa, 2013).

- Brigance Diagnostic Inventory of Early Development-Revised(Brigance, 2004)
  - 대상 연령: 0~7세 영유아
  - 평가영역: 대 · 소근육, 언어, 인지, 자조 영역

- 유아의 발달과정을 검사 기간 동안 모니터링하고 웹기반 형식으로 기록
- 검사의 많은 항목들이 교육과정에 포함되어 있기 때문에 검사를 실시하기 위해 유아를 교실에서 데리고 나올 필요가 없음.

• Assessment, Evaluation, and Programming System for Infants and Children (Bricker, 2003; AEPS)
  - 연령: 0~6세 영유아
  - 평가영역: 소근육 운동, 대근육 운동, 인지, 적응, 사회적 의사소통, 사회성 발달
  - 발달적으로 적합한 목표를 세우고, 중재가 효과적인지 확인하기 위해 사전·사후 평가를 실시
  - 평가의 전 과정에 가족이 참여

2) 지능 검사(intelligence tests)

지능 검사는 가장 오래된 표준화 검사 중 하나이다. 지능 검사는 영유아 지능의 정상 범위 또는 이상 범위를 알아내기 위해 활용된다. 하지만 영유아의 지능 점수가 유아기 이후의 지능 점수를 예측하지 않는다는 점에 주의해야 한다(Essa, 2013). 영유아의 문제 행동을 이해하고 이에 따른 적절한 생활지도를 하여야 하는데 문제 행동에 영향을 미치는 변인으로 영유아의 지능을 들 수 있다. 예를 들어, 유아의 지능이 높을수록 유아의 위축, 사회적 미성숙, 주의 집중문제, 공격성이 낮고(금잔디, 박혜원, 박민정, 2014) 유아의 위축 및 불안·우울이 낮다(양명재, 방희정, 2014). 국내에서 활용되는 지능검사는 2세 6개월~7세 7개월 유아를 대상으로 하는 한국 웩슬러 유아지능검사 4판(박혜원, 이경옥, 안동현, 2015; Wechsler, 2012)과 3~18세 아동을 대상으로 하는 한국 카우프만 아동 지능검사 2(문수백, 2014; Kaufman & Kaufman, 2004) 등이 있다.

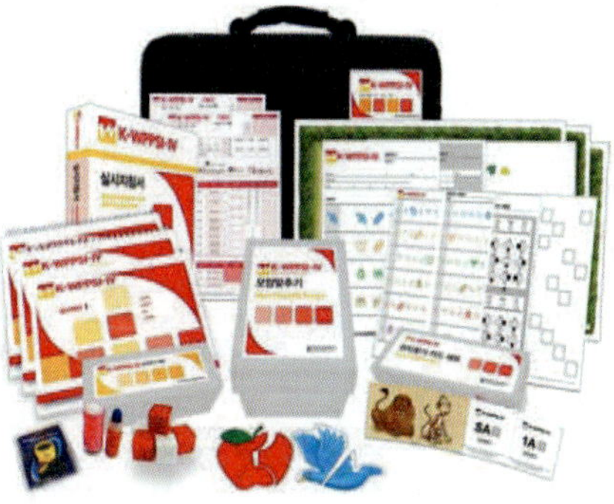

| 그림 5-7 | 한국 웩슬러 유아지능검사 4판

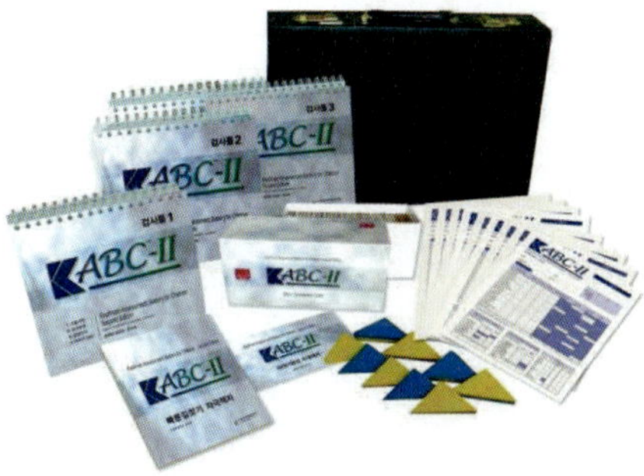

| 그림 5-8 | 한국 카우프만 아동 지능검사 2

본 장에서는 관찰, 면접, 포트폴리오와 같은 비형식적 평가와 선별 및 발달검사, 지능검사와 같은 형식적 평가를 제시하였다. 이러한 평가는 영유아의 행동을 평가하기 위한 정보를 얻는 체계적인 절차 중 하나이다. 따라서 교사는 영유아의 행동과 문제 행동을 이해하기 위해 각각의 평가에 대한 이해를 바탕으로 영유아의 행동을 보다 정확하게 평가하여야 할 것이다.

Part

III

유아교육기관의 생활지도 운영

Chapter

06

표준보육과정 및 누리과정과 생활지도

우리나라는 0~2세 영아를 위한 표준보육과정과 3~5세 유아를 위한 누리과정을 국가수준의 보육 및 공통교육과정으로 제시하고 있으며, 영유아를 위한 생활지도는 이러한 보육과정 및 교육과정 안에서 통합적으로 이루어져야 한다. 이를 위해 교사는 보육 및 교육과정에 대한 이해가 우선되어야 한다. 따라서 본 장에서는 국가수준의 보육 및 교육과정인 어린이집 표준보육과정과 누리과정의 내용을 생활지도 측면에서 탐색하고 이를 영유아 생활지도에 적용하는 방안을 모색하고자 한다.

1. 0~2세 보육과정과 영아 생활지도

0~2세 표준보육과정의 6개 영역인 기본생활, 신체운동, 의사소통, 사회관계, 예술경험, 자연탐구 영역들은 생활지도와 직·간접적으로 연계되어 있으며, 영아 생활지도는 이러한 영역들 안에서 자연스럽게 통합되어 이루어져야 할 것이다. 6개 영역들을 연계한 영아를 위한 생활지도를 살펴보면 다음과 같다.

1) 기본생활 영역 연계 생활지도

(1) 기본생활 영역 목표 및 내용

0~1세 영아와 2세 영아를 위한 기본생활 영역의 목표를 제시하면 다음의 〈표 6-1〉과 같다.

| 표 6-1 | 0~1세, 2세 기본생활 영역 목표

0~1세	2세
건강하고 안전한 일상생활을 경험한다. 1) 건강한 일상생활을 경험한다. 2) 안전한 생활을 경험한다.	건강하고 안전한 생활습관의 기초를 형성한다. 1) 건강한 생활습관의 기초를 형성한다. 2) 안전한 생활습관의 기초를 형성한다.

출처: 보건복지부(2020). 제4차 어린이집 표준보육과정.

기본생활 영역의 내용범주는 '건강하게 생활하기'와 '안전하게 생활하기'로 구성되어 있으며, 0~1세 영아와 2세 영아를 위한 기본생활 영역의 내용을 제시하면 다음의 〈표 6-2〉와 같다.

| 표 6-2 | 0~1세, 2세 기본생활 영역 내용범주 및 내용

내용범주	0~1세	2세
건강하게 생활하기	• 도움을 받아 몸을 깨끗이 한다. • 음식을 즐겁게 먹는다. • 하루 일과를 편안하게 경험한다. • 배변 의사를 표현한다.	• 자신의 몸을 깨끗이 해 본다. • 음식에 관심을 가지고 즐겁게 먹는다. • 하루 일과를 즐겁게 경험한다. • 건강한 배변 습관을 갖는다.
안전하게 생활하기	• 안전한 상황에서 놀이하고 생활한다. • 안전한 상황에서 교통수단을 이용해 본다. • 위험하다는 말에 주의한다.	• 일상에서 안전하게 놀이하고 생활한다. • 교통수단을 안전하게 이용해 본다. • 위험한 상황에 대처하는 방법을 경험한다.

출처: 보건복지부(2020). 제4차 어린이집 표준보육과정.

(2) 기본생활 영역 연계 생활지도

0~2세 영아를 위한 기본생활 영역과 연계한 생활지도의 내용을 제시하면 다음의 〈표 6-3〉과 같다.

| 표 6-3 | 0~2세 기본생활 영역 연계 생활지도

내용범주	연령	생활지도 내용
건강하게 생활하기	0~1세	• 교사의 도움을 받아 몸을 깨끗이 할 때의 기분 좋음을 경험하기 • 먹는 것에 대한 즐거움을 알기 • 수면, 휴식, 놀이 등의 일과를 편안하게 경험하기 • 대·소변 마려움의 인식과 배변의사를 표현하기
	2세	• 스스로 손과 몸 씻기 및 이 닦기 등을 시도하기 • 위생적인 환경에서 다른 사람과 더불어 다양한 음식을 즐기기 • 놀이, 휴식(수면), 식사 등 규칙적인 일과 속에서 즐겁게 생활하고 자조기술(옷 입기, 신발 신기 등) 시도하기 • 즐겁게 배변훈련 시도하기
안전하게 생활하기	0~1세	• 안전한 상황에서 놀이하고 생활하기 • 차량 이동 시 안전 장구를 착용하고 안전하게 이용하기 • 위험하다는 말을 듣고 이에 반응을 보이며 주의하기
	2세	• 안전한 상황과 장소에서 놀이 및 일상생활하고, 주변 위험 요소에 주의를 기울이거나 이를 조심하여 안전하게 지내기 • 교통수단을 안전하게 이용해 보기 • 사고, 화재, 재난 등 위험상황에서 어른의 지시에 따라 대피하거나 대처하는 방법 경험하기

출처: 보건복지부(2020). 제4차 어린이집 표준보육과정(0-2세) 해설서.

2) 신체운동 영역 연계 생활지도

(1) 신체운동 영역 목표 및 내용

0~1세 영아와 2세 영아를 위한 신체운동 영역의 목표를 제시하면 다음의 〈표 6-4〉와 같다.

| 표 6-4 | 0~1세, 2세 신체운동 영역 목표

0~1세	2세
감각으로 탐색하고 신체활동을 즐긴다. 1) 감각 탐색을 즐긴다. 2) 신체활동을 즐겁게 경험한다.	감각을 활용하고, 신체활동을 즐긴다. 1) 감각을 활용하고, 신체를 인식한다. 2) 신체활동을 즐긴다.

출처: 보건복지부(2020). 제4차 어린이집 표준보육과정.

신체운동 영역의 내용범주는 '감각과 신체 인식하기'와 '신체활동 즐기기'로 구성되어 있으며, 0~1세 영아와 2세 영아를 위한 신체운동 영역의 내용을 제시하면 다음의 〈표 6-5〉와 같다.

| 표 6-5 | 0~1세, 2세 신체운동 영역 내용범주 및 내용

내용범주	0~1세	2세
감각과 신체 인식하기	• 감각적 자극에 반응한다. • 감각으로 주변을 탐색한다. • 신체를 탐색한다.	• 감각 능력을 활용한다. • 신체를 인식하고 움직인다.
신체활동 즐기기	• 대 · 소근육을 조절한다. • 기본 운동을 시도한다. • 실내외 신체활동을 즐긴다.	• 대 · 소근육을 조절한다. • 기본 운동을 즐긴다. • 실내외 신체활동을 즐긴다.

출처: 보건복지부(2020). 제4차 어린이집 표준보육과정.

(2) 신체운동 영역 연계 생활지도

0~2세 영아를 위한 신체운동 영역과 연계한 생활지도의 내용을 제시하면 다음의 〈표 6-6〉과 같다.

| 표 6-6 | 0~2세 신체운동 영역 연계 생활지도

내용범주	연령	생활지도 내용
감각과 신체 인식하기	0~1세	• 시각, 청각, 촉각, 후각, 미각의 오감각 자극으로 다양한 감각 경험을 통해 자극을 느끼고 그 자극에 반응하기 • 시각, 청각, 촉각, 후각, 미각의 오감각으로 주변 환경 탐색하기 • 자신의 손이나 발 등의 신체 부분이나 팔, 다리 등의 움직임 탐색하기
	2세	• 다양한 감각기관 감각을 활용하여 탐색하기 • 자신의 신체를 탐색하며 신체에 대해 인식하고 움직이기
신체활동 즐기기	0~1세	• 몸 가누기, 뒤집기, 앉기, 서기 등 대 · 소근육을 조절하는 경험하기 • 기본적인 이동운동(기기, 걷기 등)과 제자리 운동(뻗기, 흔들기 등)을 시도해 보기 • 몸을 활발히 움직이고 도구를 이용하는 실내외 신체활동을 하고 놀이터나 공원, 지역사회 시설 등에서 신체활동 즐기기
	2세	• 몸의 균형을 잡고 몸을 자유롭게 움직이며 대 · 소근육을 조절하기 • 이동 운동이나 제자리에서 움직이는 비이동 운동 즐기기 • 실내외 다양한 신체활동과 도구를 이용한 신체활동에 참여하기

출처: 보건복지부(2020). 제4차 어린이집 표준보육과정(0-2세) 해설서.

| 그림 6-1 | 대근육(기어가기) 운동놀이

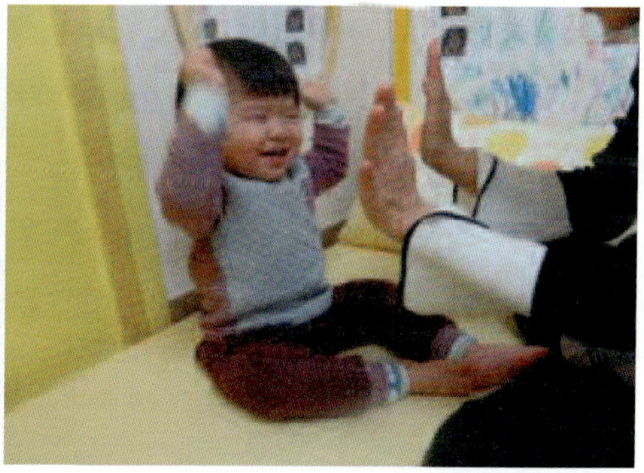

| 그림 6-2 | 소근육(손끝박수) 운동놀이

3) 의사소통 영역 연계 생활지도

(1) 의사소통 영역 목표 및 내용

0~1세 영아와 2세 영아를 위한 의사소통 영역의 목표를 제시하면 다음의 〈표 6-7〉과 같다.

| 표 6-7 | 0~1세, 2세 의사소통 영역 목표

0~1세	2세
의사소통 능력의 기초를 형성한다. 1) 일상생활에서 듣고 말하기를 즐긴다. 2) 읽기와 쓰기에 관련된 관심을 가진다. 3) 책과 이야기에 관심을 가진다.	의사소통 능력과 상상력의 기초를 형성한다. 1) 일상생활에서 듣기와 말하기를 즐긴다. 2) 읽기와 쓰기에 관심을 가진다. 3) 책과 이야기에 재미를 느낀다.

출처: 보건복지부(2020). 제4차 어린이집 표준보육과정.

의사소통 영역의 내용범주는 '듣기와 말하기', '읽기와 쓰기에 관심 가지기', '책과 이야기 즐기기'로 구성되어 있으며, 0~1세 영아와 2세 영아를 위한 의사소통 영역의 내용을 제시하면 다음의 〈표 6-8〉과 같다.

| 표 6-8 | 0~1세, 2세 의사소통 영역 내용범주 및 내용

내용범주	0~1세	2세
듣기와 말하기	• 표정, 몸짓, 말과 주변의 소리에 관심을 갖고 듣는다. • 상대방의 이야기를 들으면서 말소리를 낸다. • 표정, 몸짓, 말소리로 의사를 표현한다.	• 표정, 몸짓, 말에 관심을 갖고 듣는다. • 상대방의 이야기를 듣고 말한다. • 표정, 몸짓, 단어로 의사를 표현한다. • 자신의 요구와 느낌을 말한다.
읽기와 쓰기에 관심 가지기	• 주변의 그림과 상징에 관심을 가진다. • 끼적이기에 관심을 가진다.	• 주변의 그림과 상징, 글자에 관심을 가진다. • 끼적이며 표현하기를 즐긴다.
책과 이야기 즐기기	• 책에 관심을 가진다. • 이야기에 관심을 가진다.	• 책에 관심을 가지고 상상한다. • 말놀이와 이야기에 재미를 느낀다.

출처: 보건복지부(2020). 제4차 어린이집 표준보육과정.

(2) 의사소통 영역 연계 생활지도

0~2세 영아를 위한 의사소통 영역과 연계한 생활지도의 내용을 제시하면 다음의 〈표 6-9〉와 같다.

| 표 6-9 | 0~2세 의사소통 영역 연계 생활지도

내용범주	연령	생활지도 내용
듣기와 말하기	0~1세	• 주변 사람의 표정과 몸짓, 다양한 말과 소리에 관심을 가지고 반응하기 • 주변에서 말하는 이야기에 주의를 기울여 들으면서 다양한 발성과 옹알이로 반응하며 점차 적극적으로 말소리 내기 • 표정, 몸짓, 말소리와 같이 다양한 방법으로 의사 표현하기
	2세	• 상대방의 표정, 몸짓, 말에 관심을 갖고 적극적으로 듣기 • 상대방의 말 혹은 이야기를 듣고 반응하며 자신의 느낌, 생각을 상대방에게 말하기 • 표정과 몸짓의 비언어를 포함하여 단어 혹은 말로 의사를 표현하기 • 상대방에게 자신의 요구와 느낌을 자유롭고 편안하게 말하기
읽기와 쓰기에 관심 가지기	0~1세	• 주변의 친숙한 그림이나 표지판, 상표와 같은 친숙한 상징에 관심 가지기 • 끼적이기와 의도적으로 움직여 나타나는 결과에 관심 가지기
	2세	• 주변 인쇄물의 그림이나 표지판, 상표와 같은 상징, 자신의 이름과 같이 친숙한 글자에 관심을 가지며 상징읽기를 시도하기 • 다양한 쓰기 도구를 이용하여 의도적으로 끼적이며, 이를 상징화하여 표현하기
책과 이야기 즐기기	0~1세	• 다양한 형태의 책을 탐색하며, 책에 대한 관심을 가지고 자신의 경험과 관련짓고 상징행동을 하며 상상해 보기 • 이야기를 자주 접하게 되면서 이야기에 관심 가지기
	2세	• 주변의 다양한 책을 보는 것을 즐기며 책의 내용을 자유롭게 상상하기 • 다양한 표현의 말과 이야기 짓기를 즐기며 말과 이야기의 변화에 재미를 느끼기

출처: 보건복지부(2020). 제4차 어린이집 표준보육과정(0-2세) 해설서.

| 그림 6-3 | 쓰기에 관심 보이는 영아

| 그림 6-4 | 쓰기 환경 제공하기

4) 사회관계 영역 연계 생활지도

(1) 사회관계 영역 목표 및 내용

0~1세 영아와 2세 영아를 위한 사회관계 영역 목표를 제시하면 다음의 〈표 6-10〉과 같다.

| 표 6-10 | 0~1세, 2세 사회관계 영역 목표

0~1세	2세
나를 인식하고, 친숙한 사람과 관계를 맺는다. 1) 나를 고유한 존재로 안다. 2) 안정적인 애착을 형성하고, 또래, 교사와 함께 지낸다.	나를 알고, 다른 사람과 더불어 생활하는 경험을 한다. 1) 나를 알고 긍정적으로 여긴다. 2) 다른 사람과 즐겁게 지내기 위한 태도를 기른다.

출처: 보건복지부(2020). 제4차 어린이집 표준보육과정.

사회관계 영역 내용범주는 '나를 알고 존중하기', '더불어 생활하기'로 구성되어 있으며, 0~1세 영아와 2세 영아를 위한 사회관계 영역의 내용을 제시하면 다음의 〈표 6-11〉과 같다.

| 표 6-11 | 0~1세, 2세 사회생활 영역 내용범주 및 내용

내용범주	0~1세	2세
나를 알고 존중하기	• 나를 인식한다. • 나의 욕구와 감정을 나타낸다. • 나와 친숙한 것을 안다.	• 나와 다른 사람을 구별한다. • 나의 감정을 표현한다. • 내가 좋아하는 것을 한다.
더불어 생활하기	• 안정적인 애착을 형성한다. • 또래에게 관심을 가진다. • 다른 사람의 감정과 행동에 관심을 가진다. • 반에서 편안하게 지낸다.	• 가족에게 관심을 가진다. • 또래와 함께 놀이한다. • 다른 사람의 감정과 행동에 반응한다. • 반에서의 규칙과 약속을 알고 지킨다.

출처: 보건복지부(2020). 제4차 어린이집 표준보육과정.

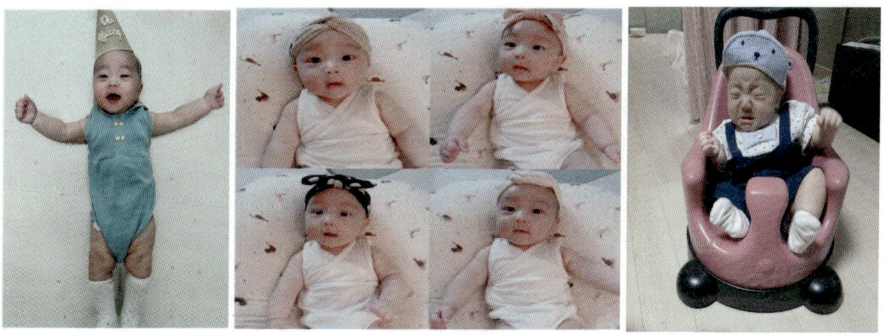

| 그림 6-5 | 영아의 감정표현

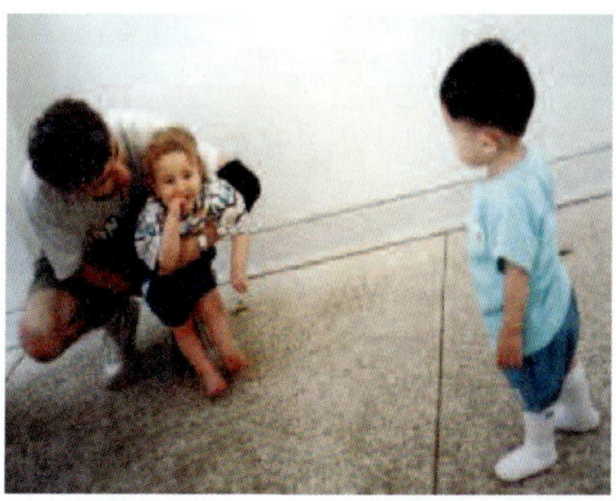

| 그림 6-6 | 영아의 또래 관심 표현

(2) 사회관계 영역 연계 생활지도

0~2세 영아를 위한 사회관계 영역과 연계한 생활지도의 내용을 제시하면 다음의 〈표 6-12〉와 같다.

| 표 6-12 | 0~2세 사회관계 영역 연계 생활지도

내용범주	연령	생활지도 내용
나를 알고 존중하기	0~1세	• 자신의 신체를 탐색하고, 교사와 개별적으로 상호작용하기 • 영아가 자신의 생리적 욕구와 감정을 표현하고 이에 대한 민감하고 따뜻한 반응 제공하기 • 자기에게 속한 것(이름, 친숙한 물건 등)이 있다는 것을 일상에서 경험하기
	2세	• 자신의 다른 사람의 신체적 특징, 능력, 성별 등을 구별하기 • 자신의 욕구나 감정(즐거움, 기쁨, 슬픔, 두려움, 화남 등)을 적절한 말과 표정, 행동으로 표현하기 • 자신이 좋아하는 것, 관심이 생기는 것을 찾아 직접 해 봄으로써 만족감 느끼기
더불어 생활하기	0~1세	• 영아가 교사에게 정서적 유대와 심리적 안정감을 갖고 자신의 욕구와 관심을 표현하기 • 다른 영아와 지내는 경험을 통해 또래를 인식하고 또래에게 관심 가지기 • 주변의 다른 사람이 표현하는 감정과 행동을 보고 자신처럼 다른 사람도 감정과 행동을 나타낸다는 것을 알고 관심 가지기 • 정서적 안정감을 가질 수 있는 편안한 환경(쾌적한 교실, 반응적인 교사, 규칙적인 일과 등)에서 지내기
	2세	• 가족이 특별한 대상임을 알고 가족에게 관심과 소속감, 애정을 표현하기 • 또래와의 놀이 경험을 통해 또래에 대해 관심을 가지고 모방하면서 또래관계 익히기 • 다른 사람의 긍정적 감정(기쁨, 즐거움 등)과 부정적 감정(슬픔, 화남 등)을 알아차리고 적절하게 반응하기(같이 기뻐하기, 위로하기 등) • 자주 경험하는 상황에서 지켜야 할 간단한 규칙이나 약속이 있음을 인식하고 이를 스스로 지키고자 노력하기

출처: 보건복지부(2020). 제4차 어린이집 표준보육과정(0~2세) 해설서.

5) 예술경험 영역 연계 생활지도

(1) 예술경험 영역 목표 및 내용

0~1세 영아와 2세 영아를 위한 예술경험 영역의 목표를 제시하면 다음의 〈표 6-13〉과 같다.

| 표 6-13 | 0~1세, 2세 예술경험 영역 목표

0~1세	2세
아름다움을 느끼고 경험한다. 1) 자연과 생활에서 아름다움에 관심을 가진다. 2) 예술적 경험을 표현한다.	아름다움을 느끼고 즐긴다. 1) 자연과 생활에서 아름다움을 느끼고 관심을 가진다. 2) 예술을 통해 자유롭게 표현한다.

출처: 보건복지부(2020). 제4차 어린이집 표준보육과정.

예술경험 영역의 내용범주는 '아름다움 찾아보기'와 '창의적으로 표현하기'로 구성되어 있으며, 0~1세 영아와 2세 영아를 위한 예술경험 영역의 내용을 제시하면 다음의 〈표 6-14〉와 같다.

| 표 6-14 | 0~1세, 2세 예술경험 영역 내용범주 및 내용

내용범주	0~1세	2세
아름다움 찾아보기	• 자연과 생활에서 아름다움을 느낀다. • 아름다움에 관심을 가진다.	• 자연과 생활에서 아름다움을 느끼고 즐긴다. • 아름다움에 관심을 갖고 찾아본다.
창의적으로 표현하기	• 소리와 리듬, 노래로 표현한다. • 감각을 통해 미술을 경험한다. • 모방 행동을 즐긴다.	• 익숙한 노래와 리듬을 표현한다. • 움직임과 춤으로 자유롭게 표현한다. • 미술 재료와 도구로 표현해 본다. • 일상생활 경험을 상상놀이로 표현한다.

출처: 보건복지부(2020). 제4차 어린이집 표준보육과정.

(2) 예술경험 영역 연계 생활지도

0~2세 영아를 위한 예술경험 영역과 연계한 생활지도의 내용을 제시하면 다음의 〈표 6-15〉와 같다.

| 표 6-15 | 0~2세 예술경험 영역 연계 생활지도

내용	연령	생활지도 내용
아름다움 찾아보기	0~1세	• 일상적인 환경에서 소리나 움직임, 색과 모양 등에 호기심을 기울이고 아름다움 느끼기 • 일상생활에서 자연이나 사물의 아름다움을 감상하고 즐기기
	2세	• 일상의 자연이나 생활 속 공간, 사물 등의 아름다움을 느끼고, 자신과 또래의 다양한 예술적 표현을 감상하고 즐기기 • 다양한 음악적 요소(소리, 리듬 등), 미술적 요소(선, 형태 등), 사람과 사물, 동식물의 움직임에서 아름다움을 발견하기
창의적으로 표현하기	0~1세	• 주변의 다양한 소리, 리듬, 노래, 움직임에 관심을 갖고 이를 표현하기 • 감각을 통해 미술표현을 시도하고 즐기기 • 익숙하고 의미 있는 사람과 상호작용하며 다른 사람의 표정이나 모습, 움직임으로 모방하는 것에서부터 단순한 상징을 놀이로 즐기기
창의적으로 표현하기	2세	• 일상에서 익숙해진 노래를 부르고 간단한 리듬을 표현하고 즐기기 • 운율 있는 소리나 노래, 또는 만지고 맛보는 등 감각 경험을 움직임이나 춤으로 표현하기 • 스스로 다루기 적절한 재료와 도구를 이용하여 자유롭게 미술표현을 시도하고 즐기기 • 일상생활에서 경험한 사건에 포함된 대상이나 상황을 상상놀이로 표현하며 즐기기

출처: 보건복지부(2020). 제4차 어린이집 표준보육과정(0-2세) 해설서.

6) 자연탐구 영역 연계 생활지도

(1) 자연탐구 영역 목표 및 내용

0~1세 영아와 2세 영아를 위한 자연탐구 영역의 목표를 제시하면 다음의 〈표 6-16〉과 같다.

| 표 6-16 | 0~1세, 2세 자연탐구 영역 목표

0~1세	2세
주변 환경과 자연에 관심을 가진다. 1) 일상에서 탐색을 즐긴다. 2) 주변 환경을 탐색한다. 3) 생명과 자연에 관심을 가진다.	주변 환경과 자연을 탐색하는 과정을 즐긴다. 1) 일상에서 탐색하는 과정을 즐긴다. 2) 주변 환경에 관심을 가지고 탐색한다. 3) 생명과 자연에 관심을 가진다.

출처: 보건복지부(2020). 제4차 어린이집 표준보육과정.

자연탐구 영역의 내용범주는 '탐구 과정 즐기기', '생활 속에서 탐구하기', '자연과 더불어 살기'로 구성되어 있으며, 0~1세 영아와 2세 영아를 위한 자연탐구 영역의 내용을 제시하면 다음의 〈표 6-17〉과 같다.

| 표 6-17 | 0~1세, 2세 자연탐구 영역 내용범주 및 내용

내용범주	0~1세	2세
탐구 과정 즐기기	• 주변 세계와 자연에 대해 호기심을 가진다. • 사물과 자연 탐색하기를 즐긴다.	• 주변 세계와 자연에 대해 호기심을 가진다. • 사물과 자연을 반복하여 탐색하기를 즐긴다.
생활 속에서 탐구하기	• 친숙한 물체를 감각으로 탐색한다. • 물체의 수량에 관심을 가진다. • 주변 공간과 모양을 탐색한다. • 규칙성을 경험한다.	• 친숙한 물체의 특성과 변화를 감각으로 탐색한다. • 물체의 수량에 관심을 가진다. • 주변 공간과 모양을 탐색한다. • 규칙성에 관심을 가진다. • 주변 사물을 같고 다름에 따라 구분한다. • 생활 도구에 관심을 가진다.
자연과 더불어 살기	• 주변의 동식물에 관심을 가진다. • 날씨의 변화를 감각으로 느낀다.	• 주변의 동식물에 관심을 가진다. • 날씨와 계절의 변화를 감각으로 느낀다.

출처: 보건복지부(2020). 제4차 어린이집 표준보육과정.

(2) 자연탐구 영역 연계 생활지도

0~2세 영아를 위한 자연탐구 영역과 연계한 생활지도의 내용을 제시하면 다음의 〈표 6-18〉과 같다.

| 표 6-18 | 0~2세 자연탐구 영역 연계 생활지도

내용	연령	생활지도 내용
탐구 과정 즐기기	0~1세	• 주변의 물체와 물질, 동식물, 자연물, 자연현상 등에 대하여 호기심 가지기 • 주변의 물체, 자연물 등을 다양한 방법으로 탐색하기
	2세	• 자신이 관심 있는 물체와 물질, 동식물, 자연물, 자연현상 등에 호기심 가지기 • 자신이 관심 있는 물체와 물질, 자연물을 주도적으로 반복하여 탐색하기
생활 속에서 탐구하기	0~1세	• 친숙한 물체와 물질, 사물, 자연물을 시각, 청각, 촉각 등의 감각으로 탐색하기 • 물체의 있고 없음과 물체의 많고 적음에 관심 가지기 • 몸으로 주변 공간을 탐색(뒤집기, 앉기, 기기 등)하며, 주변 물체를 늘어놓고, 쌓고, 끼우고 굴리면서 모양 탐색하기 • 반복적인 하루 일과와 일상생활과 놀이에서 자연스럽게 소리, 리듬, 동작, 모양 등에 나타나는 규칙성 경험하기
	2세	• 친숙한 물체와 물질 특성(모양, 색, 냄새, 소리, 질감)을 감각을 이용하여 탐색하고, 물체와 물질을 만지고 누르기 등을 하면서 물체의 변화를 탐색하기 • 익숙한 물체의 많고 적은 양을 구별하고 수에 관심 가지기 • 자신의 몸과 물체를 움직여 자신과 사물, 사물과 사물 간 관계(위치, 방향, 거리 등)와 주변에서 자주 접하는 물체의 모양 탐색하기 • 일상생활과 놀이를 통해 사물이나 사건, 자연의 변화가 일정한 순서로 반복되는 것에 관심 가지기 • 관심 있는 사물이나 놀이자료를 영아 나름대로의 같고 다름의 기준에 따라 구분하기 • 일상생활에서 사용하는 다양한 도구에 관심을 가지고 직접 도구를 사용해 보기
자연과 더불어 살기	0~1세	• 주변의 익숙한 동식물의 모양이나 색, 소리, 움직임, 냄새, 촉감에 관심을 가지기 • 일광욕, 산책, 바깥 놀이를 하면서 바람, 햇빛, 비 등을 직접 감각으로 느끼기
	2세	• 주변의 반려동물이나 동식물의 모양, 소리, 움직임에 관심 가지기 • 바깥 놀이나 산책을 나가서 바람, 눈, 비, 추위, 더위 등 자연현상에 따라 변화하는 날씨와 계절을 감각으로 느끼기

출처: 보건복지부(2020). 제4차 어린이집 표준보육과정(0-2세) 해설서.

2. 3~5세 누리과정(보육과정)과 유아 생활지도

3~5세 누리과정의 5개 영역인 신체운동·건강, 의사소통, 사회관계, 예술경험, 자연탐구 영역은 생활지도와 직·간접적으로 연계되어 있으며, 유아 생활지도는 이러한 영역들 안에서 자연스럽게 통합되어 다루어져야 할 것이다. 5개 영역들을 연계한 3~5세 유아를 위한 생활지도를 살펴보면 다음과 같다.

1) 신체운동·건강 영역 연계 생활지도

(1) 신체운동·건강 영역 목표 및 내용

신체운동·건강 영역의 목표 및 내용범주는 유아가 다양한 신체활동에 즐겁게 참여하고, 청결과 위생, 즐거운 식사, 적당한 휴식을 통해 건강한 생활습관을 기르며, 일상에서 안전하게 생활하는 방법을 배우고 실천하는 내용으로 구성되어 있다(교육부, 보건복지부, 2019). 신체운동·건강 영역의 내용범주인 '신체활동 즐기기', '건강하게 생활하기', '안전하게 생활하기'와 관련된 놀이와 활동들은 유아가 자발적인 신체활동을 통해 자아인식과 신체조절력을 향상시키고, 건강한 생활습관 실천을 통해 건강한 신체를 유지하게하며, 안전한 놀이와 위험 상황에 대처하는 경험을 통해 자기통제력을 발달시킬 수 있도록 돕는다.

(2) 신체운동·건강 영역 연계 생활지도

3~5세 유아를 위한 신체운동·건강 영역과 연계한 생활지도의 내용을 제시하면 다음의 〈표 6-19〉와 같다.

| 표 6-19 | 신체운동 · 건강 영역 연계 생활지도

내용범주	생활지도 내용
신체활동 즐기기	• 자발적 신체활동을 통해 자신을 존중하고 자신감 형성하기
건강하게 생활하기	• 자신의 몸과 주변 청결, 바람직한 식습관, 적당한 휴식과 질병 예방 등 건강한 생활습관 실천하기
안전하게 생활하기	• 안전한 놀이와 생활하기, TV, 컴퓨터, 스마트폰 바르게 사용하기, 교통 규칙 준수하기, 신체보호 및 위험 상황 대처하기

출처: 교육부, 보건복지부(2019). 2019 개정누리과정 해설서.

2) 의사소통 영역 연계 생활지도

(1) 의사소통 영역 목표 및 내용

의사소통 영역의 목표와 내용범주는 유아가 일상생활에서 다른 사람의 말이나 이야기를 듣고 말하기를 즐기며, 주변의 상징을 읽고 글자와 비슷한 형태로 써보기에 관심을 가지며, 다양한 책과 이야기를 통해 상상하기를 즐기는 내용으로 구성되어 있다(교육부, 보건복지부, 2019). 의사소통 영역의 내용범주인 '듣기와 말하기', '읽기와 쓰기에 관심 가지기', '책과 이야기 즐기기'와 관련된 놀이와 활동들은 유아가 자신의 생각이나 느낌 등을 적절한 방법으로 표현하기, 상대방의 생각이나 감정을 고려하여 말하기 등을 통해 갈등 상황을 효과적으로 해결할 수 있도록 도울 수 있다. 또한 이러한 놀이와 활동들은 유아가 문제 상황에 부딪혔을 때 상대방의 의견을 경청하며 수용될 수 있는 방식으로 자신의 의사를 표현하며, 책읽기와 이야기 나누기를 통해 얻은 여러 가지 정보나 아이디어를 일상생활이나 놀이에서 일어날 수 있는 문제 상황을 해결하기 위해 활용할 수 있도록 지원해야 한다.

(2) 의사소통 영역 연계 생활지도

3~5세 유아를 위한 의사소통 영역과 연계한 생활지도의 내용을 제시하면 다음의 〈표 6-20〉과 같다.

| 표 6-20 | 의사소통 영역 연계 생활지도

내용범주	생활지도 내용
듣기와 말하기	• 다른 사람의 말이나 이야기를 관심있게 듣기 • 자신의 경험, 느낌, 생각을 상황에 적절한 단어를 사용하여 말하기, 고운말 사용하기
읽기와 쓰기에 관심 가지기	• 말과 글의 관계에 관심 가지기 • 자신의 생각을 글자와 비슷한 형태로 표현하기
책과 이야기 즐기기	• 책에 관심 가지고 상상하기 • 동화, 동시에서 말의 재미 느끼기 • 말놀이와 이야기짓기 즐기기

출처: 교육부, 보건복지부(2019). 2019 개정누리과정 해설서.

3) 사회관계 영역 연계 생활지도

(1) 사회관계 영역 목표 및 내용

사회관계 영역의 목표와 내용범주는 유아가 자신을 이해하고 존중하며, 친구와 가족 또는 다른 사람들과 사이좋게 지내며, 유아가 속한 지역사회와 우리나라, 다양한 문화에 관심을 갖는 내용으로 구성되어 있다(교육부, 보건복지부, 2019). 사회관계 영역의 내용범주인 '나를 알고 존중하기', '더불어 생활하기', '사회에 관심 가지기'와 관련된 놀이와 활동들은 유아가 자신의 감정을 다양한 상황에서 적절하게 표현하기와 자신이 할 수 있는 일을 스스로 하기 등을 통해 긍정적인 자아존중감과 자율성을 키울 수 있도록 돕는다. 이러한 과정을 통해 유아는 바르게 판단하여 합리적으로 의사결정하고, 자신의 행동에 책임감을 가지는 민주시민으로 성장할 수 있다.

(2) 사회관계 영역 연계 생활지도

3~5세 유아를 위한 사회관계 영역과 연계한 생활지도의 내용을 제시하면 다음의 〈표 6-21〉과 같다.

| 표 6-21 | 사회관계 영역 연계 생활지도

내용범주	생활지도 내용
나를 알고 존중하기	• 자신의 감정을 알고 상황에 맞게 적절하게 감정 표현하기 • 자신이 할 수 있는 것을 스스로 하기
더불어 생활하기	• 가족의 의미와 소중함을 알기 • 친구와 서로 돕고 양보, 배려, 협력하며 사이좋게 지내기 • 다른 사람의 감정, 생각, 행동이 다름을 알고 존중하기 • 친구와의 갈등을 여러 가지 긍정적인 방법으로 해결하기 • 친구와 어른에게 예의 바른 태도로 말하고 행동하기 • 약속과 규칙의 필요성을 알고 지키기
사회에 관심 가지기	• 자신이 사는 지역에 관심을 가지고 탐구하기 • 우리나라의 상징, 언어, 문화 등을 경험하기 • 다른 나라의 다양한 문화에 관심을 가지고 존중하기

출처: 교육부, 보건복지부(2019). 2019 개정누리과정 해설서.

4) 예술경험 영역 연계 생활지도

(1) 예술경험 영역 목표 및 내용

예술경험 영역의 목표와 내용범주는 유아가 자연, 생활, 예술에서 아름다움을 느끼고, 음악, 움직임과 춤, 미술, 극놀이 등의 예술에서 자신의 느낌과 생각을 창의적으로 표현하는 과정을 즐기며, 다양한 예술 작품을 감상하며 다른 사람의 예술표현을 존중하는 내용으로 구성되어 있다(교육부, 보건복지부, 2019). 예술경험 영역의 내용범주인 '아름다움 찾아보기', '창의적으로 표현하기', '예술 감상하기'와 관련된 놀이와 활동들은 유아가 음악, 미술, 동작, 극놀이 등을 통해 자신의 느낌과 생각을 자유롭게 표현하도록 돕는다. 또한 이러한 놀이와 활동들은 다른 사람의 예술표현을 존중하고, 유아 자신이 심리적 · 정서적 안정감을 느끼고 유지하도록 돕는다. 이를 통해 유아는 여러 가지 문제 상황에서 다양한 방법으로 적절하게 자신의 생각이나 느낌을 다른 사람에게 전달하며, 다른 사람들의 생각이나 느낌을 존중할 수 있게 될 것이다.

(2) 예술경험 영역 연계 생활지도

3~5세 유아를 위한 예술경험 영역과 연계한 생활지도의 내용을 제시하면 다음의 〈표 6-22〉와 같다.

| 표 6-22 | 예술경험 영역 연계 생활지도

내용범주	생활지도 내용
아름다움 찾아보기	• 자연과 생활에서 아름다움을 느끼고 즐기기 • 예술적 요소에 관심 갖고 찾아보기
창의적으로 표현하기	• 노래 즐겨 부르기, 간단한 소리와 리듬 만들어 보기, 움직임과 춤으로 자유롭게 표현하기 • 다양한 미술 재료와 도구로 생각과 느낌 표현하기 • 자신의 경험과 이야기를 극놀이로 표현하기
예술 감상하기	• 유아 자신과 또래의 작품을 포함하여 다양한 예술을 감상하며 상상하기 • 다른 사람의 예술표현을 존중하기

출처: 교육부, 보건복지부(2019). 2019 개정누리과정 해설서.

5) 자연탐구 영역 연계 생활지도

(1) 자연탐구 영역 목표 및 내용

자연탐구 영역의 목표와 내용범주는 유아가 호기심을 가지고 궁금한 것을 적극적으로 탐구하는 과정을 즐기며, 생활 속의 문제를 수학적·과학적으로 탐구해 보면서, 생명과 자연환경을 존중하는 내용으로 구성되어 있다(교육부, 보건복지부, 2019). 자연탐구 영역의 내용범주인 '탐구과정 즐기기', '생활 속에서 탐구하기', '자연과 더불어 살기'와 관련된 놀이와 활동들은 유아가 탐구과정 동안 다른 유아들의 서로 다른 생각에 관심을 가지고, 일상의 문제를 수학적·과학적으로 해결해 보고, 생명과 자연환경을 소중히 다루는 경험들을 제공한다. 이러한 경험을 통해 유아는 일상생활에서 문제 상황에 대처하거나 해결할 수 있을 것이다.

(2) 자연탐구 영역 연계 생활지도

3~5세 유아를 위한 자연탐구 영역과 연계한 생활지도의 내용을 제시하면 다음의 〈표 6-23〉과 같다.

| 표 6-23 | 자연탐구 영역 연계 생활지도

내용범주	생활지도 내용
탐구과정 즐기기	• 주변 세계와 자연에 대해 호기심을 가지고, 탐구 과정에 즐겁게 참여하며, 서로 다른 생각에 관심 가지기
생활 속에서 탐구하기	• 물체 특성과 변화를 탐색하고, 물체의 위치 · 방향 · 모양을 구별하고, 속성(길이와 무게 등)을 비교하기 • 물체 수량을 세며, 반복되는 규칙을 찾고, 기준에 따라 분류하며, 도구와 기계에 관심 가지고 생활 속의 문제 탐구하기
자연과 더불어 살기	• 주변 동식물에 관심을 가지고 생명과 환경을 소중히 여기기 • 날씨와 계절의 변화를 생활과 관련짓기

출처: 교육부, 보건복지부(2019). 2019 개정누리과정 해설서.

6) 안전교육 연계 생활지도

최근 영유아의 안전에 대한 관심이 높아지면서 유아교육기관에서의 안전교육이 강화되고 있다. '안전하게 생활하기'는 신체운동 · 건강 내용범주에 포함되어 있으나 그 중요성을 고려할 때, 교사는 5개 영역의 통합적 이해를 바탕으로 하는 놀이와 활동을 제공하여 유아들이 안전의식을 자연스럽게 내면화하도록 도와야 한다. 유아교육기관은 안전관련 연간계획을 세우고 일과에 통합하여 교통안전, 생활안전, 재난안전, 약물 및 사이버 중독 예방, 응급처치, 폭력 예방 및 신변보호, 직업안전 관련 활동들을 실시함으로써 영유아의 안전의식을 강화할 수 있다. 유아교육기관에서 안전교육과 연계하여 실시할 수 있는 생활지도 내용을 제시하면 다음의 〈표 6-24〉와 같다.

| 표 6-24 | 안전교육 연계 생활지도

누리과정 영역	안전교육
신체운동 · 건강	• 신체활동 전후 준비 · 마무리 운동하기 • 안전하게 보행하기 · 신체활동하기 • 안전하게 자동차 타기 • 신체를 활용한 다양한 놀이하기 • 응급상황 시 행동요령 지키기
의사소통	• 위험상황 안내 소리 인식하고 대처하기 • 위급상황 다른 사람에게 알리기 • 집 전화번호와 주소 말하기 • 교통표지판 이해하기 • 쓰기도구 안전하게 사용하기
사회관계	• 자신의 몸 보호하기 • 위급상황 시 도움 요청하기 • 나의 기분 표현하기(I-message) • 폭력 바르게 인식하기 • 교통안전 규칙 이해하고 지키기
예술경험	• 미술 도구 안전하게 사용하기 • 안전하게 표현활동하기 • 자신과 또래 및 작가의 작품 소중히 다루기
자연탐구	• 체험활동 시 안전규칙 지키기 • 생활주변 위험물 알기 • 자연재난 시 행동요령 지키기 • 비상구 위치 찾아보기 • 생명체 존중하기

| 그림 6-7 | 지진대피 상황극

| 그림 6-8 | 재난(쓰나미) 대피훈련

본 장에서는 0~2세 보육과정과 3~5세 누리과정(보육과정)의 목표와 내용을 생활지도 측면에서 살펴보고, 이를 생활지도와 연계하는 내용을 제시하였다. 교사는 이러한 보육 및 교육과정의 목표를 염두에 두고, 영유아들이 일과 속에서 자유롭게 놀이하고 생활하면서 자연스럽게 긍정적 생활지도가 이루어질 수 있도록 지원해야 할 것이다.

Chapter

07

유아교육기관에서의 영유아 생활지도

물리적 환경은 영유아의 행동에 영향을 미치며 또한 이를 설명할 수 있는 중요한 요소이다. 교사는 영유아의 긍정적 행동을 지도하기 위해 환경을 우선적으로 고려하여야 한다. 바람직한 환경은 긍정적 행동을 유도함과 동시에 문제 행동을 줄일 수 있다. 따라서 유아교육기관은 물리적 환경과 심리·정서적 환경의 구성 원칙을 반영하여 영유아에게 연령적·발달적으로 적합한 놀이와 활동을 제공하여야 한다. 따라서 본 장에서는 영유아의 긍정적 행동을 지도하기 위하여 유아교육기관의 환경구성과 유아교육기관에서의 영유아 생활지도 방법에 대해서 살펴보고자 한다.

1. 생활지도를 위한 환경구성

1) 영유아의 긍정적인 행동 지원 위한 물리적 환경과 운영

잘 준비된 물리적 환경은 영유아의 발달과 학습을 격려하고, 지원하며, 촉진하는 역할을 할 뿐만 아니라 보조교사 기능을 한다. 이는 환경의 구성이나 배치가 영유아들에게 허용되는 행동과 기대되는 행동에 대한 단서를 제공하기 때문이다. 예를 들면, 책꽂이 옆에 책상과 의자를 놓아둔다면 유아는 책상 위에 책을 놓고 의자에 앉아 책을 볼 것이고, 카펫에 쿠션을 놓아둔다면 엎드리거나 기대앉아 책을 볼 것이다. 이와 같이 유아가 어떤 행동을 하게 되는가는 물리적 환경과 밀접한 관계가 있다(지성애, 홍혜경, 2018; Dimidjian, 1983). 물리적 환경이 미흡하면 놀이가 제한적이고, 또래 갈등, 경쟁, 다툼, 소외감이 나타나기 쉬우며(양옥승, 나은숙, 2005; Epstein & Barnett, 2012), 정돈되지 않은 환경에서는 통제와 독단적인 규칙이 설정된다(Marion, 2019). 반면, 좋은 물리적 환경에서의 영유아들은 놀이에 대한 흥미, 집중, 주도성, 자율성이 증가하고, 교사의 재지시는 줄어들 수 있다.

일반적으로 적절하지 못한 물리적 환경구성과 운영은 지나친 규칙이나 제한이 설정되도록 하여 영유아들의 행동 문제를 빈번하게 야기시킨다. 영유아의 행동을 억제하기 위한 제한적 통제는 물리적 환경구성을 통해 영유아의 행동을 조절하는 것과는 구별되어야 한다. 따라서 영유아에게 적절한 정도의 자유와 자율을 허용하는 타당한 제한 설정과 환경구성이 필요하다(Fields & Fields, 2006). 만약 부적절한 행동이 교실에서 지속적으로 나타난다면, 교사는 물리적 환경구성을 우선 점검하고, 환경을 통해 교사가 기대하는 행동에 대한 분명한 메시지를 전달하도록 물리적 공간과 활동자료를 재배치하여야 할 것이다(지성애, 홍혜경, 2018).

영유아의 긍정적인 행동을 지원하기 위한 물리적 환경구성 원칙과 운영을 살펴보면 다음과 같다(지성애, 홍혜경, 2018).

(1) 긍정적인 행동 지원을 위한 물리적 환경구성 원칙

유아교육기관에서 나타나는 영유아의 스트레스 행동과 교실 내 부적응 행동은 흥미영역과 자료배치 및 활용의 편의성 등 물리적 환경구성과 관련이 깊다(양혜영, 정승원, 1999; Kostelnik et al., 2017). 유아교육기관은 영유아에게 편안함을 주는 환경이어야 하며, 영유아의 발달과 행동을 지원하고, 물리적 · 인적 상호작용을 격려하며, 영유아에게 필요한 움직임을 허용하면서도 안전을 보장하는 타당한 제한이 설정된 환경이어야 한다(지성애, 홍혜경, 2018). 영유아를 위한 물리적 환경은 부드러움-딱딱함(soft-hard), 개방성-폐쇄성(open-closed), 개입-고립(intrusion-seclusion), 적은 움직임-많은 움직임(low mobility-high mobility) 요인으로 구분할 수 있으며, 발달 특성에 따라 이들 요인이 적절히 반영되어야 한다(지성애, 홍혜경, 2018; Jones, 1981). 예를 들어, 어린 영아는 부드러움, 개방성, 단순성, 혼자 놀 수 있는 공간이나 환경을 더 필요로 한다. 영유아들의 자기조절과 긍정적인 적응 행동을 지원하는 물리적 환경을 구성하기 위해서는 다음의 사항들을 고려하여야 한다.

① 영유아의 부적절한 행동을 예방하기 위해서 물리적 환경구성을 흥미나 활동 영역으로 구분할 수 있다.

흥미 영역은 교실 내에 관련된 다양한 활동자료가 집중적으로 제시되고, 개별 활동, 소집단 활동, 대집단 활동을 위한 공간이 포함되며, 영유아들이 선택한 곳에서 놀이할 수 있어야 한다. 흥미 영역별 구성은 영유아에게 지속적이고 예측 가능한 환경을 제공하기 때문에 영유아가 무엇을 할지, 교사가 무엇을 기대하는지에 대한 이해를 도와 보다 긍정적인 행동으로 유도할 수 있다.

② 흥미나 활동 영역은 합리적으로 배치되어야 한다.

흥미나 활동 영역을 배치할 때는 활동의 종류, 영유아들의 움직이는 정도, 통로의 사용 여부, 소음 정도 등을 고려한다(이기숙, 1992; 지성애, 홍혜경, 2018). 또한 흥미 영역들의 자료들을 통합하여 활용하더라도 사용한 자료를 잘 정리하기 쉽도록 한다. 흥미 영역의 구분을 위해서는 고정된 것보다는 이동 가능한 선반, 가리개, 게시판 등을 사용하는 것이 영유아의 요구에 따라 공간을 융통성 있게 활용할 수 있다. 무엇보다도 환경은 영유아들에게 매력적이고 감각적으로 풍요하도록 구성하고 환란과 좌절을 줄일 수 있도록 배치하는 것이 중요하다. 교사는 영유아 놀이 및 문제 행동을 지속적으로 관찰하여 영역의 재배치를 위한 피드백으로 활용하여야 한다.

③ 영유아가 안정을 취할 수 있는 조용하고 개별적인 공간을 마련한다.

교실은 다른 영유아들과 함께 놀이하고 활동하는 즐거움을 주기도 하지만 심리적인 부담을 주기도 한다. 그러므로 영유아에게는 다른 영유아와의 접촉을 피하고 심리적 안정감을 갖고 편하게 쉴 수 있는 개별 공간이 필요하다(Gartrell, 2013).

영유아의 개별 공간은 친구와 놀이하는 장소가 아니며, 다른 영유아가 사용하고 있을 때 방해하지 않아야 하고, 활동중지(time-out) 공간으로 사용해서도 안 된다(Kostelnik et al., 2017; Marion, 2019). 또한 개별 공간은 방해받지 않고 휴식과 안정을 취할 수 있으며, 혼자 놀이를 즐길 수 있는 조용한 공간으로 운영되어야 한다.

④ 활동 및 놀이에 필요한 자료를 필요한 양만큼 비치한다.

어린 유아들은 놀잇감을 함께 사용할 경우 기다리지 못하며, 오래 기다리게 되면 흥미를 읽거나 방해하는 행동을 하기도 한다. 그러므로 영유아들에게 충분한 양의 놀잇감과 활동자료를 제공하는 것은 영유아들 간의 갈등을 줄일 수 있다. 일반적으로 영유아들에게 적합한 놀잇감이나 활동자료의 수는 영유아 전체 수의 2.5배가 필요하다(Kostelnik et al., 2017). 개별 활동 자료도 각자 쓸 수 있는 만큼 충분히 마련해 주고 교사가 관리해야 하는 것 외에 필요한 것은 일정한 장소에 비치하여 유아가 자율적으로 사용하도록 개방된 선반에 제시하는 것이 좋다. 이러한 경우 영유아의 좌절, 기다림, 갈등을 줄일 수 있다. 선반에 충분하게 비치하여 자율적으로 사용하도록 하여야 한다.

⑤ 영유아에게 제공되는 놀잇감이나 활동자료는 작동이 잘 되고 모든 요소들이 구비된 완전한 것이어야 한다.

만약 유아가 잘 들지 않는 가위를 사용해야 한다든지, 자전거 바퀴가 잘 굴러가지 않는다든지, 퍼즐 조각이 모자란다든지, 게임 판에 주사위나 말이 없는 경우에 유아는 좌절하게 되고 이는 화가 난 행동으로 나타나기 쉽다. 놀잇감과 활동자료들은 여러 명이 사용하고 오래 사용하게 되면 처음 제시했을 때의 상태를 유지하지 못하므로 교사가 지속적으로 상태를 점검하여 필요한 경우 수리하거나 교체 등을 해야 한다.

(2) 연령적 · 발달적으로 적합한 물리적 환경

영유아의 연령과 발달에 적합한 물리적 환경을 제공하고, 문제 행동을 발생시키는 환경을 변화시켜 줌으로써 영유아의 부적응 행동 발생 가능성을 줄일 수 있다. 영유아의 연령과 발달 차이에 따라 고려해야 할 물리적 환경 특성을 제시하면 다음의 〈표 7-1〉과 같다(양옥승 외, 1999; 지성애, 홍혜경, 2018; Gestwicki, 2016).

| 표 7-1 | 연령적 · 발달적으로 적합한 물리적 환경 특성

발달 시기	물리적 환경 특성
영아기	• 신뢰감과 애착을 형성할 수 있는 환경 - 일과에서 개별 영아의 차이 허용 - 개별적인 보육이 가능한 환경(놀이 공간과 먹고 자는 공간 분리, 낮은 교사 대 영아 비율 등) • 영아의 감각적 탐색 등의 발달적 요구를 충족시키는 환경 - 영아의 움직임을 허용하는 공간 - 기어 다닐 수 없는 아주 어린 영아들은 기어 다니고 움직일 수 있는 영아로부터 보호할 수 있도록 격리된 공간 - 영아 눈높이를 고려한 안전 점검
걸음마기	• 이동이 가능한 시기를 고려한 공간 - 다양한 물체를 탐색할 수 있는 공간 - 안전하고 자유롭게 움직일 수 있는 충분한 공간 • 자율적인 생활을 위한 기술을 쉽게 습득할 수 있는 환경 - 신체크기를 고려한 의자, 식기, 변기 등 장비

발달 시기	물리적 환경 특성
	• 병행놀이 시기에 적합한 놀잇감 제공 - 여러 세트의 같은 놀잇감 - 구체적인 형태의 놀잇감
유아기	• 세분화되고 융통성 있는 흥미영역 및 놀잇감 배치 - 발달 특성, 욕구, 흥미, 개인차 고려 - 사회적 상호작용과 학습 유형 고려 • 유아가 주도적인 느낌을 가질 수 있는 환경 • 안정적이고 질서가 있고 예측 가능한 환경 • 유아들의 갈등을 유발하는 환경(지나치게 자극적인 활동 자료, 너무 소음이 많은 활동들 등) 제거

| 그림 7-1 | 영아(0-12개월) 교실환경

| 그림 7-2 | 걸음마기 영아(12-36개월) 교실환경

| 그림 7-3 | 3세반 교실환경 사진

| 그림 7-4 | 5세반 교실환경 사진

영유아의 연령과 발달에 적합한 활동 및 놀잇감의 제공은 다양한 활동 및 놀이를 허용하고, 구체적 경험을 제공하며, 지속적인 흥미를 유지시킴으로써 영유아의 자발성과 자기조절력을 증진시킬 수 있다. 영유아의 발달에 적합한 활동 및 놀잇감을 제시하면 다음의 〈표 7-2〉와 같다(지성애, 홍혜경, 2018).

| 표 7-2 | 적합 · 부적합한 활동 및 놀잇감

적합한 활동 및 놀잇감	부적합한 활동 및 놀잇감
• 다양한 방법의 조작 및 활동을 허용하는 경우	• 정해진 방법으로만 활동해야 하는 경우
• 구체적 조작과 참여가 가능한 경우	• 교사의 도움이나 개입이 많이 필요한 경우
• 지속적인 흥미를 유지하는 경우	• 자주 싫증을 내는 경우
• 자립심과 자기조절력을 증진시키는 경우	• 시도하지만 자주 실패하는 경우

영아와 유아를 위한 놀잇감 유형과 개수 그리고 공간배치는 발달을 고려하여 다르게 제공되어야 한다. 예를 들어, 아주 작은 놀잇감은 영아에게는 삼킬 수 있는 위험을 초래할 수 있지만 더 나이든 유아에게는 창의성을 추구하는 도전적 구성놀이 도구로 사용될 수 있다.

(3) 긍정적인 행동 지원을 위한 물리적 환경의 운영

영유아의 부적절한 행동을 줄이고 기대되는 행동을 자율적으로 하도록 지원하기 위해 교사는 물리적 환경을 적절하게 운영하여야 한다. 이러한 물리적 환경 운영을 일과의 편성과 일과의 변경을 중심으로 살펴보면 다음과 같다(지성애, 홍혜경, 2018; Kostelnik et al., 2017).

① 일과의 편성

가. 일과를 자세하게 계획하고 점검한다.

영유아의 등원부터 하원까지 가능한 활동(자유놀이, 이야기 나누기, 간식, 정리정돈 등)을 모두 포함하여 일과를 계획한다. 일과는 대집단, 소집단, 개별 활동뿐만 아니라 영유아 주도 및 교사 주도 활동으로 균형 있게 계획하고, 영유아의 개인차를 고려하여 충분한 시간이 허용되어야 한다. 또한 좀 더 나이 든 유아들이 적어도 하루에 한 시간 정도는 방해받지 않고 놀이와 작업을 마칠 수 있도록 배려한다. 그리고 일과의 놀이와 활동을 위한 준비에 필요한 시간과 이를 누가 담당할 것인지를 정해 두는 것도 필요하다.

나. 영유아에게 하루 일과를 설명한다.

영유아들에게 사전에 하루의 활동이나 행사의 순서에 대해 이야기해 준다. 영아들의 경우 부모에게 일과에 대해 이야기해 주고, 더 나이든 유아에게는 직접 간단히 일과나 행사를 알려주고 부모에게도 안내하여 준비한 사항에 대해 협조를 구한다.

다. 활동 전이가 이루어지기 전에 영유아에게 미리 알린다.

영유아에게 활동 전이를 위해 준비할 시간적 여유를 주어야 한다. 예를 들어, "5분 있으면 정리할 시간이다"라고 말해 주거나 미리 약속된 신호(예: 종이나 악기소리)를 줄 수 있다. 이때 교사는 교사의 말이나 신호가 끝나자마자 영유아가 정리하기를 시작할 수 없음을 이해해야 한다.

라. 하루 일과에 약간의 조정이 필요하게 되면 그 변화를 영유아에게 미리 알린다.

영유아에게 일관성 있는 일과를 제공하는 것은 교실에서 일어나는 일을 예측하고 기대할 수 있어 안정감을 준다. 하지만 때로는 일과를 조정해야 할 필요가 생기기도 한다. 이러한 경우 영유아에게 상황을 미리 알려준다면 혼란을 줄일 수 있고 영유아의 협조를 구하기 쉽다.

마. 정기적으로 일과의 효율성을 점검한다.

일과 진행 후 3~4주가 지나면 평가를 해 보고, 그 후 매 3~4개월마다 일과를 평가·조정한다. 특히 처음 3~4주 동안에 관찰된 영유아의 긴장, 피로감, 지루함 등이 이후에도 지속된다면 일과나 활동내용, 공간 활용 등의 변경을 고려해 보아야 한다.

② 일과의 변경

교사는 일과를 변경하기 전에 왜 변경되어야 하는지를 분명히 알아야 하며, 동료교사들과도 공유하는 것이 필요하다. 일과가 변경되면 영유아에게도 이야기해 주고, 궁금한 것에 대해 질문하도록 격려하여 변경된 상황을 잘 이해할 수 있도록 도와야 한다. 교사는 일과의 변경이 영유아에게 혼란과 스트레스를 줄 수 있다는 것을 이해하여야 하며, 완전한 적응하기 위해서는 적어도 어린 유아에게는 3주 정도가 필요하고, 큰 유아도 여러 날이 필요함을 알고, 지속적으로 지도해야 한다. 또한 필요할 때마다 약간의 조정을 하며 그 결과를 모니터하고 변경된 일과를 평가하는 작업도 필요하다. 교사는 일과를 지도할 때 간단하고 분명한 언어를 사용하여야 하며, 반복적이며 시간이 걸리는 일임을 이해하여야 한다.

2) 영유아의 긍정적인 행동 지원을 위한 심리 · 정서적 환경과 운영

교실에서 영유아의 적절한 행동을 격려하기 위해서는 물리적 환경뿐만 아니라 심리 · 정서적 환경의 제공도 중요하다. 영유아의 긍정적인 행동을 지원하기 위한 심리 · 정서적 환경구성 원칙과 운영을 살펴보면 다음과 같다(지성애, 홍혜경, 2018; Gestwicki, 2016).

(1) 긍정적인 행동 지원을 위한 심리 · 정서적 환경구성 원칙

① 편안하고 즐거운 분위기를 조성한다.

영유아는 안전함과 편안함을 느끼며, 자유롭게 자신이 좋아하는 탐색이나 놀이를 할 수 있을 때 교사가 기대하는 적절한 행동을 한다. 영유아는 자신의 권리가 침해당할 때 교사에게 불평할 수 있고, 규칙 위반이나 위험한 행동과 같은 잘못된 행동을 자유롭게 말할 수 있어야 한다. 정당한 항의와 반항 그리고 잘못된 행동을 이야기하는 것과 고자질하는 행동은 구별되어야 한다. 영유아는 정당한 이의 제기나 항의에 대해 교사의 관용적인 태도를 경험함으로써 다른 사람에 대한 입장을 이해하는 능력을 키울 수 있고, 관대함과 용서를 배우게 된다. 또한 실수가 허용되고 부모나 교사가 든든한 지지자로 인식될 때 영유아는 성인의 요구도 잘 수용하여 바람직한 행동을 하게 된다.

② 경쟁보다는 협력적이고 상호 존중하는 교실을 만든다.

영유아를 경쟁하도록 하거나 다른 영유아와 비교를 통하여 교사가 원하는 행동을 하도록 하는 방법은 실제로 단기적이기는 하나 효과적이기도 하여 자주 사용된다. 그러나 영유아는 또래와 경쟁하게 되거나 비교될 때 스트레스를 느끼며 불편함이나 불쾌감을 갖게 된다. 그러므로 장기적 안목으로는 비교·경쟁을 유도하는 지도는 영유아들이 서로 보살피고, 양보하고, 배려하며, 협동하는 관계를 형성하지 못하도록 한다. 교사는 영유아가 존중됨을 경험하도록 하며, 힘을 정당하게 사용하고, 의사결정에 참여하는 기회를 줌으로써 상호 존중함을 가르칠 수 있다. 특히 영유아에게 선택을 허용하는 것은 힘을 공유할 수 있다는 것과 자신이 결정했다는 느낌을 경험하도록 하여 영유아의 도덕적·지적 자율성 발달을 도울 수 있다. 또한 영유아는 자신이 규칙 정하기에 참여하였을 경우 규칙을 더 잘 따르고, 규칙을 어기는 또래에게 더 적극적으로 규칙을 회상시킨다.

③ 긍정적인 교사의 기대와 분명한 지침을 설명한다.

영유아의 부적응 행동을 예방하기 위해서는 무엇이 교실에서 수용되고 기대되는 행동인지를 영유아에게 분명하게 전달하여야 한다. 일반적으로 교사는 영유아들이 알 것이라고 기대하지만 분명히 알지 못하는 경우가 많다. 따라서 교사가 어떤 행동을 기대하고 있으며, 왜 그렇게 해야 하는지에 대해 영유아들과 함께 분명히 이야기하는 것이 필요하다. 또한 교사는 영유아와 친밀한 라포(rapport)를 형성하여야 한다. 라포를 형성하는 것은 영유아가 교사의 기대에 적합한 행동을 하도록 만드는 데 중요하다.

영유아는 교실에서 기대되는 행동과 수용되는 행동을 알아야 하며, 이러한 행동 지침은 분명하고 단호하게 지켜져야 한다. 영유아가 행동지침을 분명하게 이해하고 일관성 있게 지속적으로 지키는 경험은 매우 중요하다. 여기서 교사의 엄격함과 단호함은 구별되어야 한다. 교사의 엄격함이란 행동의 통제가 교사에 의해 이루어지는 것을 의미하며, 단호함이란 제한된 자유를 허용함과 동시에 일관성 있게 적용되는 것을 의미한다. 교사의 일관된 행동이나 지도는 영유아가 상황을 예측할 수 있도록 도와주고 심리적 안정감도 주게 된다.

④ 영유아의 정서적 요구가 수용되는 교실을 만든다.

일반적으로 부정적인 감정은 부적응 행동으로 나타나며, 긍정적인 감정은 바람직한 행동의 결과로 나타난다. 예를 들어, 유아가 놀다가 화가 날 경우 장난감을 던지거나 싸우는 행동을 하게 되지만, 칭찬을 받거나 자신이 한 것이 인정받을 때는 다른 유아를 도와주거나 보다 여유있게 행동하는 것을 자주 관찰할 수 있다. 그러므로 효과적인 학급운영을 위해서는 영유아들이 긍정적인 감정을 경험하도록 돕고, 부정적인 감정을 바람직한 방법으로 해소할 수 있는 출구를 마련하는 것이 중요하다. 예를 들면 점토놀이, 그림 그리기, 펀치 백 치기 등의 놀이는 영유아의 긴장과 화난 감정을 파괴적이지 않은 방법으로 표출할 수 있도록 돕는다. 영유아들의 정서적 긴장과 갈등이 이러한 놀이를 통해 해소될 때 부적응 행동은 자연히 줄어들게 된다.

(2) 연령적 · 발달적으로 적합한 심리 · 정서적 환경

영아를 위한 심리 · 정서적 환경은 신뢰감과 안정된 애착관계를 형성할 수 있도록 영아의 요구를 존중하고, 영아의 반응에 민감하며, 밀접한 신체 접촉을 할 수 있으며, 지속적이고 일관된 보살핌을 받을 수 있는 환경이어야 한다.

걸음마기 영아를 위한 심리 · 정서적 환경은 혼자 걷고, 대소변도 가릴 수 있도록 하여 영아의 자율성을 키워주고, 영아들의 거부적인 행동이나 자아중심적 행동을 적절히 수용될 수 있어야 하며, 부모와 떨어질 때 보다 순조로울 수 있도록 배려하는 환경이어야 한다.

유아를 위한 심리 · 정서적 환경은 유아가 자신에 대한 정체감을 획득하고, 자신의 행동과 능력에 자신감을 갖고 주도해야 하며, 친구들과 밀접한 관계를 형성하고, 다른 사람의 입장을 배려할 수 있는 친사회적 행동이 격려되며, 스스로 자기통제를 배울 수 있는 환경이어야 한다.

이와 같이 영유아를 위한 심리 · 정서적 환경은 영유아의 연령과 발달을 고려하여 제공되어야 한다. 영유아의 연령과 발달 차이에 따라 고려해야 할 심리 · 정서적 환경의 특성을 제시하면 다음의 〈표 7-3〉과 같다(지성애, 홍혜경, 2018; Gestwicki, 2016).

| 표 7-3 | 발달에 적합한 심리 · 정서적 환경 특성

발달 시기	심리 · 정서적 환경 특성
영아기	• 신뢰감과 애착을 형성할 수 있는 일관된 보살핌 - 영아 요구 존중(영아 스케줄에 따른 보호/언어반응 · 눈 맞춤/낯선 것에 천천히 직면) - 민감한 반응(양방적 상호작용 이해/기질에 따른 영아의 반응 이해) - 신체접촉(교사 대 영아 비율 고려/친숙한 성인으로부터 지속적이고 일관된 보살핌/부모-교사 간 긴밀한 의사소통) • 영아의 부적응 행동에 대한 대처 - 주의 돌리기/상황 바꾸어 주기/유혹 제거하기 - 짧은 재지시 - 충분한 공간과 놀잇감 제공 - 기다리는 시간과 제한 최소화 - 존중받는 분위기 경험
걸음마기	• 자율성 증진을 돕는 환경 - 혼자 걷기 - 대 · 소변 가리기 - 영아용 식기, 변기 사용 등 독립적 행동 가능 환경 제공 - 안전한 환경에서 자유와 선택의 기회 충분히 허용 - "내가 할 거야."와 같은 시도를 지지하고 영아의 능력 밖의 일에 대해 도움주기 - 영아의 성취 인정하기 • 자아중심적 행동 적절히 수용 - 다른 영아와 공유하는 상황 줄이기

발달 시기	심리 · 정서적 환경 특성
	-크기가 큰 놀잇감으로 협동하는 경험 제공 -갈등상황 발생 전 재조정하기 - 영아들 스스로 갈등을 해결할 수 있는지 약간의 시간을 준 뒤 개입하기 - 교사가 영아와 함께 놀이에 참여하여 협력적인 행동모델 보여주기 -저항이나 거부 행동 적절히 수용 -필요한 경우 제한적 선택과 의문문(~할래?) 대신 지시문(~할 시간이다) 사용 -안전이나 건강 관련 사항은 통제 필요 • 분리불안 배려 -특별한 의식과정으로 주의분산하기(안아주기-말로 인사하기-손 흔들기)
유아기	• 자아정체감 형성을 돕는 환경 -집단, 문화, 성, 행동의 기준 내면화 -유아의 개별성에 관심과 가치를 두는 분위기 제공 • 자신감과 주도성 형성을 돕는 환경 -유아의 주도적 선택, 계획, 성취, 목적 있는 행동에 대한 가치 경험 -유아가 주도하고 책임질 수 있는 활동과 자료 제공 • 친밀한 또래관계 형성을 돕는 환경 -연합놀이에서 협동놀이까지 가능한 시기라는 점을 고려 -언어를 사용한 자기주장 훈련 • 친사회적 행동 강화 -협동놀이나 활동 제공 -도움을 청하도록 격려 -친사회적 행동 모델링하기 • 자기조절력 증진을 돕는 환경 -모델링이나 강화, 긍정적 진술, 적절한 제한 설정, 자연적 또는 논리적 귀결, 문제 해결을 위한 토의, 나-전달법, 활동 중지 등을 사용하기 -부모나 교사와 안정적이고 신뢰할 수 있는 관계 형성으로 유아의 정서조절 돕기 -적절한 감정 표출 자료 제공(펀칭볼, 점토 등) -감정 표현 어휘 및 기술 배우기

(3) 긍정적인 행동 지원을 위한 심리 · 정서적 환경 운영

영유아의 바람직한 행동을 지원하기 위한 심리 · 정서적 환경을 운영하기 위해 교사들이 기본적으로 고려하여야 할 사항은 다음과 같다(지성애, 홍혜경, 2018).

① 영유아의 개별성을 인정한다.

영유아들이 서로 다르다는 것을 인정하여야 한다. 이것은 영유아를 한 집단의 일원이기보다 개별적 존재로 인식하는 것이 중요하다는 것을 의미한다. 예를 들어, 대체로 부모나 교사는 3세 유아의 어떤 행동을 3세 연령집단의 일반적인 행동특성에 비추어 판단하고, 그 집단의 문화나 발달적 규준에 따른 고정관념으로 유아를 이해하게 되어, 그 유아의 개별적 특성이나 개인차에 대한 배려가 부족하게 되기 쉽다. 그러나 부모나 교사는 영유아의 개별적인 감정을 존중하고, 서로 다른 차이를 수용하는 모습을 영유아에게 보여주어야 한다. 특히 발달적으로 특별한 요구를 가진 영유아와 그렇지 않은 영유아가 함께 통합환경에서 서로 다름이 수용되는 경험은 더욱 중요하다.

② 친밀한 우정관계를 지원한다.

유아들이 친밀한 우정관계를 갖도록 도와야 한다. 유아들은 자신에게 특별한 친구를 통해서 서로 양보하는 것, 다른 유아와 관점이 다를 수 있다는 것, 남을 보살펴주는 것, 남을 보살펴주는 것, 남의 보살핌이나 도움을 받는 것, 서로의 의견을 조정하여 문제를 해결하는 등의 많은 것을 배우게 된다. 유아들 간 친밀한 우정을 형성하기 위해서는 선택을 허용하고, 유아와의 언어 상호작용과 자유로운 이동이 가능한 교실이어야 한다. 따라서 교사는 유아들이 함께 할 수 있는 놀이나 환경을 마련하고, 유아들을 짝지어 주거나, 효과적으로 놀이에 참여하는 기술과 의사소통 기술을 지도함으로써 우정을 형성하도록 도와줄 수 있다.

③ 성취감을 경험할 수 있는 기회를 제공한다.

영유아는 유아교육기관에서의 활동이나 놀이를 통해 성취감을 경험할 수 있어야 한다. 영유아의 자신감이나 성취감은 쉬운 과제보다는 약간 힘든 과제를 해냈을 때 더 의미 있게 획득된다. 하지만 영유아 개개인의 능력차이 때문에 모든 영유아에게 성취감을 경험하도록 하는 것은 쉬운 일이 아니다. 그러므로 교사는 개인차가 큰 과업일수록 개방적인 활동으로 제공하여 영유아가 각자 나름대로 성취감을 경험하도록 하며, 때로 폐쇄적인 활동도 제공하여 도전하는 기회를 마련해 주는 것도 필요하다.

④ 영유아에게 개별적인 관심과 인정을 보여준다.

영유아 개개인이 교사로부터 인정받고 있다는 것을 느낄 수 있어야 한다. 영유아 개개인에 대한 인정은 교사와의 개별적인 접촉을 통해 이루어진다. 특히 부모나 교사는 영유아를 평가할 때 개인 간 성취를 비교하기보다는 영유아의 이전과 이후에 대한 비교를 통해 영유아의 성장을 이해하려 할 때 각 영유아의 장·단점과 가치를 인정하기 쉽고, 영유아의 자신감과 성취감을 키워 줄 수가 있다는 점을 이해해야 한다. 부모나 교사의 개별적인 관심과 인정을 받고 있다고 느끼는 영유아는 관심을 끌기 위한 부적절한 행동을 하지 않게 될 것이다.

2. 영유아 생활지도 방법

영유아기는 기본생활습관이 형성되는 매우 중요한 시기이며, 이때 형성된 기본생활습관은 영유아기 이후의 삶에도 영향을 미칠 수 있다. 만약 이 시기에 올바른 기본생활습관이 형성되지 못하고 잘못된 생활습관이 고착되면 영유아의 성장과 발달에 부정적 영향을 미칠 수 있다.

최근 사회적 변화와 요구에 따라 유아교육기관에 다니는 영유아들의 연령이 낮아지고 유아교육기관에서 보내는 시간도 증가하고 있다. 이러한 현상은 유아교육기관에서의 생활지도는 주양육자인 부모 및 가족의 영향 못지않게 영유아의 안정적 발달을 위해서 중요한 역할을 하고 책임이 있다는 것을 의미한다.

유아교육기관에서의 생활지도를 기본생활습관 지도와 신입원아 적응지도를 중심으로 살펴보면 다음과 같다.

1) 기본생활습관 생활지도

(1) 기본생활습관 형성을 위한 지도

영유아기의 신체건강은 안전, 위생, 영양과 밀접한 관계가 있으며, 영유아기 이후 성인기의 신체 및 정신건강에도 영향을 미치기 쉽다. 영유아는 호기심이 많고 탐색의 욕구가 강한데 반해 상황 판단력이나 예측 가능성이 낮아 위험에 노출되기 쉬우므로 안전교육을 통한 안전습관 형성이 반드시 필요하다. 또한 영유아는 어린 시기부터 영양지식을 습득하고 바른 식습관을 안내받고 격려 받음으로써 바른 영양 습관도 길러야 한다. 영유아기에 형성된 올바른 기본생활습관은 일생을 건강하게 살아가는 방법으로 연결된다.

0~2세 표준보육과정과 3~5세 누리과정에 근거하여 영유아의 바른 기본생활습관 형성을 돕기 위해 유아교육기관에서 다룰 수 있는 건강, 안전, 위생, 영양습관 생활지도의 내용을 제시하면 다음의 〈표 7-4〉와 같다.

| 표 7-4 | 유아교육기관에서의 기본생활습관 지도

기본생활습관	생활지도 내용
건강습관	• 건강한 생활습관 본보기를 지속적으로 보여주기 • 규칙적으로 낮잠을 자고 적당한 휴식을 취할 수 있는 환경 제공하기 • 일과에 즐겁게 참여하고 건강한 일상생활 경험 제공하기 • 질병의 위험과 주의사항 알려주기 • 날씨에 맞는 옷 입기의 필요성 알려주기
안전습관	• 안전한 습관 본보기를 지속적으로 보여주기 • 안전교육 연간계획에 따라 관련 지식, 기능, 태도 지도하기(생활안전/재난안전/교통안전/폭력 · 신변안전/약물사이버중독/직업안전/응급처치 등) • 안전하게 놀이하도록 지도하기 • 환경오염이나 재해에 대해 알고 대처하도록 지도하기 • 위험상황에 대해 알고 대처하도록 지도하기 • 자신과 타인의 생명을 존중하도록 지도하기 • 사고예방 및 대처를 일상에서 반복하여 지도하기

기본생활습관	생활지도 내용
위생습관	• 청결한 습관 본보기를 지속적으로 보여주기 • 자신의 몸을 깨끗이 하도록 지도하기 • 화장실 사용방법을 안내하기(변기사용, 물 내리기, 뒤처리, 손 씻기 등). • 콧물, 침 같은 분비물을 위생적으로 처리하는 방법을 알려주기 • 일과 속에서 주변을 정리정돈하도록 안내하기 • 손 씻기 중요성을 안내하고, 손 씻기 순서를 세면대에 게시하기 • 규칙적으로 이 닦기를 실시하며, 이 닦기 순서를 세면대에 게시하기
영양습관	• 올바른 식습관 본보기를 지속적으로 보여주기 • 영양교육 관련 계획에 따라 자유놀이, 대·소집단 활동, 관련기관 탐방, 전문가 초청 진행하기 • 음식 섭취의 중요성 등 영양지식 알려주기 • 간식과 식사 등 올바른 영양 섭취를 일과 속에서 지도하기 • 다양한 음식을 맛보고, 올바른 식사태도를 갖추도록 지도하기(규칙적으로 식사하기, 골고루 적당 양 먹기, 새로운 음식 먹어보기, 음식을 소중히 다루기 등)

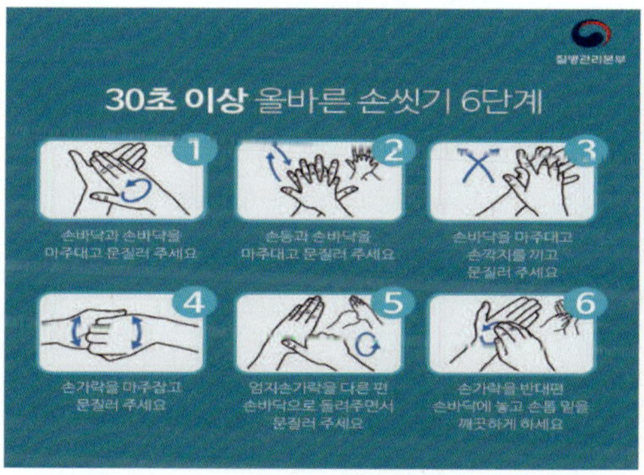

| 그림 7-5 | 30초 이상 올바른 손씻기 6단계

출처: 질병관리본부

| 그림 7-6 | 손씻기 6단계 포스터 보며 손씻기

(2) 일과 운영을 통한 기본생활습관 지도

영유아들은 유아교육기관에서의 일과 중 일어나는 다양한 경험과 활동 및 놀이를 통해 생활지도 개념을 점차 내면화할 수 있다. 그러므로 교사들은 일과를 계획하여 운영하면서 영유아들을 주의 깊게 관찰하여 생활지도 상황이 발생하였을 때 즉시 적절한 안내와 지원을 제공하여야 한다. 영유아 생활지도는 등원, 간식, 자유놀이, 정리

· 정돈, 바깥 놀이 등의 일상적인 모든 일과 운영 중 이루어져야 한다. 건강습관, 안전습관, 위생습관, 영양습관 등의 기본생활습관 지도도 일과와 통합되었을 때 가장 효과적으로 수행될 수 있다. 유아교육기관의 일과 시간에 따라 다룰 수 있는 기본생활습관 생활지도 내용의 예시를 제시하면 다음의 〈표 7-5〉와 같다.

| 표 7-5 | 일과 시간에 따른 기본생활습관 지도

일과	기본생활습관 지도	
등원	• 일찍 자고 일어나기 가정연계 지도하기 • 스스로 등원 준비하기 • 등원 안전지도하기: 교통규칙 지키기, 버스 승·하차지도	• 친구와 선생님께 바르게 인사하기 • 부모 메시지 전달하기 • 자신의 소지품 정리하기
이야기 나누기	• 바른 자세로 앉기 • 의자 바르게 사용하기	• 발표할 때 바른 자세로 정확하게 말하기 • 다른 사람 이야기 잘 들어주기 • 언어 예절 지키기
자유놀이 및 정리정돈	• 스스로 놀이나 활동 선택하기 • 친구들과 함께 활동하기 • 다른 친구 방해하지 않기	• 교구 바르게 사용하기 • 교구 제자리에 정리하기 • 조용한 걸음으로 걷기
놀이 평가	• 다른 친구 발표 경청하기	• 활동 결과물 발표하기
집단 활동	• 규칙 함께 정하기 • 자신의 생각 표현하기 • 적절한 목소리로 발표하기	• 방해하는 행동 주의하기 • 친구의 표현을 긍정적으로 수용하기
간식 및 점심	• 식사예절 지키기 • 사용한 식기구 정리하기 • 골고루 먹기	• 먹을 만큼 덜어 먹기 • 손 씻기 • 감사하는 마음 갖기
화장실 가기	• 올바른 손 씻기 순서 따르기 • 올바른 양치 순서 따르기	• 배변 조절하기 • 화장실 사용 규칙 지키기 • 휴지 적당량 사용하기
실외활동	• 안전하게 놀이하기 • 놀이 규칙 지키기 • 주변 환경 깨끗이 하기	• 동식물 보호하기 • 대근육 신체활동하기 • 실외 활동 후 손 씻기

일과	기본생활습관 지도	
낮잠 및 휴식	• 낮잠을 자는 이유 알기	• 잠자는 친구를 방해하지 않고 휴식 취하기
평가 및 귀가	• 스스로 자신의 일과 평가하기 • 친구 칭찬하기 • 친구와 선생님께 바르게 인사하기	• 가정통신문과 소지품 챙기기 • 교통규칙 지키기 • 부모님께 인사하기

| 그림 7-7 |
교구 제자리에 정리하기

| 그림 7-8 |
적절한 목소리로 발표하기

| 그림 7-9 |
감사하는 마음 갖기

(3) 물리적 환경 운영을 통한 기본생활습관 지도

유아교육기관의 물리적 환경구성에 기본생활습관 관련 요소를 포함하여 영유아 생활지도를 할 수 있다. 예를 들어, 복도나 계단 이용 시 도움을 주는 표시(예: 발모양 스티커), 인성 및 기본생활습관 관련 게시물(예: 인사하기, 손씻기 그림), 놀이 시설 사용 안내표지 등을 물리적 환경에서 제공하면 영유아들은 자연스럽게 적절한 기본생활습관을 형성할 수 있을 것이다. 또한, 흥미 영역에 기본생활습관 관련 활동을 제시하여 영유아들이 자율적으로 기본생활습관 관련 개념을 습득하도록 도울 수 있다. 예를 들어, 조작 영역에 기본생활습관 훈련 교구와 규칙이 있는 게임, 언어 영역에 기본생활습관 관련 도서를 제공할 수 있다.

2) 신입원아 적응지도

유아교육기관에서 주로 나타나는 신입원아의 학기 초 부적응 행동으로는 등원거부, 배변활동 부적응, 집단 활동 방해를 들 수 있다. 이러한 부적응 행동의 원인과 지도 방법을 살펴보면 다음과 같다.

(1) 등원거부

영유아가 유아교육기관에 처음 오거나 새로운 장소를 낯설어하는 경우 등원을 거부할 수 있다. 이러한 행동은 일반적으로 학기 초에 잠시 나타났다 자연스럽게 없어지기도 하지만 심한 경우에는 한 달 이상 지속되는 경우도 있다. 등원을 거부하는 영유아는 유아교육기관이 싫어서라기보다 엄마와 분리된다는 막연한 불안감 때문인 경우도 많다.

교사는 처음부터 지나친 접촉을 시도하기보다 영유아에게 서서히 다가가 다정하게 인사하고 세심한 관심을 보임으로써 영유아가 점차 교사를 신뢰할 수 있도록 해야 한다. 엄마와 떨어지지 않으려는 영유아의 경우에 초기에는 공용공간이나 교실에서 엄마와 함께 머물 수 있도록 하며, 이후 서서히 그 시간을 줄여가는 단계적인 분리를 실시하도록 한다. 점차 영유아가 유아교육기관에 적응하게 되면 부모와 교사 모두 지속해서 영유아를 충분히 격려해 주도록 한다. 또한, 교사는 부모에게 유아교육기관에서의 활동이나 놀이를 미리 알려주고 부모가 자녀와 이야기 나누도록 하여 영유아의 호기심과 기대감을 높여줄 수 있다. 이를 통해 영유아의 자발적인 등원이 일어날 수 있다.

| 그림 7-10 |
등원시간에 유아를 반갑게 맞이하는 교사

| 그림 7-11 |
유아를 도와주며 신뢰를 형성하는 교사

(2) 배변 활동 부적응

영유아가 불안한 마음 때문에 낯선 장소인 유아교육기관의 화장실에서 대변을 보지 못하는 경우가 있다. 이러한 경우 가정과 연계하여 영유아가 가정에서 일찍 일어나 대변을 본 후 등원하도록 안내하도록 한다. 만약 영유아가 유아교육기관의 화장실에서 대변을 보는 것을 두려워하는 경우 영유아에게 왜 두려운지에 대한 이유를 물어보고, 그에 따른 해결 방안을 함께 찾아보도록 한다. 예를 들어, 화장실 문을 열고 닫는 등 화장실 사용하는 방법이 어렵다면 교사가 모델링을 제공하고 영유아가 익숙해질 때까지 연습할 수 있는 기회를 줌으로써 적응을 도울 수 있다.

(3) 집단 활동 부적응

영유아가 집단 활동을 처음 경험하는 경우 자기 통제력이 부족하여 교사의 말을 듣지 않고 마음대로 하는 경우가 있다. 이러한 경우에는 방해가 된다고 유아를 무조건 격리시키기보다는 먼저 상황에 따라 어떤 행동을 해야 하는지를 알도록 하는 것이 필요하다. 이후 약속이나 규칙을 정하여 실행하도록 하고, 만약 격리가 필요하다면 유아가 무엇을, 어떻게 하면 다시 활동에 참여할 수 있는지에 대해 사전에 알려주어야 한다.

영유아의 공격적 행동으로 인해 격리가 필요한 경우 교사는 단호한 목소리와 표정으로 영유아가 자신의 잘못된 행동을 스스로 인식하도록 한 후 '활동중지' 방법에 유의하여 다른 장소로 분리시킨다. 공격적 행동이 사라진 후 영유아가 나타내는 바른 행동에 대해 칭찬함으로써 바른 행동을 강화할 수 있다.

자기 생각을 잘 표현하지 않거나 진지한 의사소통을 하지 않는 영유아들의 경우 자신을 표현하는 방법을 알지 못해서인지 확인해 보아야 한다. 이러한 경우 교사는 자신을 표현하는 방법을 모델링을 통해 보여주고, 영유아의 사소한 표현에도 격려를 해줄 필요가 있다. 그 외에도 영유아는 무엇인가를 숨기고 싶어하는 경우나 주변의 관심을 끌고 싶어서 부적절한 행동을 보일 수 있다. 이와 같이 영유아들은 같은 방식으로 표현하더라도 상황에 따라 원인이 다를 수 있음을 알고 개별 유아에 적합한 생활지도를 수행해야 한다.

본 장에서는 영유아의 바람직한 행동을 유도하는 환경구성과 유아교육기관에서의 영유아 생활지도 방법에 대해 살펴보았다. 영유아를 둘러싼 환경은 영유아의 행동을 설명할 수 있는 중요한 요소이다. 그러므로 교사는 교실 구성 원칙을 고려하고, 연령과 발달에 적합한 환경을 구성하여 운영함으로써 영유아의 문제 행동을 줄일 수 있다. 영유아의 바람직한 행동을 유도하기 위해서는 물리적 환경뿐만 아니라 심리 · 정서적 환경의 구성과 운영도 매우 중요하다. 또한, 교사는 일과 운영을 통해 영유아의 건강 · 안전 · 위생 · 영양습관을 포함하는 기본생활습관 및 인성을 지도할 수 있다. 따라서 교사는 유아교육기관에서 연령과 발달에 적합한 물리적 환경과 심리 · 정서적 환경을 구성하고, 영유아들이 놀이하고 생활하는 모든 공간과 시간 동안 영유아의 생활을 지도할 수 있는 방법을 모색하여야 할 것이다.

Chapter

08

가정 및 지역사회와 연계 방법

영유아 생활지도를 위해 영유아에게 직·간접적인 영향을 미치는 가정 및 지역사회와 유아교육기관의 연계를 통한 협력은 매우 중요하다. 따라서 본 장에서는 부모와의 협력의 중요성을 이해하고, 부모상담 개념, 부모상담 운영과 가정 및 지역사회 연계 방안을 살펴봄으로써 영유아 생활지도에 부모상담을 적극적으로 활용하고, 가정 및 지역사회와 협력할 수 있는 방안을 모색하고자 한다.

1. 부모상담

1) 부모와의 협력의 중요성

일상적인 대화를 넘어선 공식적인 부모-교사 상담은 개인적인 친밀감을 형성하는 계기가 될 수 있으며, 영유아를 가장 잘 알고 있는 부모와 교사 간 정보 교류는 영유아를 체계적으로 이해할 수 있게 한다. 개별적으로 이루어지는 부모상담은 심층적 접근이 가능하며, 때로 상담 내용은 영유아의 부적응 행동을 다루는 전략의 일환으로 활용될 수 있다(유효순, 지성애, 2004). 애착형성의 주 대상이자 가장 친숙한 관계를 유지하는 부모의 태도는 영유아의 부적응 행동과 밀접한 관계가 있으며, 부모 양육태도의 변화로만으로도 영유아 부적응 행동의 상당 부분이 소거될 수 있다(박은혜 외, 2010).

영유아 부적응 행동을 해결하는 일반적인 방법으로 행동관찰을 근거로 영유아행동을 직접 변화시키거나 주변 상황을 변화시켜 주는 방법을 들 수 있다. 때로는 전문가가 제시한 부적응 행동 지도 방법도 개별 영유아에게 적합하지 않을 수 있다. 한 가지 문제 행동 지도 방법이 모든 영유아의 특정 문제 행동을 지도하는 데 가장 효과적인 방법일 수는 없으므로 부적응 행동을 지도하기 위해서는 개별 영유아의 행동 유형과 특성에 적합한 방법을 모색해야 한다. 개별 영유아의 행동 유형과 특성은 교사와 부모 간 대화를 통해 잘 파악할 수 있으며, 부적응 행동 해결방안도 교사와 부모 간 협력으로 가장 쉽게 접근할 수 있을 것이다.

영유아의 부적응 행동이 특정 시기에 특정 행동으로 시작되었다면 그 원인을 파악하고 제거함으로써 효과적인 지도를 할 수 있다. 하지만, 이러한 시도에도 불구하고 부적응 행동이 지속된다면, 전문가를 통해 영유아의 신체 · 정서 또는 지적인 문제를 확인해 보아야 한다. 심각한 발달 지연, 신경성 질병, 과잉행동 · 주의력 결핍장애, 의사소통 장애 등의 행동을 변화시키기 위해서는 전문적 진단과 치료가 반드시 필요하다. 하지만 전문적 진단과 치료가 필요한 경우가 아닌데도 불구하고 교사가 통제할 수 없는 행동이 지속된다면, 교사는 부모와 협력을 통해 부적응 행동 해결책을 찾아야 한다. 또한 해결되지 않는 상황을 부모와 공유하는 것은 매우 중요하다. 영유아와 일대일로 많은 시간을 보내는 부모가 교사와 일관된 태도로 영유아의 부적응 행동을 지도함으로써 영유아는 어떻게 행동해야 하는지를 보다 신속하고 명확하게 인식할 수 있다. 교사와 부모는 상담을 통해 함께 대화함으로써 영유아의 부적응 행동에 대한 문제의식을 공유하고 일관성 있는 태도로 영유아를 대할 수 있게 된다. 이렇듯 영유아의 행동을 변화시키기 위해서는 부모-교사의 상호 협력이 절대적으로 필요하며, 교사는 부모와의 상담을 통해 부모에게 영유아의 부적응 행동을 다루는 방법을 지원하여야 한다.

2) 부모상담 개념

상담은 전문적인 지식과 기능을 가진 상담자가 내담자로 하여금 자신이 처해 있는 입장과 환경을 이해하여 합리적인 의사결정을 내리고, 적절한 행동을 실행할 수 있도록 돕는 활동이며, 상담의 목표는 내담자가 자신의 잠재력을 최대한 발휘하도록 도와줌으로써 일상생활에서 보다 건강하고 행복한 삶을 누릴 수 있도록 하는 것이다(오만록, 2017). 유아교육기관에서의 부모상담은 교사와 부모가 협력하여 영유아를 지도하기 위한 가장 적극적인 의사소통 방법이다. 교사와 부모 간에 신뢰감을 형성하고 영유아에 대한 정보를 서로 교환하여 문제 행동을 사전에 방지하거나 원인을 파악함으로써 문제 해결을 위한 합리적인 의사결정에 도달한다(김명연, 2014; 서은주, 2016). 이를 통해 영유아에게 보다 적절한 환경과 행동을 제공하고 부모와 영유아 모두 자신의 잠재력을 최대한 발휘하여 일상생활에서 더욱 행복한 삶을 누리도록 도울 수 있다.

유아교육기관에서는 부모상담을 계획에 의해 또는 필요한 경우 실시하며, 유아교육기관의 프로그램, 영유아의 발달과정 및 주변 환경 등에 기초한 정보를 교류한다. 이러한 부모상담은 교사와 부모의 영유아 이해 능력을 증진시킴으로써 영유아 발달에 긍정적 영향을 미친다.

3) 부모상담 기본원리 및 방법

(1) 부모상담을 위한 기본원리

교사는 평소에 부모들에 대해 잘 이해하고, 신뢰감을 형성하여 좋은 관계를 유지해야 한다. 부모상담 계획과정에서는 영유아의 부적응 행동을 구체적으로 파악하고, 부적응 행동을 관찰하여 기록한 자료를 준비해야 한다. 이를 활용하여 영유아의 부적응 행동을 부모가 분명하게 인지하도록 명확하게 진술하고, 상담계획을 구조화와 재구조화하며 구체적으로 수립하여야 한다. 또한 영유아의 부적응 행동 지도 방법에 대해 상담을 통해 부모의 동의를 얻어야 한다. 유아교육기관에서의 부적응 행동 지도를 위한 부모상담은 일반적으로 다음의 과정으로 진행한다(유효순, 지성애, 2002).

① 동료 교사들과 함께 부모상담을 계획하며, 상담 시 부모가 선택할 수 있도록 한 가지 이상의 지도 방법을 제공한다.
② 영유아의 장점과 좋은 습관에 대해 부모에게 지속적으로 이야기한다.
③ 부모에게 자녀에 대한 주요한 관심 사항과 부적응 행동의 원인이 무엇이라고 생각하는지에 대해 물어 본다.
④ 담임교사와 동료 교사들이 지각하는 영유아의 부적응 행동을 진술하고, 지도 방법과 부적응 행동이 해결될 수 있다는 확신을 가지고 상담에 임한다.
⑤ 부적응 행동에 영향을 줄 가능성이 있는 가정 내 문제 요인들을 알아본다.
⑥ 협조적인 부모의 경우, 영유아의 부적응 행동을 해결하기 위한 가정환경 변화 방법을 함께 모색한다.
⑦ 비협조적인 부모의 경우, 정서적으로 지지하며 부모교육과 부모 참여 프로그램에 초대한다.
⑧ 필요한 경우, 상담기관 등 지역사회에서 부모에게 도움을 줄 수 있는 기관을 활용하고, 영유아 행동 지도를 위한 적절한 책을 소개한다.
⑨ 유아교육기관과 가정에서 함께 지도할 영유아 행동 지도 방법을 반복하여 재확

인한다.

⑩ 영유아의 장점과 좋은 특성을 다시 이야기하며 긍정적으로 마무리한다.

무엇보다 부모상담시 중요한 것은 부모나 교사 모두 영유아의 안녕을 위해 노력하고 있음을 서로 인정하고, 협력하는 태도를 갖도록 하는 것이다. 부모-교사 간 한두 번의 상담으로 영유아의 행동 변화를 기대할 수는 없을 것이다. 따라서 영유아에 대한 신뢰와 애정을 갖고 지속적인 부모-교사 협력 체제를 강화하고 노력하는 자세가 이어질 때 영유아의 행동 변화가 가능할 것이다.

(2) 부모상담 시 고려해야 할 사항

유아교육기관에서 부모면담 계획 시 고려해야 할 기본사항은 다음과 같다(유효순, 지성애, 2004).

첫째, 부모와 교사의 의견을 반영한 면담 시간을 선정하여야 한다. 필요에 따라 면담 대상에는 부모뿐만 아니라 수양육사 역할을 하는 가족이나 다른 친척까지 포함할 수 있다. 또한, 기관에서도 면담을 실시하는 담임교사만이 영유아에 관한 모든 지식과 상황을 아는 유일한 사람이 아니며, 면담 전후에 원장, 보조교사 등 기관 내 다른 구성원들과 정보를 공유해야 한다.

둘째, 면담 장소는 부모와 교사에게 안락함을 주는 조용하고, 개인적인 공간이어야 한다. 편안한 성인용 의자와 테이블, 외부와 분리될 수 있는 공간, 면담 중 방해 금지 안내 표지, 필기구와 간단한 음료 등이 필요하며, 교사들은 부모에게 면담 사항은 비밀이 유지될 것이라는 인상을 전달해야 한다.

셋째, 교사는 면담의 목표를 설정하고, 각 목표를 위한 계획을 세워야 한다. 일반적인 면담 목표는 객관적인 관찰 및 검사자료를 활용하여 영유아의 전반적인 발달상황정보를 공유함으로써 부모가 객관적인 방법으로 영유아의 행동을 이해할 수 있도록 돕는 데 있다.

(3) 부모상담 방법

부모면담을 성공적으로 수행하기 위해서는 친밀한 관계(rapport) 형성을 기초로 다음과 같은 면담전략을 고려하여야 한다(유효순, 지성애, 2004).

첫째, 면담이 이루어지는 동안 부모가 편안함을 느끼고 긴장을 풀 수 있도록 도와야 한다. 간단한 음료를 제공하고, 부모의 면담 참여에 대한 인정과 지지 그리고 감사함을 표현해야 한다. 부모에게 인간적으로 접근하는 것은 면담에 대한 두려움을 감소시킬 수 있다.

둘째, 영유아에 대한 대화를 시작할 때, 긍정적인 언급부터 시작해야 한다. 교사가 영유아를 좋아하며, 인정하고 있음을 부모에게 표현한다면, 부모의 면담에 대한 두려움은 줄어들 것이다.

셋째, 개방적인 질문을 활용하여 부모참여를 격려해야 한다. 교사는 계획된 목표를 가지고 면담에 임하더라도, 부모와의 동반자적 역할에 대한 원칙을 항상 염두에 두고 면담을 진행하여야 한다.

교사가 부모 면담을 성공적으로 실시하기 위해 사용할 수 있는 전략을 제시하면 다음의 〈표 8-1〉과 같다.

| 표 8-1 | 성공적인 부모 면담을 위한 전략

1. 교사는 부모가 편안함을 느끼도록 솔선수범한다.
2. 처음에 긍정적인 대화로 시작하고 끝낼 때도 긍정적인 면을 말한다.
3. 대화는 주고-받기 패턴 형식으로 지속하고, 교사의 질문과 숙고적인 듣기를 통해 면담을 촉진한다.
4. 논의된 내용과 취해야 할 행동을 다시 요약해서 말한다.

출처: 유효순, 지성애(2004: 308)

(4) 부모상담 시 피해야 할 사항

부모와의 상담 시 교사가 인식하고 피해야 할 사항은 다음과 같다(유효순, 지성애, 2004).

첫째, 부모가 이해하기 어려운 전문용어 사용에 유의해야 한다.

둘째, 교사는 스스로를 상담 전문가로 설정하지 않고 동반자적 관계를 형성해야 한다.

셋째, 영유아의 능력에 대한 비판적이거나 부정적인 발언에 유의한다.

넷째, 면담 중 인간적인 접근을 해야 하지만, 한편 상담자로서 전문가적 태도를 지녀야 한다. 상담 중 다른 영유아나 부모에 대한 이야기나 현재 논의되고 있는 사항과 거리가 먼 개인적인 질문은 하지 않아야 하며, 만약 부모가 개인적인 문제를 이야기한다면 단지 지지하며 들어주고, 가족 간 갈등에서는 중립을 유지해야 한다.

다섯째, 부모가 원하지 않는 충고를 하지 않아야 한다. 교사의 충고는 오히려 부모와의 거리를 멀어지게 할 수 있다. 교사의 역할은 부모가 문제 해결을 위해 앞으로 나아갈 수 있는 지점을 부모 스스로 확인하도록 도와주는 것이다.

여섯째, 성급한 해결책 제시를 피해야 한다. 제한된 상담 시간 동안 결론에 도달하기 어려우며, 부모와의 생각이 다르다거나 해결책에 도달하지 못하였다고 상담이 실패한 것은 아니다. 성공적인 상담은 갈등뿐만 아니라 다양한 시각을 수용하고 의사를 교환하는 것이다.

(5) 부모상담 평가

부모상담 이후 평가 과정으로 교사는 상담기록일지, 자기반성 및 체크리스트를 작성하며, 불참한 부모를 파악하여 후속 조치를 취하도록 한다. 유아교육 전반에서 평가와 피드백은 매우 중요하다. 부모상담 이후 부모로부터 얻은 새로운 정보와 상담 내용을 요약하여 개별 영유아에게 적용하는 과정이 반드시 진행되어야 한다. 특히 영유아의 부적응 행동으로 인해 부모상담을 실시할 경우 상담의 목적을 달성하기 위해서는 상담 이후 부모와 지속적으로 교류하며 영유아의 행동을 바람직한 방향으로 지도하는 데 교사와 부모가 함께 노력해야 한다. 또한, 교사와 부모 모두에게 보다 효과적인 상담을 수행하기 위해서 교사는 부모상담 과정에 대한 자기평가를 수행할 필요가 있다. 부모상담 과정에 대한 교사의 자기평가 예시를 제시하면 다음의 〈표 8-2〉와 같다.

| 표 8-2 | 부모상담 관련 교사 자기평가

1. 부모를 대화에 적극 참여하도록 노력하였는가?
2. 부모에게 충분히 상세한 정보를 제공하였는가?
3. 상담의 시작부터 마무리까지 긍정적 태도를 지녔는가?
4. 상담하는 동안 부모와 나는 편안함을 느꼈는가?

출처: 유효순, 지성애(2004: 312)

2. 가정 및 지역사회와의 연계 방안

1) 가정과의 연계를 통한 지도

영유아의 효과적인 생활지도를 수행하기 위해서는 발달 특성상 무엇보다 가정과의 연계가 필수적이다. 유아교육기관에서는 가정의 역할에 대한 중요성을 인식하고 가정과 적극적으로 협력하면 생활지도의 시너지 효과를 극대화할 수 있을 것이다. 영유아를 위한 생활지도는 가정과 교사 간의 동반자적 관계 기초로 할 때 효과를 얻을 수 있다(Gartrell, 2013).

일반적으로 영유아에게 영향을 미치는 사람은 어머니, 아버지, 유아교사 순이며, 영유아의 삶에서 때론 부모보다 의미 있는 성인들이 있을 수 있다. 가정에서 영유아를 직접 돌보는 부모 혹은 가까운 성인인 양육자는 영유아의 기본생활습관 형성에도 많은 영향을 미친다. 또한, Bronfenbrener의 생태체계이론에서 제시하는 미시적 환경 중 가장 큰 영향을 미치는 부모와 가정환경 그리고 유아교육기관 교사 간의 밀접한 연계는 중간체계를 굳건하게 함으로써 영유아 발달에 매우 긍정적인 영향을 미칠 수 있다. 가정과 연계를 위해서 교사는 개별 가정의 상황과 문화적 차이를 이해하고 가족의 경험을 개방적으로 수용하는 태도를 가져야 한다.

특히, 기본생활습관은 가정과 유아교육기관에서 일관성 있고 연계적인 생활지도가 수행될 때 가장 효과적이고 긍정적으로 형성되어질 수 있다. 유아교육기관은 기본생활습관 연간계획을 수립하고 이를 가정과 연계하여 지도하여야 한다. 유아교육기관은 가정과 연계하여 생활지도를 운영하는 방법으로 홈페이지 및 블로그와 가정통신문에 생활지도 관련 자료를 탑재하여 간접적으로 교육할 수 있다. 또한, 부모참여 및 부모교육 프로그램을 활용하거나 원아수첩, 전화와 문자, 가정 방문 등 직접 상담을 통하여 생활지도 관련 사항을 공유하며 협력할 수 있다. 대부분의 유아교육기관에서 실시하고 있는 가정연계 생활지도 프로그램을 제시하면 다음의 〈표 8-3〉과 같다.

| 표 8-3 | 생활지도를 위한 가정 연계 프로그램 예시

구분	가정 연계 프로그램 예시
인성교육	• 학부모 인성교육 이해 안내문 발송 • 인성관련 학부모 동아리 운영 • 학부모대상 인성관련 연수(유아교육기관, 유아교육진흥원 시행) • 밥상머리 교육/존댓말 사용 실천
가정연계 방법	• 홈페이지/블로그/SNS 등을 활용한 생활지도 관련 자료 공유 • 부모참여와 면담 • 전화/문자/가정방문

(1) 부모교육

연간 부모교육계획에 영유아 생활지도 관련 내용을 포함하여 부모교육을 실시함으로써 부모들이 유아교육기관에서의 생활지도의 원리와 방향을 이해하도록 한다. 또한 이를 통해 부모들이 가정과 유아교육기관 간 연계 생활지도의 중요성을 이해하고 부모교육에서 익힌 영유아 생활지도 방법을 자신의 자녀에게 가정에서 실천할 수 있도록 한다.

(2) 가정통신문/홈페이지

연간 부모교육계획, 생활주제 혹은 사회문화적 요구를 반영하여, 부모와 자녀가 함께할 수 있는 활동이나 놀이를 제공하거나 부모에게 도움을 주는 생활지도에 관한 조언, 유아교육기관에서 이루어지는 활동에 대한 안내와 협조 등을 가정통신문과 홈페이지에 탑재하여 전달한다.

(3) 부모면담

연간 부모교육 계획과 전화 혹은 방문 등 상시적인 부모면담의 기회를 안내하고, 영유아 개개인이 지니고 있는 문제점과 생활지도 방법 등에 대하여 영유아의 결과물, 관찰기록 등 구체적 자료를 준비하여 부모들과의 상담 및 협의를 실시하고 해결방법을 모색할 수 있다. 유아교육기관에서 일반적으로 활용되고 있는 간략한 상담기록지 예시를 제시하면 다음의 〈표 8-4〉와 같다.

| 표 8-4 | 상담기록지

상담일시	유아이름	상담내용	상담방법	비고

(4) 관찰기록

유아교육기관과 가정에서 나타나는 영유아의 활동이나 놀이, 태도 등을 관찰하고 기록함으로써 영유아행동의 연속성을 파악하여 영유아를 객관적으로 평가할 수 있으며, 이를 근거로 가정과 연계한 생활지도를 실시할 수 있다.

2) 지역사회와의 연계를 통한 지도

지역사회는 부모와 영유아의 요구를 수용할 수 있는 역동적이고 풍부한 자원을 가지고 있다(Morrison, 2018). 영유아 생활지도를 위해 유아교육기관은 풍부한 지역사회 자원을 활용하여 지역사회와 공동의 관심사와 책임감을 가지고 협력할 수 있다. 유아교육기관에서의 생활지도는 일반적으로 교사의 노력으로 개선되기 쉬운 부분이 많다. 하지만 문제 발생 빈도나 수준에 따라 개인 상담이나 임상치료를 요구하거나 교사 혼자 힘으로 해결하기 어려운 전문상담이 필요한 경우가 있다. 이러한 경우 상담 전문 지원요청이나 지역사회 전문 상담기관에 의뢰하여 부모, 전문 상담사 그리고 교사가 함께 협력하는 체제로 영유아의 부적응 문제를 해결하여야 한다.

유아교육기관은 지역사회 정신건강센터의 영유아 대상 정신건강 프로그램, 한국국학진흥원의 영유아 인성함양을 돕는 이야기 할머니 프로그램, 교통문화연수원의 교통안전 교육지도, 보건소 연계 위생교육, 지역사회 환경과 연계한 녹색성장교육 등 다양한 지역사회프로그램에 참여함으로써 보다 흥미롭고 실천적인 생활지도를 실시하고 영유아의 문제 행동을 사전에 예방할 수 있다. 유아교육기관에서 실시하고 있는 생활지도를 위한 지역사회 연계 프로그램의 예시를 제시하면 다음의 〈표 8-5〉와 같다.

| 표 8-5 | 생활지도를 위한 지역사회 연계 프로그램 예시

관련 영역	지역사회 연계 프로그램 예시
인성	• 지역 노인문화관 연계 예절교육 및 공연 교류 • 이야기할머니 프로그램
환경	• 지역사회 친환경 생태체험 • 자연보호 활동 등 녹색성장교육
안전	• 지역사회 교통문화 연계 프로그램 • 지역사회 소방서 연계 프로그램
건강 · 위생	• 지역사회 정신건강센터 연계 프로그램 • 지역사회 보건소 및 병의원 연계 청결 및 위생지도 프로그램
영양	• 지역급식센터 연계 식습관지도 프로그램

| 그림 8-1 |
지역사회 이야기 할머니 연계 인성 프로그램

| 그림 8-2 |
지역사회 생태체험 환경 프로그램

| 그림 8-3 |
지역사회 교통 연계 안전 프로그램

| 그림 8-4 |
지역사회 소방서 연계 안전 프로그램

| 그림 8-5 |
지역사회 보건소 연계 건강 · 위생 프로그램

| 그림 8-6 |
지역사회 급식센터 연계 영양 프로그램

본 장에서는 부모상담과 가정 및 지역사회 연계를 통한 영유아 생활지도에 대해 살펴보았다. 교사가 부모를 영유아 생활지도의 동반자로 인식하고, 부모참여, 부모교육, 부모상담, 전화와 문자 등을 활용한 교류를 지속하고, 지역사회 전문상담과 생활교육 관련 프로그램을 활용하는 것은 영유아의 부적응 행동을 예방하거나 효과적으로 지도하는 데 도움이 될 것이다.

Part

Ⅳ

영유아 생활지도의 실제

Chapter

09

영유아 행동의 이해와 지도

영유아의 연령과 발달단계를 이해할 때 가장 중요한 것은 같은 연령의 영유아들일지라도 발달 특성이 일반적으로 같지 않고 모든 영유아는 독특하다는 것이다. 영유아에게서 일반적인 발달 특성의 평균적인 패턴이 나타나기도 하지만, 영유아에 따라서는 전혀 다른 발달속도를 나타내기도 한다. 발달에 따른 일반적인 행동패턴과 영유아의 개별적 행동을 비교하는 것은 영유아를 더 잘 이해할 수 있게 할 뿐만 아니라 영유아의 개인적인 필요와 요구에 따른 지도를 통해 보다 효과적인 행동과 생활지도를 가능하게 한다. 따라서 본 장에서는 연령과 발달단계에 따른 영유아의 행동 특성과 이에 따른 지도방안에 대해 살펴보고자 한다.

1. 영아(출생~12개월) 행동의 이해와 지도

성인들은 아기들을 돌보면서 그들의 울음에 집중하지만 그 울음을 잘못 해석하여 적절한 반응을 하지 못할 경우 어려움을 겪는다. 아기는 출생 이후 몇 달 동안은 의도적인 행동을 하지 못하며, 신생아의 행동은 거의 자연스러운 반사행동이라 할 수 있다. 생후 1년 동안 발달하는 신뢰감은 일생 동안 발달되어야 하는 건전한 정서발달의 토대가 되며, 안정된 애착 발달은 이후 정상적인 사회·정서 발달로 연결된다. 아기는 편안함과 안전을 제공하는 부모 혹은 양육자로부터 분리되는 것을 싫어하고 반항하는 데 이것은 일종의 생존기제로 자연스러운 것이다. 한편, 예측할 수 없고, 자신이 통제할 수 없는 상황과 환경에 오랜 시간 동안 노출된 아기는 학습된 무력감을 얻게 될 수도 있다. 따라서 아기들의 욕구와 이에 대한 융통성 있는 성인의 반응 행동은 매우 중요하다. 또한, 아기들의 탐색은 여러 가지 기술 발달에 필수적이므로 안전한 환경에서 탐색이 이루어질 수 있도록 도와야 한다. 0~12개월 영아의 신체적·심리적 반응과 행동 특성에 따른 양육자의 올바른 지도에 대해 살펴보면 다음과 같다(지성애, 홍혜경, 2018).

1) 영아의 요구에 민감하게 반응하기

생후 첫 달에 아기들은 의도적인 행동을 할 능력이 없으며, 바라는 결과를 얻기 위해 행동을 계획할 수 없다. 아기들은 단지 고통이나 배고픔과 같은 내적 감각과 보고 느끼고 듣고 맛보고 냄새 맡는 감각과 같은 외부적 자극에 매우 무의식적으로 반응하고 응답한다(지성애, 홍혜경, 2018; Piaget, 1968). 그러므로 일반적으로 성인들이 직면하는 당황스러운 상황의 하나는 아기의 우는 행동이다. 아기가 울 때 성인들은 따뜻한 우유병 주기, 기저귀 갈기, 흔들어주기 등과 같은 일반적인 문제 해결 전략을 시도할 수 있다. 대체로 영아의 요구에 즉각적으로 반응하고 수용하는 것은 영아에게 편안함과 안정감을 준다.

만일 아기가 오랫동안 운다면 그 행동은 속임수, 부당함, 혹은 다른 의식적인 의도로부터 생긴 것이 아니라 오히려 내적 불안, 스트레스, 피곤함, 외적으로 조건화된 일상생활 때문일 것이다. 따라서 아기들이 자신의 행동을 책임지거나 비난받아서는 안 된다. 만일 내부적인 원인 때문에 아기가 운다면 그 원인을 덜어주는 것이 바람직하며, 외부 원인에서 비롯되었다면 성인들이 환경을 변화시켜 주어야 한다.

2) 점진적으로 낯선 상황 노출하기

아기들은 태어나면서부터 주변을 응시하고 감각을 이용함으로써 자신을 둘러싼 환경을 주의 깊게 학습하기 시작한다. 성인들은 매일 기본적 보호 패턴들을 통하여 아기들에게 일상적인 일과경험을 제공하고 습관이 형성되도록 한다. 아기들은 이러한 패턴에 익숙하게 되고, 일과가 갑자기 깨어졌을 때 짜증을 낸다. 만약 아기가 어머니의 신체와 지속적으로 접촉하는 것에 익숙하게 된다면, 아기는 예기치 않게 침대에 혼자 남겨졌을 때 울 것이다. 또한 만약 아기가 격리되는 것에 익숙하지 않다면, 처음 유아교육기관에 갔을 때 소란스럽고 떠들썩한 갑작스런 환경에 두려움을 느낄 것이다.

성인들은 아기에게 자유롭게 환경을 탐색하도록 허용하고, 적절한 행동들을 시범 보여주며, 아기의 서투른 시도를 격려함으로써 아기들이 필요한 기술을 익혀 환경과 효과적인 상호작용을 하도록 도와야 한다. 특히, 아기들은 익숙하지 않은 감각, 활동, 사건을 점진적이며 반복적으로 경험함으로써 점차 자신의 삶에 적응해 간다는 것을 기억해야 한다.

3) 지속적이고 일관성 있게 보살피기

기본적 보살핌과 일관성 있는 계획은 스트레스 상황에서 아기를 보호할 수 있을 것이다. 일과에 변화를 줄 경우 주의 깊은 계획과 단계적인 지도로 아기들이 불필요한 스트레스를 받는 것을 피하도록 하여야 한다. 영아기에 발달되는 신뢰감은 삶을 통하여 형성되어야 하는 건전한 정서 발달의 토대가 된다(지성애, 홍혜경, 2018; Erikson, 1982). 기본적이며 일관성 있는 보살핌은 아기가 양육자에 대한 신뢰를 경험할 수 있는 첫 기회이므로 중요하다.

때때로 양육자들은 자신들의 편리함을 위하여 아기들을 침대나 놀이틀에 남겨두거나 아기의 일상적인 리듬과 아기들이 선호하는 것을 고려하지 않는 경우가 있다. 하지만 아기의 사회적 · 정서적 · 지적 · 신체적 성장과 발달을 촉진하는 양육 방법과 아기의 기본 욕구를 충족시켜 주는 것은 성인을 위한 편리함보다 우선되어야 한다.

4) 융통성을 허용하기

아기의 내적 감각과 욕구는 아기로 하여금 자기주도 행동을 하도록 하는 데 성인은 이러한 아기의 신호에 융통성 있게 반응해야 한다. 예를 들어, 6개월 된 아기에게 특정 음식을 맛볼 때 음식냄새를 맡고, 으깨고, 만지작거리면서 감각적 특성을 탐색하려는 내적 충동을 허용한다면 아기는 점차 식사도구를 사용하고, 성장하면서 식사예절까지도 갖출 수 있게 된다. 그러나 아기에게 강압적으로 수저를 사용하여 깨끗하게 먹도록 강요하는 경우 오히려 적절한 식습관 형성에 도움이 되지 못한다.

2. 걸음마기 영아(12개월~24개월) 행동의 이해와 지도

걸음마기는 영아의 신체발달이 이해력 및 사회적 능력을 앞질러서 급속도로 발달하는 시기이다. 이 시기의 영아는 계획없이 감정과 욕구에 반응하고 원인과 결과를 인식하기 시작하며, 무한한 호기심으로 주변 세계를 탐색한다. 비언어적 의사소통에서 점차 언어적 상호작용을 시작하고, 격리되거나 낯선 사람이나 상황이 있을 때 불안해한다. 또한, 자기중심적이고 소유개념이 생기며 자기를 인식함으로써 자립을 시도한다. 12개월~24개월 영아의 신체 · 언어 · 인지 · 정서적 발달에 따른 행동 특성과 이에 대한 양육자의 적절한 반응과 지도에 대해 살펴보면 다음과 같다(지성애, 홍혜경, 2018).

1) 호기심에 의한 탐색적 시도 수용하고 지원하기

걸음마기 영아들은 두발로 일어서고 걷기 시작하며, 호기심과 흥미 있는 것들을 얻기 위해 장애물 위로 오르거나 아래로 기어서 가기도 한다. 이 시기 영아들은 자신의 감정을 숨기지 못하고, 관심받는 것을 좋아하며, 주변 환경에 호기심이 많다. 아직 이들은 울음으로써 양육자들에게 자신의 욕구를 나타내지만, 점차 성숙해짐에 따라 자신들이 원하는 것을 얻기 위해 다른 방법으로 욕구를 표현하기 시작한다.

걸음마기 영아들은 환경의 물리적 특성을 탐색하기 위하여 감각 및 대 · 소근육을 활용한다. 이들은 아직 의도적으로 계획하거나 자신의 행동에 관하여 많이 생각하지 않고 그냥 행동한다.

걸음마기 영아들은 걷는 것의 실패나 상처 입는 것에 대한 두려움보다 운동으로 인한 즐거움을 중요하게 여기기 때문에 걷는 것을 배운다. 영아들은 새로운 발견에 대한 흥분으로 "조심해라", "그곳에 가지 마라" 등의 경고를 무시하고 양육자들의 보호로부터 떠나 새로운 환경으로 이동하려 한다. 두렵지만 흥미 있는 세계로 영아들을 움직이게 하는 호기심이 영아가 주변을 탐색하도록 하는 것이다. 그러므로 영아들이 안전한 탐색이나 시도를 하도록 허용하는 주변 환경을 제공하여야 한다.

2) 원인과 결과에 대한 경험 제공하기

걸음마기 영아들의 사물을 기억하고 생각을 조정할 수 있는 능력은 획기적으로 인지적 도약을 하게하며, 원인과 결과 관계가 이들의 학습에 초점이 된다. 예를 들어 이 시기 영아들은 전기 스위치에 매료되고, 전기를 켜고 끄기 위하여 스위치와 전구를 번갈아 봄으로써 둘 사이의 원인과 결과 관계 경험을 즐기기도 한다.

또한, 영아들은 사회적 상호작용 속에서의 원인과 결과 관계를 꾸준히 탐색한다. 이들은 전기 콘센트를 손으로 만지며 끊임없이 양육자의 얼굴을 바라보면서 "안돼, 안돼, 그것을 만지면 위험하단다."라고 반복되는 말을 기대한다. 걸음마기 영아는 다소 많은 시간과 인내로 원인과 결과를 경험하면서 전기 콘센트에 대한 호기심을 만족하게 될 것이고, 전기 콘센트를 보면 매번 그 관계를 기억할 수 있을 것이며, 마침내는 양육자의 규율을 자발적으로 존중하게 될 것이다.

3) 비언어적 의사소통에 민감하기

영아들은 태어나면서부터 성인의 얼굴 표정, 목소리 톤, 신체 움직임에 대해 반응한다. 12개월된 영아도 엄마의 찌푸린 얼굴과 날카로운 목소리로 엄마가 자신에게 화가 나 있음을 느낀다. 양육자들은 영아가 아직 말하지 못하기 때문에 자신들이 하는 말을 전혀 알지 못할 것이라고 생각하기 쉬우나 영아들도 신체 언어나 목소리 톤으로부터 감정을 이해하는 능력을 가지고 있음을 알아야 한다. 만약 성인이 영아에게 정직하고 명확하게 말을 하면서 의사소통을 시도한다면, 성인의 신체 언어와 목소리 톤을 통해 영아에게 자연스럽게 그 의미가 전달된다. 만약 성인 중심으로 마치 영아가 바로 앞에 존재하지 않고 듣지도 않는 것처럼 말하고 행동하면서 의사소통한다면 영아와의 의사소통을 구축할 수 있는 중요한 기회를 놓치게 되는 것이다. 따라서 성인들은 영아들에게 적절하게 비언어적으로 의사소통할 수 있는 기회를 제공하여야 한다.

부모나 교사는 친절한 얼굴 표정과 따뜻한 목소리 톤을 이용하여 잠자기 싫어하는 영아에게 "나는 네가 장난감 가지고 노는 것을 더 좋아한다는 것을 알아. 하지만 지금은 낮잠 잘 시간이야. 눕기 전에 잠시 동안 내가 너를 흔들어 줄게."라고 하면서 안심시키며 말할 수 있다. 만약 영아가 부모나 교사의 말 전체를 이해하지 못할지라도 자신을 사랑으로 돌보아 주는 태도를 감지할 것이다. 또한 비언적 의사소통을 통해 영아들은 일상생활 속에서 언어를 듣고, 사물과 사건을 서로 연결시키는 기회를 갖게 될 것이다.

4) 언어적 상호작용 시도하기

걸음마기 영아의 언어사용 시도는 급격하게 증가한다. 걸음마기 영아는 두 단어 문장을 만들기 위해 단어들을 결합시키고 혼합시키는 것을 학습하게 된다. 영아의 말하기는 덜 중요한 단어는 빼고 중요한 단어만 포함된 생략된 전보문장식 언어가 대부분이다.

아기는 태어날 때 입술과 혀의 근육 조절도 하지 못하며, 언어에 대한 이해도 못하지만 새로운 어휘와 언어표현에 대한 이해 수준이 높아짐으로써 매일 변화하고 발달한다. 3세가 되면 영아는 자신의 입술과 혀 그리고 음성을 이용하여 많은 다양한 소리를 내는 방법을 학습하게 된다. 영아들의 어휘는 수백 개의 단어에 불과하지만 표준어의 기본적인 구조를 점차 이해하게 된다.

모든 연령의 영유아에게는 리듬과 노래와 같은 음악적 단어 패턴뿐만 아니라, 성인의 대화를 통해 풍부하고 감상적인 단어들을 듣는 기회가 주어져야 한다. 특히, 이러한 언어 경험은 걸음마기 영아의 언어학습을 보다 효과적으로 촉진한다. 그러나 걸음마기 영아의 언어에 대한 이해를 최대한 돕고 언어발달을 자극하기 위해서는 영아의 발달 수준에 매우 근접한 언어를 들어야만 한다. 이러한 언어는 각 영아의 발달 수준보다 약간 앞서야 한다.

만약 영아가 한 단어를 사용하는 시기에 있다면, 성인은 일어문("맘마")이나 두 단어 문장("맘마 먹자")을 사용해서 의사소통할 수 있다. 영아는 자신의 언어능력으로 이해할 수 없는 성인의 대화 문장에서는 주요 단어만을 듣고 이해한다. 종종 영아는 가족이 언급한 말의 시작이나 끝부분을 강조하여 듣거나 친숙한 몇 단어만을 듣는다. 영아와의 의사소통을 강화하기 위하여 성인은 영아가 이해할 수 있는 단어를 선택하고, 천천히, 분명하게 말하고, 얼굴 표정을 사용하고, 의미하는 것을 강조하기 위해 신체표현도 할 수 있다.

5) 수줍은 걸음마기 영아와 친밀한 관계 형성하기

수줍은 걸음마기 영아와의 관계를 성립하기 위해서는 먼저 새로운 성인과의 상호작용에서 나타날 수 있는 영아의 불안과 불편을 이해하고 존중하는 것이 필수적이다. 처음부터 크게 웃으면서 영아에게 직접 접근하거나 접촉을 시도하려고 영아의 손을 잡는 것보다 오히려 처음에는 영아와 눈 맞추는 것을 피해야 한다. 영아 주변의 다른 사람들과 조용하고, 즐겁게 이야기하면서 대상 영아에게 가깝게 접근한다. 만약 영아가 서 있거나 바닥에 앉아 있다면 그 영아의 눈높이에 맞추어 몸을 낮추거나 앉는다. 만약 성인의 출현에 호기심이나 스트레스를 보이면, 가끔 그 영아 쪽을 잠깐씩 흘끗 보고 미소를 짓되, 성인의 출현에 영아가 편안하게 느낀다는 확신이 들 때까지는 영아 눈을 직접 보는 것을 피하도록 한다.

영아가 성인을 주시할 수 있는 충분한 시간을 허용한 다음, 웃으면서 영아를 잠깐씩 흘끗 보면서 어느 순간에 우연히 영아의 손을 잡는다. 결국, 그 영아는 낯선 성인과 친숙하게 되기 위해 자발적으로 말할 것이며, 눈 접촉을 허용할 것이다. 이 순간에 놀잇감을 영아에게 제공하고 함께 놀이하는 것은 성인-영아관계 수립을 위한 효과적인 방법이다. 만일 활용할 수 있는 놀잇감이 없다면, 노래를 부르고, 박자를 맞추거나, 영아의 옷에 관하여 이야기할 수 있다. 이러한 과정은 영아의 눈 접촉을 요구하거나 적합한 반응을 하도록 강압적인 분위기를 조성하지 않으면서 영아의 흥미를 유지시키고, 성인-영아의 친밀한 상호관계를 형성하도록 돕는다.

6) 자기중심성 및 소유 개념 이해하기

2세 영아는 아직 '나의 것', '너의 것'의 의미를 이해하지 못한다. 영아는 자기 것을 지키려는 동시에 다른 사람 것도 갖기를 원한다. 걸음마기 영아는 아직 다른 사람의 입장에서 조망할 수 있는 능력이 없기 때문에 예의바르지도 공손하지도 않다. 걸음마기 영아에게 공유할 것을 기대하기는 어렵다. 교사는 영아에게 발달적으로 부적합한 방법으로 행동하도록 강요하고 기대하기보다는 환경을 재배열하고, 영아에게 적합하도록 일과를 변경해야 한다. 또한 또래관계에서 발생하는 공격적이며 반사회적인 행동을 지도하기 위해서 교사는 영아를 지속적으로 관찰해야 한다. 교사의 지도과정에서 영아들은 다른 사람들이 감정과 권리를 갖고 있다는 것을 인지할 수 있는 능력이 발달하며, 자신이 부적절한 방법으로 다른 또래에게 행동한다면 다른 사람들은 어떻게 할 것인가를 상상해 볼 수 있는 능력이 발달한다. 이때 교사들은 영아에게 사회적으로 기대되어지는 바람직한 행동을 가르칠 수 있으나 무엇보다도 영아의 권리를 보호하는 것을 우선으로 해야 한다.

7) 자아 인식 이해하기

걸음마기의 어느 시점에서 영아는 마침내 거울 속의 얼굴이 자신이라는 것을 발견한다. 영아가 거울 속 코 위에서 뜻밖의 얼룩을 보았다면, 그것을 찾기 위하여 자신의 코를 만질 것이다. 하지만 좀 더 어린 영아는 단지 거울을 만질 것이다. 아직 자신의 격리된 정체감을 깨닫지 못하는 걸음마기 영아는 눈을 감으면 다른 사람에게 자신이 보이지 않을 거라고 생각한다. 잘못된 행동에 대하여 야단맞을 때도 영아는 자신의 눈을 감고, 야단치는 엄마를 볼 수 없으면, 엄마도 자신을 볼 수 없을 것이라고 추측한다. 이러한 특성은 자아중심성 때문이며 걸음마기 영아에게서 자주 나타난다.

영아들이 주변에서 보는 다른 사람들처럼 격리된 개체로서 자신의 존재를 인식하기 시작하면, 영아는 주변의 성인으로부터의 피드백에 의하여 형성된 행동의 특성이나 개념을 발달시키기 시작한다. 때때로 성인들은 "왜 너는 매일 그렇게 생각하니?"와 같은 비평적인 말로 영아에게 상처를 주기도 한다. 하지만 이러한 비평의 말들은 영아의 바람직한 행동을 지도하는 데 전혀 도움이 되지 않는다.

걸음마기 영아들은 매우 순진하기 때문에 성인의 행동과 말을 통하여 자신들에 관하여 이야기하는 것을 믿는 경향이 있다. 영아가 자아개념을 형성하기 시작할 때 교사는 영아에게 사려 깊은 언급을 통해 영아가 자신에 대해 건강하고 신뢰적인 자아개념을 형성하도록 도와야 한다. 예를 들어 "너는 정말 좋은 아이구나", "누구나 때때로 잘못할 수 있단다", "나는 정말 너의 웃음을 좋아한다"와 같이 영아에게 말할 수 있다. 영아의 긍정적인 자아존중감의 시작은 자신감 있고, 유능하고 협동적이고 생산적인 인간으로서의 성장을 위한 기초가 된다.

3. 유아(3~5세) 행동의 이해와 지도

3~5세 유아는 새로운 지적 능력과 언어이해력을 갖게 됨으로써 성공적으로 의사소통하고 자신의 감정과 욕구를 표현하며 친구를 사귀기 시작한다. 또한 유아는 책임감을 수용하고 규칙을 지키며 자아개념이 발달한다. 3~5세 유아의 행동 특성에 대한 지식을 기초로 성인이나 교사가 어떻게 유아에게 적절한 표현과 행동으로 지도할 것인지에 대해 살펴보면 다음과 같다(지성애, 홍혜경, 2018).

1) 계획적인 선택이나 의사결정 존중하기

유아들은 자신의 관심과 의도에 대하여 보다 의식적으로 깨닫게 된다. 이들은 활용할 수 있는 놀잇감을 살펴보고 계획적인 선택을 한다. 걸음마기 영아들이 충동적으로 그 순간 눈에 띄는 놀잇감으로 놀이하는 반면, 유아들은 놀잇감을 주의 깊게 선택하여 오랫동안 가지고 놀고, 때로는 지루해질 때까지, 심지어는 매일 같은 게임이나 놀이를 반복하기도 한다.

나이 든 유아들은 그들이 하고 싶은 놀이를 언어로 표현할 수 있다. 예를 들면, "자! 놀자, 이건 우리 집이고, 너는 아빠야. 이 인형은 아기고, 저 상자는 아기 침대야."라고 말할 수 있다. 만일 놀이에서 의도한 대로 되지 않으면 좌절하고, 화를 내거나 상반된 의견으로 인해 서로 싸우기도 한다.

교사는 유아 자신의 행동에서 예상되는 결과에 관심을 집중하게 함으로써 유아들을 도울 수 있다. 교사의 질문이 유아의 상상을 방해해서는 안 되지만, 질문을 통해 원인과 결과에 대해 사고하는 것을 적절히 자극할 수 있다. 예를 들어 “만일 길을 건너갈 때 살펴보지 않고 횡단보도를 건넌다면 무슨 일이 일어날까?”, “나는 네가 작업복을 입지 않고 색칠을 하면 어떻게 될지 궁금하구나”, “만일 친구인 영희가 엄마 역할을 하고 싶은데 한 번도 할 수 없다면, 친구의 마음은 어떨까?”와 같이 질문을 할 수 있다. 유아들이 생각을 조작할 수 있는 능력이 발달하기 시작했다면, 결과를 예측할 수 있어 행동하기 전에 적절한 결정을 할 수 있게 된다.

2) 언어적 의사소통 격려하기

유아들은 차츰 언어 구사력이 증가하기 때문에 자신의 행동과 생활에서 발생했거나 발생될 사건들을 이야기할 수 있다. 부모나 교사는 간단하고 구체적인 용어로 사전에 발생할 사건에 관하여 이야기함으로써 유아들이 사건을 이해하는 데 도움을 줄 수 있다.

교사는 단순한 용어를 사용하여 정직하게 유아와 이야기함으로써 유아가 사건들을 이해하고 다룰 수 있도록 도울 수 있다. 어떤 것이 교사에게 쉽다고 해서 유아들에게도 쉬운 것은 아니며, 유아들은 주변 세계에 대해 아직 잘 알지 못한다. 교사는 유아와 이야기할 때 단순하고 정확한 문장을 사용해야 한다. 예를 들어 “원국아, 엄마가 전화하셨다. 엄마는 오늘 너를 데리러 조금 늦게 오실 거야. 엄마 차가 고장이 나서 고쳐야 한단다. 엄마가 어린이집에 오셨을 때면 어둡겠지만, 괜찮아. 내가 너와 함께 있을 거니까. 우리는 빵과 우유를 먹고, 엄마가 올 때까지 함께 놀 거야.”라고 말할 수 있다. 때때로 성인들은 그들 자신의 문제와 계획에 너무 열중한 나머지 유아들에게 일어날 일에 관하여 이야기해 주는 것을 잊어버리는 경우가 많다.

교사나 부모는 일어날 일을 예견하고 유아를 위하여 계획함으로써 잠재적인 문제들을 예방할 수 있다. 특히 유아들에게 부정적 기대를 전달하지 않도록 신중해야 한다. 문제가 발생하기 전에 잠재적 문제를 긍정적으로 생각하도록 도움으로써, 유아는 문제가 발생하기 전에 충돌을 피할 수 있는 방법을 지각하고 행동할 수 있을 것이다. 유아는 화나거나 혼란스러워지면 논리적으로 듣고 이성적으로 행동할 수 없다는 것을 유념해야 한다.

3) 언어를 통한 감정과 욕구 표현 격려하기

사람들은 자신을 방어하기 위한 적절한 여러 방법들이 실패했을 때 마지막 수단으로 물리적 힘을 사용한다. 유아는 모든 사람이 감정과 욕구를 표현하기 위하여 언어를 사용해야 한다는 것을 알아야 한다. 즉, 힘은 상처를 주거나 굴복시키기 위해서 사용되어서는 안 되며, 단지 생명과 몸을 방어하기 위하여 사용해야 하는 것을 인식하도록 해야 한다.

유아들이 원하는 것을 얻고자 할 때 차고 할퀴고 머리카락을 잡아당기는 것이 아니라 언어를 사용하도록 단호하게 지도하여야 한다. 강한 정서, 심지어 분노까지도 언어로 표현하도록 해야 한다. 다른 유아의 행동에 관하여 부모나 교사에게 이야기를 할 때 '고자질하기'에 대하여 꾸짖는 대신에 유아가 다른 유아에게 직접 말하도록 격려해야 한다. 예를 들어 "너는 미리에게 그네를 타는 데 너의 도움이 필요하다고 이야기해 봤니? 미리에게 말하러 함께 갈까?"와 같이 말할 수 있다.

"울지 마라", "떠들지 마라" 등과 같이 성인들은 종종 유아들의 감정을 윽박지른다. "그 애는 너를 정말 때릴 생각이 아니었다"처럼 유아들에게 조용하게 그 사실들을 이야기하고 정직하게 자신의 감정을 표현하도록 지도해야 한다. 예를 들어 "나는 네가 그네에서 나를 밀어냈을 때 기분이 나빴고, 그래서 나는 화가 났다"와 같이 말할 수 있다. 유아들은 특히 그들의 감정을 말로 표현하도록 해야 한다. 유아는 화나는 것과 이를 말하는 것은 누구나 있을 수 있으며 수용될 수 있는 행동이지만, 다른 사람을 비난하거나 신체적으로 공격하는 것은 수용될 수 없는 행동이라는 것을 학습해야 한다.

또한 교사도 자신의 감정을 언어로 표현함으로써 유아들에게 그들의 감정을 언어화하도록 촉진해야 한다. 때로 유아들은 덥고 피곤하거나 춥고 배고프기 때문에 짜증나는 것을 알지 못할 수 있다. 교사는 유아 자신의 감정을 표현할 언어를 알려주고, 내적인 느낌을 확인하고 표현할 수 있도록 도와야 한다.

유아의 감정의 반영과 표현은 교사의 '적극적 경청'을 통해서 발달될 수 있다. 적극적 경청은 모든 연령의 유아와 의사소통하는 데 효과적인 방법이다. 효과적인 적극적 경청이 되기 위해서 교사는 훈계하고, 교육하고, 명령하기보다 그 순간 유아가 느끼고 있는 것을 경청하여 진실한 반응을 보여주어야 한다. 적극적 경청의 핵심은 유아에게 발생된 문제를 해결하기 위한 것이 아니라 단지 유아가 말한 사실을 교사가 이해하고, 유아에게 자신의 감정에 관하여 이야기하도록 하고, 이에 관하여 생각하고 대응해 보는 기회를 주기 위한 것이다.

4) 친구 사귀기 격려하기

아기들과 걸음마기 영아들은 또래 영아보다는 성인에게 관심을 갖는 반면, 이 시기 유아들은 또래 유아와의 관계에 관심을 갖기 시작한다. 유아기 동안 유아들은 또래와의 우정에 더욱 의존하는 반면 성인과의 애착은 점점 감소되어 간다. 3~5세 유아들은 자신의 삶에서의 사회적·정서적 적응을 위해 친구가 되는 방법과 친구 사귀는 방법을 배워야 한다(지성애, 홍혜경, 2018; Corsaro, 1981).

이 시기는 성인들에게 아주 힘든 시기일 수 있다. 왜냐하면 유아들은 또래가 자신을 좋아한다고 생각되면 의기양양해지고, 다른 유아들이 자신과 놀려고 하지 않는다고 생각하면 의기소침해지기 때문이다. 어떤 유아는 친구를 빨리 사귀는 반면, 어떤 유아는 또래로부터 따돌림을 받기도 한다. "너는 축구복을 입지 않았으니까 우리의 친구가 될 수 없어", "너는 남자아이라서 같이 놀고 싶지 않아", "너는 크레용이 없으니까 우리의 색칠 책에 색칠할 수 없어"와 같이 친구인지 아닌지를 선택하고 결정할 때 매우 배타적이다. 교사들은 이러한 상호작용에서 언제 어떻게 중재해야 하는가에 많은 어려움을 느낄 수 있다. 유아들은 자신의 친구와 놀이 상대를 선택할 권리를 갖지만 한편 자신의 느낌을 노골적으로 표현해서 다른 또래의 마음을 상하게 해서는 안 된다는 것을 알도록 해야 한다.

또한 유아들의 자아개념과 자아존중감의 발달에 영향을 주는 또 다른 요인은 경쟁이다. 이 시기의 경쟁은 최고조에 달하여(지성애, 홍혜경, 2018; Stott & Ball, 1957), 유아들은 또래와 비교하면서 자신에 대해 인식하게 된다. "낮잠 자는 시간에 가장 빨리 자는 사람은 선생님이 나중에 스티커를 줄 거야.", "놀잇감을 가장 빠르게 정리한 아이는 가장 먼저 바깥으로 나갈 거야.", "네가 너의 동생보다 훨씬 빠르게 옷을 입을 수 있는지 보자."와 같이 때때로 성인들은 이 시기 유아에게 경쟁심을 유발하도록 지도하고 있다.

이러한 도전들은 유아들에게 성인이 바라는 대로 행동하도록 강한 동기를 부여할 수 있을지 모르지만, 그러한 경쟁심으로 인해 유아들 사이에서 협력보다 오히려 갈등과 마찰이 빈번하게 발생할 수 있다. 승자들은 승리를 지속하는 것에 대하여 스트레스를 받고 강박감에 사로잡히며, 패자는 더욱더 부족함을 느끼게 할 수 있다.

5) 규칙 지키기

Piaget에 의하면 전조작기에 해당하는 이 시기의 유아들은 간단한 규칙을 지킬 준비가 되어 있다. 유아는 행동과 발생 가능한 결과들 사이의 관계를 이해해서라기보다 성인을 기쁘게 하기 위해 규칙을 따른다. 유아들은 아직 일관되게 규칙을 따르기 어려우므로 정확한 지도가 필요하다.

또한 이 시기 유아는 성인의 기대에 대해 직관적인 감각을 형성하며, 특정 상황에서 수용될 수 있는 행동과 수용될 수 없는 행동을 예상하기 시작한다. 유아들은 또래들에게 "오! 너 큰일 났다."라고 말하기도 하며, "변기를 사용한 다음 물을 내리지 않았지?"와 같이 서로에게 규칙을 강요하기 시작한다. 교사는 이 시기 유아들이 가지고 있는 규칙에 대해 관심을 갖고 유아가 수행할 수 있는 규칙들을 함께 만들어 지키게 할 수 있다. 만일 교사가 비판적이고, 바르지 못한 행동을 '포획'하는 가해자로 보여진다면 유아들은 그러한 행동을 모방할 수 있다. 그러나 교사가 단호하지만 억압적이지 않은 태도로 유아들에게 규칙을 상기시키고, 그것들을 따르도록 돕는다면, 유아들은 그것 역시 모방할 것이다.

교사는 약간의 규칙을 만들어 규칙에 대해 흥미를 지속하도록 지도할 수 있으나, 유아들이 주어진 규칙을 확실하게 알고 이를 인정하는지를 확인하여야 한다. 부적합한 까다로운 규칙을 지키도록 종용하면, 유아는 규칙을 멀리하고 규칙 지키기를 귀찮게 여길 것이다. 유아에게 있어 규칙에 대한 중요성과 그 가치에 대한 자각은 유아가 규칙을 만드는 과정에 자신들이 참여했을 때 크게 증가한다. 또한 교사는 "내가 말했던 규칙이야."라고 말하면서 이를 지키도록 강요하는 것보다 오히려 규칙을 만든 이유를 성실하게 설명함으로써 유아들이 규칙을 따르도록 도와야 한다.

"저 담 위로 절대 오르지 마라."라고 말하고, 그 후 그 담 위를 오른 유아가 있었으나 교사가 유아의 이러한 행동을 무시한다면, 교사가 유아들에게 규칙을 이야기한 것이 실제로 의미가 없으며, 그 규칙들이 지켜지지 않아도 된다는 것으로 느끼게 될 것이다. 규칙 지키기 행동은 즉시 친절하고, 안전하고, 깨끗하게 할 뿐만 아니라 유아가 성인이 되어서 법을 지키는 데 기초가 되는 습관들을 발달시킨다는 것을 기억해야 한다.

6) 책임감 수용하기

교사는 유아의 주도성 발달을 돕기 위하여, 성인으로부터의 독립을 경험하도록 해야 한다. 무엇을 해주기보다는 유아들이 책임감을 가지고 스스로 행할 수 있도록 해야 한다. 교사는 토끼 먹이통 옆에 물통을 채우는 방법, 무딘 칼로 안전하게 사용하는 방법, 핀으로 이젤에 종이를 고정시키는 방법, 재킷 지퍼를 올리는 방법과 같은 유아가 감당할 수 있는 간단한 활동기술을 알려주어 스스로 할 수 있도록 도와야 한다.

유아들은 자신의 환경에 도전하고 지배하는 것을 좋아한다. 유아는 많은 실수를 하고, 종종 수행하기로 계획했던 과업을 잊어버리기도 한다. 교사는 활동에서 나타나는 결과보다 학습의 과정이 유아들에게 더 중요함에 유념하고 효과적으로 반응해야 한다. 완벽주의적 성인은 "유아가 하도록 재촉하는 것보다 내가 해주는 것이 더 쉽다."고 말한다. 물론 교사가 해주는 것이 쉽겠지만, 교사의 도움은 책임을 수행하고 수용하기 위해 격려와 성공 경험을 필요로 하는 유아들에게 어떠한 교육적 효과도 기대하지 못하게 한다. 많은 연습, 격려, 체계적인 지도를 통해 유아들은 과업을 확실하게 수행하는 것을 배울 수 있다. 성인이나 외부로부터 어떤 강요 없이 새로운 과업이나 프로젝트에 유아 스스로 주도적으로 열심히 참여하여 과업이나 프로젝트를 완수할 때 유아의 자신감과 책임감은 확장된다.

4. 아동(6~12세) 행동의 이해와 지도

아동기에 해당하는 6~12세 시기는 유아기와 큰 차이가 있다. 이 시기 아동의 행동은 외부적 요인보다는 내적 통제에 의해 조절될 수 있으며, 내적 통제는 협동적인 집단 구성원이 되고자 하는 아동의 의도에 의해 발생한다. 교사는 아동들을 효과적으로 생활지도 하기 위해 먼저 아동을 존중하고, 공평하여야 하며, 아동에게 관심을 갖고 있다는 것을 아동이 인식할 수 있도록 해야 한다. 또한 교사나 부모는 아동의 자아존중감이 지속적으로 발달할 수 있도록 애정과 지지를 표현하며 지도해야 한다. 이 시기의 연령과 발달에 따른 행동 특성을 고려한 지도를 살펴보면 다음과 같다(지성애, 홍혜경, 2018).

1) 논리적 주장을 격려하기

아동들은 구체적 조작기(약 7세)로 접어들면서 주변 세계에 있는 사물과 사건들에 관해서 사고하는 것에 보다 많은 시간을 보낸다. 5세 이하의 유아들은 단지 실제 사물이나 사건들에 대한 일정한 상징과 원인과 결과에 관한 조작적인 사고를 할 수 있는 반면, 6세 이상의 아동들은 구체적 과정의 전체에 관하여 조작적으로 사고할 수 있게 된다. 이러한 사고는 추상적 사고나 상징들을 완전히 성공적으로 다룰 수 있기 전에 나타난다. 아동들은 사건을 주의 깊게 논리적으로 평가하고 정신적으로 반응함으로써, 논리의 모순과 차이를 인식할 수 있다. 특히 이 시기의 아동들은 성인들의 행동에서 모순을 발견했을 때 민감하게 반응한다.

대개 5세 이하의 유아들은 "사탕은 이를 썩게 하니까 먹지 말아라."와 같은 성인의 말을 받아들인다. 그러나 5세가 넘으면 아동들은 "알았어요, 그럼 사탕을 먹은 후에 이를 닦을 게요."와 같이 원인으로 거슬러 올라가 논리적으로 생각하고 대답한다.

이 시기 아동들은 끊임없이 논리적으로 왜 그런지 또는 왜 그렇지 않은지를 질문한다. 이런 질문에 부모들과 교사들은 종종 화를 내며 "엄마/선생님이 그렇게 하라고 했잖아. 너는 그 말을 들어야 해!"라고 하기도 한다. 이러한 부모의 말은 자신들이 유아였을 때 자주 들었던 말일 것이다. 그 당시에는 부모도 이러한 말을 몹시 싫어하고 성인이 되면 자신은 결코 이러한 말을 사용하지 않을 것이라고 단언하곤 한다.

2) 적극적 대화자가 되어주기

이 시기의 아동들은 유쾌한 대화자가 된다. 아동들은 주의 깊게 듣고, 자신들의 주의를 끄는 주제에 관한 대화에 적절하게 반응한다. 5세 이하의 유아들은 종종 놀이할 때 자신에게 이야기하거나, 실제로 듣는 사람이 한 사람도 없다는 것에 아랑곳하지 않고, 다른 사람들이 서로 이야기하고 있음에도 자신이 말하고 싶으면 열심히 자신의 말만을 한다. 그러나 이 시기 아동들은 언어를 통한 의사소통의 목적을 보다 많이 자각한다. 만약 자신이 이야기하는 것을 듣는 사람이 없으면 아동은 당황한다. 또한 아동들은 민감하고 빠르게 반응하지 않으면 대화의 상대방이 확실하게 청취할 수 없다는 것을 알게 된다. 아동들은 대화를 주고받는 데 상당히 능숙하게 되고, 대화 중에 적절한 시기에 멈출 줄 알기 때문에 성인들 또는 다른 또래와의 대화에서 불필요한 참견을 하지 않게 된다.

아동들은 자신들을 공정하게 대하고, 자신들이 말하는 것을 기꺼이 듣는 성인에게 애정과 지지를 보내고, 보다 성숙한 유대관계를 형성한다. 신뢰하는 친구 또는 또래 집단에서 함께 사적으로 이야기할 때 자신의 부모나, 선생님들, 형제들에 관하여 불평하는 이야기를 하기도 한다.

3) 권위에 대한 도전에 반응하기

이 시기 아동들은 신체적으로 많이 성장하였기 때문에 물리적 완력에 의해 더 이상 통제되지 않고, 아동의 내적 통제에 의존해야 한다. 아동의 생활지도에서 때리기와 같은 체벌이 부적절하고 비효과적인 이유 중의 하나는 처음에 그 방법은 매우 효과적으로 보일지는 모르지만, 공격적이며 유해한 행동의 모델이 되고, 외부에 의해서 아동이 통제되는 습관을 기를 수 있기 때문이다.

일반적으로 이 시기 아동들은 상당히 다양한 행동을 하기 시작한다. 예를 들면, 놀이터에서 서로에게 지우개를 던지거나 우유 속에 크래커를 휘젓고, 키득거리며 웃고 괴성을 지르기도 한다. 성인들은 이러한 문제 행동을 멈추도록 자주 거칠고 무관심하게 반응한다. 활동량이 많은 이 시기 아동들은 성인이 자신들의 버릇없는 행동을 인식하고 있다고 생각하면 버릇없는 행동을 계속한다. 또한 교사나 성인이 자신들의 행동 때문에 몹시 화를 내면, 아동들은 덜 순종하며 협동하지 않으려고 한다. 이러한 상황은 교사에게 아동을 통제할 수 없다는 무력감이나 불쾌감을 느끼도록 할 수 있다.

아동이 부적절한 정서의 불균형에서 벗어나는 가장 확실한 방법은 교사로부터 사랑받고 존중되고 있다는 것을 깨닫게 함으로써 그 주기를 깨뜨리는 것이다. 아동은 교사로부터 자신이 사랑받고 존중받고 있다는 확신이 들면 그 교사를 존중하고 따른다. 만약 교사가 자신을 사랑하지 않을 뿐만 아니라 존중하지도 않으면서 아동에게 하기 싫은 행동을 하도록 외적 통제방법을 사용한다면 이 방법은 결코 성공할 수 없다.

내적 통제는 협력적인 집단 구성원이 되기를 희망하는 아동 자신에게 전적으로 달려 있다. 만일 아동이 교사를 확실히 공정하고 유머감각이 있고 이성적이며 아동의 감정과 욕구에 관하여 실제로 관심을 갖는 사람으로 생각한다면, 아동은 교사의 요구를 따르기 위하여 내적 통제를 통해 열심히 노력한다.

4) 공평함 지원하기

아동들은 성인의 행동에서 모순을 볼 수 있고, 성인의 말을 어린 유아들처럼 쉽게 수용하지 않는다. 일상생활 과제를 수행할 때 아동은 "그것은 공평하지 않아"하면서 울음으로 자신의 의견을 표현하기도 한다. 아동들은 가끔 규칙을 어기기도 하지만 규칙이 일관성 없이 강요된다고 생각하면 화를 낸다. 예를 들어, "엄마는 동생이 책을 던졌을 때는 야단을 치지 않았어요. 하지만 내가 던졌을 때만 야단을 치세요."하고 일관성이 없고 공평성이 없는 모순에 대하여 자신의 의견을 말하기도 한다. 이런 경우 교사는 구체적인 설명을 해 줌으로써 아동이 상황을 이해할 수 있도록 도와주어야 한다. 예를 들어, "네가 아주 어렸을 때는 규칙을 기억할 수 있도록 하는 많은 기회가 필요했었지. 그렇지만 지금 너는 9살이고, 책을 던져서는 안 된다는 것을 알고 있어. 동생은 이제 겨우 5살이지만, 9살이 되어서도 책을 다루는 규칙을 잊어버린다면 놀이는 멈추어야만 한단다."와 같이 설명할 수 있다.

이 시기의 아동들은 구체적 조작기 사고의 특성으로 인해 성인의 의사결정 요인과 연관된 추상적인 참작 상황을 고려하는 데 제한이 있다. 예를 들어, 똑같은 규칙을 위반한 전학 온 아동에게는 위반한 규칙에 관하여 설명해 주고, 규칙을 이미 알고 있을 것으로 기대되는 아동에게는 체벌을 가한 경우에 이를 공평하게 생각하지 않는다. 따라서 교사는 자신의 지도 방법이 아동들에게 실제로 불평등한 것이 아닌가를 편견 없이 고려해 보아야 한다.

또한 아동들은 자신들이 규칙 정하기 과정에 참여한 규칙에 보다 협력적이다. 가족회의 또는 학급회의는 아동들에게 가능한 규율에 관하여 생각하고, 의견을 제시할 수

Part IV

영유아 생활지도의 실제

있는 기회를 제공한다. 만일 이러한 모임이 아동들로부터 나온 실제 의견과 함께 민주적으로 운영된다면, 아동들은 규칙이 어른들에 의해서 일시적으로 강요되는 불편한 것이 아니라 모든 집단 성원들의 권리와 안전을 위하여 필수적으로 지켜야 하는 것으로 인식하기 시작한다.

5) 협동이나 또래 활동 격려하기

이 시기 아동들은 또래집단에 속하고자 하는 강한 충동을 갖는다. 아동들은 몇몇의 유사한 규칙, 관습, 심지어 특별한 금기사항, 혹은 같은 옷 등의 특정 사항을 공유하는 그룹 등을 모은다. 예를 들어, 아동들은 친구들이 인정하는 옷 입기에 관하여 많은 관심을 갖게 되고, 심지어 유치원, 초등학교 1, 2학년 아동들도 인형과 자전거뿐만 아니라 청바지와 운동화에 대한 인기(비인기) 상표 이름을 알고 있고 이를 선호한다. 이러한 또래들이 인정하는 옷 입기 경향은 나이가 들어감에 따라 점차 증가한다.

자기확신감과 자아존중감은 아동에게 부적절한 또래 압박에 저항할 수 있도록 하는 원동력이 되기 때문에 가정이나 학급에서 교사들은 우선 아동들에게 확신감과 안정감이 발달할 수 있도록 지도해야 한다. 또한 성인들은 또래 인정에 대한 아동의 절박함을 존중하고 사물의 가치, 즉 비싼 옷이나 놀잇감에 초점을 맞추기보다는 인간을 이해하는 데 있어서 사람의 가치에 초점을 맞추어 생각하도록 함으로써 물질 소유에 대한 것을 지도해야 한다. 그러나 교사는 아동들이 얼마나 절실히 친구들에게 특별하게 여겨지고 싶어하고 그들과 어울리고 소속되기를 바라는지를 이해하는 것이 필수적이다.

본 장에서는 연령과 발달단계별로 나누어 영유아 행동 특성과 이에 따른 지도방안에 대해 살펴보았다. 영유아는 일반적 발달 특성을 보이기도 하지만 개별적 발달 특성을 보이기도 한다. 양육자인 부모와 교사는 이러한 영유아의 행동 특성을 잘 이해함으로써 영유아들이 나타낼 수 있는 부적응 행동을 보다 효과적으로 지도할 수 있을 것이다.

Chapter

10

영유아 부적응 행동 이해와 지도

영유아 부적응 행동을 지도하기 위해 교사들은 다양한 방법을 활용하는데 부적응 행동에 대한 신체적·언어적 체벌을 사용할 경우 영유아의 자아존중감에 심각한 부정적 영향을 미칠 수 있다. 영유아 부적응 행동을 효과적으로 지도하기 위해서는 먼저 부적응 행동에 대한 이해가 우선되어야 하며 이를 통해 영유아에게 적합한 지도 방법을 적용해야 한다. 따라서 본 장에서는 부적응 행동의 정의와 원인에 대해 살펴보고, 영유아 부적응 행동 지도를 위한 적합한 규칙과 제한 설정 활용에 대해 살펴보고자 한다.

1. 부적응 행동의 이해

유아교육기관에서 나타날 수 있는 영유아의 행동은 매우 다양하다. 모든 영유아는 한 개체로서 주변 환경에 반응하는 독특한 방식을 가지고 있다. 대부분의 영유아의 반응 행동은 적절하며 주변 성인과 또래에게 수용되는 행동을 발달시켜 나간다. 그러나 때로 때리는 행동, 방해하는 행동, 상호작용의 어려움, 섭식 및 대·소변훈련과 연관된 부적응 행동을 나타내는 영유아가 있을 수 있다. 이러한 부적응 행동의 발현은 다양한 원인으로 인하여 자기통제력이 발달하지 않았거나 상실되었기 때문일 수 있다(지성애, 홍혜경, 2018).

이러한 부적응 행동을 이해하기 위해서는 먼저 영유아가 나타내는 행동이 부적응 행동인지 정의내리고 부적응 행동이 나타나는 원인을 파악해야 할 것이다. 이와 관련하여 부적응 행동의 정의와 원인을 살펴보면 다음과 같다.

1) 부적응 행동의 정의

부적응 행동을 정의할 때는 단순히 영유아의 부적절한 행동에만 초점을 맞추는 것이 아니라 영유아의 행동에 영향을 미칠 수 있는 여러 가지 변인들을 함께 고려해야 한다. 영유아의 행동에 영향을 미칠 수 있는 변인들은 사회적 학습, 물리적 환경, 발달, 예방, 제한 설정, 일관성, 행동에 대한 개념, 행동의 빈도, 영유아의 욕구를 포함한다. 이와 같은 변인들을 구체적으로 살펴보면 다음과 같다.

(1) 부적응 행동 변인

부적응 행동 정의에 도움이 될 부적응 행동에 영향을 미치는 변인들은 다음과 같다.

① 사회적 학습(social learning)

영유아는 자신을 둘러싼 사람들과 상호작용하며 행동을 학습한다. 특히, 또래집단이나 가까운 성인과 상호작용하면서 사회적 상황 안에서 응답하고, 반응하며, 대처하는 방법을 배운다. 또한 영유아는 다른 사람들이 자신의 사회적 행동에 대해 응답하고 반응하는 방법을 통해 다른 사람들이 기대하는 행동을 받아들이게 된다. 영유아의 수용될 수 있는 행동과 수용될 수 없는 행동은 모두 이러한 방법을 통해 발달한다. 영유아의 행동은 주변 사람들에 의해 강화되거나 그렇지 않을 수도 있다. 수용될 수 있는 행동이 강화된다면 이 행동은 지속되며, 부적응 행동 또한 강화된다면 지속될 수 있다. 그러나 이 두 가지 행동들이 무시된다면 이 행동들은 소멸할 수 있다. 많은 부적응 행동들은 관심을 얻을 수 있기 때문에 계속될 수 있으며, 반면 많은 적절한 행동들은 무시되기 때문에 계속되지 않는다. 부적응 행동은 과거에 했던 행동양식에 의해서 또는 주변 사람의 기대를 알지 못하기 때문에 나타난다. 이러한 경우 영유아들이 나타내는 부적절한 행동은 정상적이라고 할 수 있다. 교사는 지도를 통해 영유아의 부적절한 행동들을 보다 바람직한 행동으로 변화시킬 수 있다. 생활지도의 주요 방법 중의 하나는 바람직하지 못한 행동에 대해서는 무시하거나 관심을 철회하고, 적절한 행동은 강화하는 것이다.

② 물리적 환경(physical environment)

물리적 환경은 영유아의 부적응 행동을 야기하거나 억제시킬 수 있다. 예를 들어, 공간이 거의 분리되어 있지 않고 지나치게 넓은 교실의 영유아들은 목적 없이 뛰는 행동을 많이 한다. 한편 이야기 나누기나 동작활동 시간에 적절한 개인공간을 확보하기 어려우면 영유아들은 서로 부딪히고 밀치는 행동을 보이기 쉽다. 뿐만 아니라 너무 높은 선반 위에 자료를 두면 영유아는 교사에게 의존하게 된다. 이러한 영유아들의 행동들이 부적응 행동인지 정의내리기 위해서는 먼저 영유아중심의 환경이 구성되어 있는지를 확인할 필요가 있다. 영유아중심 환경이 아닐 경우에는 물리적 환경을 변화시킴으로써 영유아의 부적절한 행동을 감소시킬 수 있다.

③ 발달(development)

교사는 영유아들의 발달단계를 알아야 하고 각각의 발달단계에 따라 나타나는 특성과 요구 및 행동을 이해하여야 한다. 교사는 영유아의 발달 특성에 적합한 기대를 하며, 교실의 배열, 자료, 활동 그리고 일과 계획과 놀이지원도 영유아들의 발달 특성에 적합하게 구성하고 운영하여야 한다. 하지만 교사의 기대나 환경이 영유아의 연령에 적합하지 않을 때 부적응 행동이 일어나기 쉽다.

④ 예방(prevention)

영유아기는 계속해서 사회적 행동을 배우는 시기이므로 교사는 일어날 수 있는 잠재적 문제 상황에 민감해야 한다. 교실의 특정 영역 혹은 특정 영유아들이 서로 가까이 있을 때 문제가 발생하는지 알아두어야 한다. 교사는 이러한 인식과 민감성을 통해 문제 유아에게 재지시하거나 중재를 함으로써 많은 부적응 행동들을 사전에 예방할 수 있다.

⑤ 제한(limits) 설정

영유아들은 자신의 행동을 때때로 제한해야 함을 알아야 한다. 대부분 제한들은 안전, 질서, 또래의 권리인정과 관련된다. 제한이 논리적일 경우 영유아들은 순응하여 따르기 쉽다. 교사는 자주 제한을 상기시키고 그 이유를 설명해 줌으로써 많은 부적응 행동들을 미리 피할 수 있다.

제한 설정은 교사와 영유아들 사이의 의사소통을 촉진하며, 책임이 수반되는 자유로운 분위기에서 영유아들이 역할을 다하고 행동을 수행하도록 한다. 제한은 남을 해롭게 하는 행동과 시설과 교구들을 파괴하는 행동을 금지하는 반면, 책임감을 받아들이도록 촉진한다. 만일 영유아가 지속적으로 제한을 넘어선다 하더라도 부적응 행동으로 정의하기 위해서는 많은 상황이 고려되어야 한다. 예를 들어 자기통제력이 있는 유아에게 제한 내에서 움직이도록 해야 하는가? 실제로 유아가 설정된 제한을 지키려고 노력하는가? 유아는 얼마나 자주 그 제한을 벗어나는가? 교사가 유아에게 제한에 대하여 상기시켰을 때 반항적이거나 모르는 체 하는가? 등의 상황을 고려해야 한다.

부적응 행동을 정의하기 위한 변인으로 제한 설정을 적용하기 어려운 경우도 있다. 예를 들어, 심하게 수줍어하는 영유아는 협력적이고 순종적이어서 다른 영유아들에게 해를 입히지는 않으나, 수줍은 영유아 자신에게 해를 끼칠 수 있으므로 교사는 이들의 인성과 성격이 원만하게 형성되도록 도와주어야 한다. 또한 영유아의 지나친 관심 끌기는 다른 영유아들에게 직접적인 물리적 피해를 주지 않는다하더라도 교사는 짜증을 내거나 부정적인 방법으로 영유아를 주목하기 쉽다. 만약 이러한 행동이 영유아의 자아존중감을 감소시키거나 책임감을 수용하는 능력을 방해한다면, 이 행동 역시 부적응 행동으로 볼 수 있다.

⑥ 일관성(consistency)

영유아의 부적응 행동을 성공적으로 변화시키기 위해서 교사는 일관성 있게 행동을 지도하여야 한다. 영유아가 어떤 특정 기간을 넘어 계속 특이한 행동을 지속한다면, 이것은 그 영유아의 행동에 대한 주변 사람들의 반응이 그 행동을 강화하기 때문일 수 있다. 영유아의 특정 행동을 변화시키려면 주변 사람의 강화를 일관성 있게 완전히 철회해야 한다. 영유아의 행동을 어떤 때는 무시하다가 다른 때는 관심을 보인다면, 영유아는 자신의 행동을 지속해야 할지 여부에 대해 혼란스러워하게 된다. 이처럼 일관성 없는 교사의 반응은 영유아를 혼란스럽게 하여 부적절한 행동을 다시 유발시킬 수 있다.

교사는 영유아의 부적응 행동에 직면하게 되면 그 행동에 대처하여 반응한다. 이때 교사는 자신의 반응이 긍정적인 강화보다 오히려 부정적인 강화를 제공하고 있는지를 확인하여야 한다. 교사의 부정적 반응은 영유아의 자아존중감을 손상시킬 위험성이 있고 이로 인해 교사는 좌절감과 무력감을 느끼게 될 것이다.

⑦ 영유아의 행동에 대한 개념(concept of children's behaviors)

대개 영유아는 바람직하지 않은 행동을 할 때 자신이 잘못 행동하고 있다는 것을 안다. 그러나 때때로 영유아는 자신의 행동이 바람직하지 않다는 것을 알지 못하기 때문에 부적절한 행동을 하는 경우도 있다. 만약 영유아가 자신의 행동이 부적절하다는 것을 알면서도 계속한다면, 교사는 체계적으로 그 행동을 변화시킬 수 있도록 지도해야 한다. 만약 영유아가 자신의 행동이 부적절하다는 것을 알지 못하는 경우 교사의 간단한 설명으로 해결될 수도 있고 때로는 교사가 기대하는 바람직한 행동을 단계적으로 가르쳐야 할 때도 있다.

⑧ 행동 빈도(frequency of behavior)

부적응 행동으로 정의내리는 데 주요 변인 중에 하나는 영유아의 부적절한 행동이 얼마나 자주 일어나는가 하는 것이다. 영유아는 평상시의 상황과 다르기 때문에 부적절하게 행동할 수도 있다. 예를 들어, 피곤하다거나 가정문제로 불안감이 있거나 또는 친구 때문에 화가 나있는 경우이다. 이러한 경우 교사는 이 행동이 받아들여질 수 없다는 것을 영유아에게 조용히 말하고 동시에 그 이유도 설명해 준다. 피곤한 영유아는 조용한 영역에서 쉴 수 있도록 상황을 바꿔줄 수 있다. 이때 교사는 영유아에게 자신의 어려운 상황을 교사가 공감하고 있다는 것을 표현해 주는 것이 좋다. 하지만 부적절한 행동이 어떤 특정 기간을 지나서 규칙적이고 주기적으로 반복된다면 이 행동을 부적응 행동으로 볼 수 있다. 이러한 경우 상황을 면밀하게 점검하여 계획을 세워 체계적으로 지도해야 한다.

⑨ 영유아의 욕구(children's needs)

인간의 모든 행동의 이면에는 자신의 욕구를 충족하고자 하는 욕구가 있다. 영유아도 자신의 욕구를 충족하기 위하여 행동하고 반응한다. 영유아는 대부분의 시간을 자신의 욕구를 적절하게 충족시키기 위한 방법을 생각하는 데 많이 소비한다(Reynolds, 1996). 영유아는 주변 사람의 관심을 끌기 위해 호소하듯이 울거나 애교 있게 웃고, 혹은 재롱을 부리고, 안기며, 재미있는 말을 하고자 시도하는 등 다른 많은 행동을 한다. 이러한 과정에서 사회적으로 기대되는 긍정적인 방법으로 자신의 욕구를 충족시킬 수 있게 됨으로써 영유아의 능력과 자아존중감은 점차 증진된다. 그러나 때때로 영유아들은 성인들도 이해할 수 없는 욕구를 갖기도 한다. 그 욕구 자체가 애매하고 막연하기 때문에 영유아 자신도 그것을 어떻게 만족시켜야 할지 모르며, 자신의 욕구를 효과적으로 충족시키기 위한 기술도 아직 발달되어 있지 않다. 바람직한 방법으로 자신의 욕구를 충족시키기 위해서는 적절한 수준의 성숙, 자기주장 및 상대방을 조절할 수 있는 능력이 필요하다. 아직 이러한 특성들이 발달되지 않은 영유아는 부적절한 시도를 통해 실패와 좌절을 경험하는 것으로만 끝날 수 있다. 이러한 유형은 행동패턴의 일부가 되고 습관적으로 반복되어질 때 부적응 행동으로 발전될 가능성이 높다.

앞에서 살펴본 여러 변인들은 부적응 행동을 정의 내리는 데 관련되어 있으며, 경우에 따라서는 복합적인 관련 변인들을 고려하여 부적응 행동을 판단해야 하기 때문에 쉬운 일은 아니다.

(2) 부적응 행동 평가

교사는 영유아의 부적응 행동 여부를 판단하기 위해 다음의 네 가지 질문들을 고려할 수 있다.

① 영유아는 제한을 상습적으로, 고의로, 일부러 어기고 있는가? 영유아가 제한을 어김으로써 다른 영유아들을 해롭게 하는가?

② 영유아의 행동이 영유아 자신을 해롭게 하는가? 영유아의 자아존중감을 손상시키는가?

③ 유아교육기관의 한 명 또는 그 이상의 교사들이 영유아의 행동을 부적응 행동으로 인식하는가? 이 때문에 영유아가 부정적인 강화를 받고 있는가?

④ 영유아의 행동이 자신의 충족되지 않은 욕구를 표현하는가? 영유아는 사회적으로 기대되지 않는 부적절한 방법으로 욕구를 충족하려고 시도하는가?

| 표 10-1 | 부적응 행동 관찰 목록

부적응 행동 관찰 목록

A. 대체로 언제 부적응 행동이 나타나는가?

- 하루 종일 아무 때나
- 귀가 때와 같은 특정한 시간
- 특별활동 혹은 특별 일과시간 동안
- 실내에서
- 바깥에서
- 전체 모임 시간같이 영유아들이 서로 근접하여 모일 때
- 교사가 주도하는 구조화된 활동시간 동안
- 자유놀이 시간 동안

B. 부적응 행동을 야기하는 요인은 무엇인가?

- 다른 영유아가 자신이 원하는 것을 가지고 있는 경우
- 다른 영유아에게 무엇을 빼앗긴 경우
- 교사가 그 영유아에게 '안 돼'라는 말을 할 경우
- 자신의 작업을 완성할 수 없는 상황
- 다른 영유아와 다툼이 일어난 상황
- 영유아들이 서로서로 밀집해 있는 상황
- 영유아가 피곤한 상태

C. 부적응 행동에 따른 피해자는 누구인가?

- 영유아 자신
- 특정한 영유아
- 누구나
- 소심한 영유아
- 나이가 많거나 혹은 적은 영유아
- 우기는 독단적인 영유아
- 남아들
- 여아들

D. 부적응 행동을 한 다음 어떤 일이 일어나는가?

- 부적절한 행동(예: 때리기)을 했음을 인정한다.
- 부정한다.
- 부적절한 행동에 따른 상대 영유아의 반응에 당황한다.
- 상대 영유아가 다시 그를 때린다.
- 부적절한 행동을 하기 전에 누가 보는지 알기 위해 주위를 살핀다.
- 피해자에게 사과를 하거나 위로한다.
- 부적절한 행동에 따른 피해자 영유아로부터 멀리 도망간다.
- 부적절한 행동에 따른 피해자 영유아 가까이에 머무른다.

출처: 지성애, 홍혜경(2018: 319)

영유아의 부적응 행동을 위한 정의를 내리고 지도를 시작하기 전에 그 행동에 대한 가능한 모든 정보를 수집해야 한다. 특히 '언제, 어디서, 어떻게, 왜' 그 행동이 발생하는지에 관한 정보를 활용하여 보다 정확하게 부적응 행동을 정의할 수 있고 효과적인 지도를 수행할 수 있다.

〈표 10-1〉에서 제시한 부적응 행동 관찰 목록은 영유아의 행동을 정의내리고 평가하기 위한 '때리는 행동'에 대한 관찰의 예이다. 관찰 목록은 부적응 행동의 유형에 따라 수정하여 사용할 수 있다. 부적응 행동 관찰 결과는 영유아의 또 다른 부적응 행동을 파악하고 정의를 내리는 데 적용할 수 있으며, 영유아의 부적응 행동을 지도하는 기초 자료로도 활용할 수 있다.

교사는 관찰을 통해 영유아의 부적응 행동에 대한 통찰력을 얻을 수 있으며, 이러한 통찰은 영유아의 부적응 행동에 대한 정의와 평가를 명확하게 해줄 뿐만 아니라, 부적응 행동을 변화시키는 데도 도움을 줄 수 있다.

2) 부적응 행동의 원인

영유아의 부적응 행동은 사회적 · 환경적 · 발달적 · 유전학적 요인 등 많은 원인에서 비롯된다. 대부분의 교사들은 심리학자나 의사가 아니며, 또한 개별 영유아에 대해서도 모든 것을 정확하게 알고 있지 못한 경우가 많다. 영유아의 삶에서 경험할 수 있는 충격적인 사건들은 스트레스와 부적응 행동을 발생시킬 수 있다. 따라서 부모나 교사는 영유아의 부적응 행동을 보다 정확하게 이해하기 위해 다양한 부적응 행동의 원인들을 살펴보아야 한다. 영유아의 부적응 행동을 야기시킬 수 있는 일반적 원인들을 제시하면 다음의 〈표 10-2〉와 같다(지성애, 홍혜경, 2018).

| 표 10-2 | 부적응 행동의 원인

부적응 행동의 원인		
• 부모-유아 애착	• 부모로부터의 관심 결핍	• 부모와의 분리
• 유아교육기관	• 자율감 발달과 갈등	• 결손가정
• 이 혼	• 형제간의 갈등	• 부모의 양육태도
• 완벽주의적인 부모	• 유 전	• 가정의 물리적 환경
• 텔레비전, 컴퓨터 게임	• 수줍음	• 신체장애
• 과잉행동과 주의력 결핍장애	• 학 대	• 부모의 중독
• 영유아의 영양상태	• 알레르기와 민감성	(예: 알코올, 약물 등)
(* 영유아의 부적응 행동은 위에 제시된 한 가지 또는 그 이상의 원인들이 겹쳐서 나타날 수 있음)		

출처: 지성애, 홍혜경(2018: 322)

이와 같이 영유아의 부적응 행동은 사회적 학습, 물리적 환경, 행동에 대한 개념, 행동 빈도, 영유아의 요구 등 변인들을 고려하여 정의내려질 수 있다. 또한 부적응 행동의 원인도 애착, 관심결핍, 분리, 유전, 양육태도, 유아교육기관 등 매우 다양하다. 영유아의 부적응 행동을 지도하기 위해서 교사나 부모는 무엇보다 관찰을 통해 영유아의 부적응 행동을 정확하게 정의하고, 부적응 행동을 하는 원인이 무엇인지 파악하여 보다 효과적인 방법으로 지도하여야 할 것이다.

2. 영유아에게 적합한 제한 설정 이해

영유아의 부적응 행동을 지도하기 위해 유아교육기관에서는 일반적으로 규칙을 많이 사용하지만 규칙은 놀이나 활동을 금지시킬 가능성이 높다. 반면 제한은 영유아의 놀이와 활동을 역동적으로 강화시켜 준다. 영유아 생활지도를 위한 규칙과 제한은 차이가 있으며 상황에 따라 효과에서도 차이가 있다. 규칙(rules)과 제한의 차이와 영유아에게 적합한 제한 설정(지성애, 홍혜경, 2018)을 살펴보면 다음과 같다.

1) 규칙과 제한의 차이

'규칙'과 '처벌'은 일반적으로 성인의 기준에 따라 영유아의 행동을 통제하려는 것이다. 대개 성인은 규칙을 만들고, 영유아는 이를 깨뜨린다. 규칙을 어길 경우에는 체벌이 뒤따른다. 때때로 규칙은 어떤 일이 일어날 수 있는 특별한 상황에 적용시키기 위해 만들어진다. 이 과정에서 모든 영유아와 모든 상황이 다를 수 있다는 것을 인식하지 못한 채, 모든 영유아와 모든 상황에 일괄적으로 적용되기도 한다. 규칙은 종종 영유아의 자연적이고 논리적인 행동에 대해 비논리적이고 인위적인 제한을 가하고 영유아가 스스로 생각할 기회를 빼앗는다. 또한 규칙을 지키지 않은 결과에 따른 체벌은 영유아를 더 화나게 하며, 자신이 원하는 일을 성인의 눈을 피해 행동하도록 할 수 있다.

예를 들어, 미끄럼틀은 일반적으로 계단을 이용해 꼭대기에 올라가도록 규칙이 정해져 있다. 이러한 규칙이 없고, 단지 안전하게 이용해야 한다는 '제한'만이 있다면, 영유아들은 자신에게 무엇이 안전한지를 판단하고 결정할 것이다. 영유아가 계단이 아닌 슬라이드로 올라가려고 한다면, 영유아는 미끄러져 내려오려 하는 친구가 없음을 확인할 것이다. 영유아가 꼭대기에서 아래로 미끄럼을 타고 내려가려고 한다면, 영유아는 아래에 있는 다른 영유아들에게 피하라고 경고를 하고 다른 곳으로 이동하는 것을 기다릴 것이다. 만약 위에 있는 유아는 내려오고, 아래에 있는 유아는 그대로 그곳에서 놀이하기를 원한다면 유아들은 문제 상황을 해결하기 위해 서로 협상할 것이다. 이러한 모든 것들은 일관된 규칙이 없어도 일어날 수 있다.

규칙은 엄격하고 깨질 수 있지만, 제한은 유연하여 개별 영유아들의 상황에 맞도록 조절할 수 있다. 제한은 영유아를 독특하고 능력 있는 존재로 존중하며, 그들이 책임 있는 행동을 하도록 기대한다.

규칙과 제한의 차이를 제한의 정의, 교사의 태도, 일관성 대 진실성, 하루 일과와 전이를 중심으로 구체적으로 살펴보면 다음과 같다.

(1) 제한의 정의

자신이 다른 말들과 함께 큰 초원에 있는 말이라고 상상해 보자. 각각의 말들은 나무에 묶여 있어서 각자의 그늘을 가지고 있다. 물과 음식은 각 말에게 배당되므로, 그 말들은 전혀 책임을 느끼지 않는다. 말들은 나무 주위에서 먹고, 자며, 걸을 수 있다. 말들은 안전하고 편안하여 갈등을 느끼지 않는다. 만약 우리 자신이 이러한 환경 안에 있다면, 수동적이나 좌절감을 느낄 수 있다.

반대로 말의 주인이 초원 주변에 울타리를 세웠다고 가정해 보자. 주인은 모든 말들을 모아서 자유롭게 풀어 준다. 말들은 음식을 먹는 장소로 가서 음식을 먹고, 그늘을 차지하기 위해 다른 말들과 경쟁할 것이다. 다른 말들이 하는 것처럼 달리고, 뛰고, 장난치며 놀 수 있다. 말들의 유일한 제한은 울타리이고, 외부의 위험으로부터 그들을 안전하게 보호할 것이다.

제한은 울타리와 같은 것으로 영유아를 귀찮게 하지 않고, 안전, 존엄, 그리고 책임감의 경계 안에서 영유아를 보호한다. 지켜야 할 규칙이 있다면 교사는 규칙을 자주 언급한다. 그러나 제한이 있다면 교사는 그 제한에 대해 언급하지 않는다. 교사들은 제한 그 자체에 대해 언급하기보다 영유아와 제한을 설정한 이유에 대해 이야기 나눈다. 그리고 영유아들은 교사의 지시를 따르기보다 학습경험에 능동적으로 참여한다. 따라서 제한은 영유아의 발달에 적합한 생활지도 방법이 될 수 있다. 규칙 대신 제한이 있는 유아교육기관에서 생활하는 영유아들은 자신들이 해서는 안 되는 경계선을 빨리 깨닫지 못하지만 점차 해서는 안 되는 전체적인 경계선을 인정하게 된다. 즉 영유아들은 자기통제의 최상의 발달단계인 내적 경계를 알고 '내면화'를 발달시켜 주위에 교사가 없어도 또는 외부의 체벌과 칭찬이 없어도 자신의 안전과 타인의 권리 등을 침범하지 않는 자기통제력을 발달시킨다.

(2) 교사의 태도

교사들에게는 영유아에게 적합한 제한을 가르치는 것이 규칙을 가르치는 것보다 훨씬 어려운 일이다. 영유아가 규칙 대신에 제한을 사용하게 하려면 더 많은 시간과 기술, 창의성 그리고 존중이 필요하다. 교사는 적극적으로 언어적 · 비언어적인 의사소통을 하고, 영유아의 의견과 생각이 가치있게 활용될 수 있음을 인정하고 이를 영유아에게 표현해야 한다.

규칙 대신에 제한을 이용하면 영유아에게 이로울 뿐만 아니라 교사를 자유롭게 해준다. 생각하기, 질문하기, 호기심 가지기는 물론 문제 해결하기의 모든 과정을 교사와 영유아가 함께 하도록 하기 때문이다. 교사는 더 이상 항상 옳은 것만 하라고 강요하는 권위적인 존재가 아니라 영유아의 지지자이자 동료로서 영유아가 편안함을 느끼도록 한다. 제한은 영유아들의 자기통제력을 발달시킬 수 있는 가치 있고 효과적인 생활지도 방법이다.

(3) 일관성 대 진실성

부모와 교사는 규칙의 적용과 이행은 일관되어야 한다는 일반적인 신념을 가지고 있다. 이러한 신념은 만약 성인이 특정한 행동에 대해 다르게 반응하고 다른 의견을 가지고 있다면, 영유아가 혼돈하고 분노할 것이라고 인식하기 때문이다. 규칙의 체계는 각각의 성인이 다른 성인이 말하고 행동하는 것과 똑같이 행동하고 반응해야 하기 때문에 성인 자신의 감정을 억누르는 것을 요구한다. 그러나 제한이 있는 '일관성'이라는 단어는 '진실성'이라는 단어로 대치될 수 있다.

- 교사에 의해 일관적으로 규칙이 형성되고 유지되는 유아교육 환경에서 영유아는 무엇을 배우는가?

첫째, 영유아들은 성인들이 같은 것을 믿고, 같은 인내 수준을 가지고 있으며 항상 모든 규칙을 준수한다고 학습한다.

둘째, 영유아는 성인은 매우 강력한 힘을 지녔고, 어린 자신들은 힘이 없다고 학습한다.

셋째, 영유아는 규칙이 자신의 생각보다 더 중요한 것이라고 학습한다.

• 규칙 대신에 '제한'이 있고, 독단적이기보다 '진실'한 교사가 있는 유아교육기관에서 영유아들은 무엇을 배우는가?

첫째, 영유아들은 성인들이 서로 다르고, 다양한 신념을 지녔으며, 다양한 인내 수준과 때로는 융통성이 있다는 것을 학습한다.

둘째, 영유아들은 성인이 보다 논리적인 방법, 새로운 방법, 현명한 사고력을 발달시키기 위해 영유아들과 힘을 공유하거나 기꺼이 포기할 수 있다는 것을 학습한다. 이는 영유아들이 교사를 동료나 지지자로 생각하게 하고, 친밀감과 공감적인 분위기를 형성하도록 돕는다.

셋째, 영유아는 자신의 생각이 규제와 규칙보다 더 중요함을 학습하고, 자신이 하고 싶은 것을 교사 앞에서 해 볼 수 있도록 한다.

(4) 하루 일과와 전이

유아교육기관에서 하루 일과와 전이 시간의 일관성은 매우 중요하다. 식사와 낮잠 시간과 같은 하루 일과는 영유아가 예견할 수 있어야만 한다. 영유아를 위해 매일 같은 시간에 낮잠 시간과 식사 시간을 계획할 수 있다. 이는 교사가 효과적으로 일과를 운영하도록 돕고, 영유아에게도 자신의 행동을 스스로 통제할 수 있도록 돕는다. 일관성 있고 예측 가능한 하루 일과에서 영유아가 안정감을 느낄 때, 영유아들은 기꺼이 교사에게 협조한다. 그러나 어린 영아의 경우에는 개인적인 내적 스케줄에 따라 융통성 있는 하루 일과를 계획해야 한다.

전이 시간(예: '이야기 나누기' 시간이 끝나고 '자유놀이' 시간으로 전환하는 시간)은 영유아에게 종종 스트레스를 주므로, 영유아에게 어떤 시간에 무슨 일이 일어날 것인가에 대해 미리 알려줌으로써 안정감과 편안함을 주어야 한다. 전이 기간 동안에도 제한된 범위 내에서 영유아를 지도하여야 한다. 예를 들어, 식사 시간으로 전이하는 동안 영유아는 손을 씻을 수 있고, 음식을 스스로 나를 수 있다.

2) 제한 설정

영유아의 발달 특성은 이들을 위한 제한 설정에서 핵심적 근거가 된다. 영아들은 의도적으로 물건을 파괴하거나 누구에게 해를 끼치려고 하지는 않는다. 그러나 때때로 영아들은 우발적으로 고통을 야기하고 물건을 파괴하며, 혼란을 유발시키기도 한다. 예를 들어, 어떤 영아는 다른 사람의 머리카락을 잡아당기는 것에 재미를 느낄 수 있다. 이 영아는 잡아당길 수 있는 자신의 능력을 발견하게 될 것이고, 자기 가까이에 오는 모든 사람의 머리카락을 잡아당기려고 할 것이다. 이러한 행동은 자연스럽게 나타나며 호기심에 의해 동기화되는 것이므로 이런 호기심을 억제하기보다는 인정해야만 한다. 하지만 영아에게는 스트레스를 주지 않는 범위 내에서 어떤 행동(예: 머리카락을 잡아당기는 것)이 부적절하다는 것을 지도해야 한다.

영아는 특히 주변에 있는 성인의 얼굴 표정, 목소리 톤, 신체적 움직임에 민감하다. 고의가 아닌 화난 모습, 거친 목소리나 행동은 영아가 갑자기 울음을 터트리게 할 수도 있다. 그러므로 적절한 행동을 유도해 내기 위해 손을 때리거나, "안 돼"라는 부정적인 말을 사용하는 방법은 효과적인 방법이 아니다. 영아를 위한 가장 효율적인 제한 설정은 비언어적으로 이루어지고, 점차 성장해감에 따라 제한은 좀 더 언어적으로 표현되고, 영유아에게 적절하게 반응하도록 약간의 책임을 부여할 수 있다.

영아에게 비언어적으로 제한을 설정하는 방법으로는 '소거(removal)'와 '대치(substitution)'가 있다. '소거'는 단지 영아가 안전하지 못한 방법으로 행동하거나 다른 사람에게 방해가 되는 행동을 하고 있을 때, 그러한 상황에서 분리시키는 것을 의미한다. 다른 예로 영아가 성인을 때리거나 놀잇감으로 다른 영아의 머리를 치면, 그 영아를 다시는 남에게 해를 끼칠 수 없는 장소로 이동시키는 것이다. 이와 동시에 영아는 자신의 관심을 집중시킬 수 있는 '대치' 활동을 필요로 할 것이다. 다른 놀잇감을 가지고 놀게 하거나 다른 영역에서 놀게 하는 것 또는 실외로 데려가거나 감각놀이를 하는 등 영아가 새로운 관심과 시선을 집중할 수 있도록 돕기 위한 대치 상황과 사물이 필요하다. 만일 영아에게 제한 설정하기를 언어로 설명하고자 한다면 그것은 '소거' 또는 '대치'의 행동과 연결하여 언급해야만 한다. 간단한 나-전달법이나 정보제공을 위해서 자연스러운 목소리로 이야기해야 한다. 실제로 어린 영아에게는 제한이 거의 필요하지 않다.

영유아는 발달함에 따라 자신의 행동에 대해 더 많은 책임을 받아들이고, 성인이 하는 말을 더 잘 이해할 수 있게 된다. 또한 영유아는 신체적 · 인지적 · 사회적 기술을 획득함에 따라 역동적인 움직임과 생각의 변화로 더 많은 위험 상황에 노출되게 된다. 영유아가 대처해야 하는 위험이 많아짐에 따라 그들은 더 많은 것을 학습하게 되지만 교사는 이런 영유아들을 감독하고 지도하는 것이 더 어려울 수 있다.

교사들은 항상 영유아의 발달 특성을 인식하고 이를 기초로 영유아 개개인에 따라 융통성 있게 지도해야 한다. 14개월된 영아는 오르기 기구의 꼭대기에서 뛰어내리는 시도는 하지 않지만 유아는 뛰어내리기를 할 수 있으므로 이러한 위험 상황에 대처할 수 있는 안전한 환경이 제공되어야 한다.

교사들은 법적으로 자신이 담당하고 있는 영유아들을 안전하게 보호해야 할 책임이 있으므로, 항상 안전에 대해 주의를 기울여야 한다. 또한 교사들은 영유아의 도전에 대한 시도의 허용 정도와 안전에 대한 배려를 균형 있게 유지해야 할 것이다.

(1) 제한 설정을 위한 지침

다음은 영유아 생활지도에 있어 제한 설정의 기본적인 네 가지 지침으로 교사-유아 모두에게 적용할 수 있다.

- 개별 영유아와 성인의 안전을 보장하는 것이어야 한다.

- 유아교육기관의 설비, 도구, 자료 등의 자산의 파손을 금지하는 것이어야 한다.
- 자신의 행동에 대한 책임을 스스로 확실하게 인정하고 수용하여야 한다.
- 모든 영유아들을 동등하게 대우하며 존엄성을 인정하여야 한다.

이러한 지침은 일어나는 각 상황에 따라 그리고 개별 영유아의 상황에 맞추어 적용하며, 즉각적인 위험과 관련되지 않는 상황에서는 융통성 있게 적용할 수 있다. 이러한 지침의 적용은 단지 교사를 좀 더 편안하게 하기 위한 것이 아니다. 교사의 역할은 영유아를 비난하거나 체벌을 하는 것이 아니라 제한에 관한 정보를 영유아에게 알려주는 것이다.

제한 설정은 다음의 5가지 기법 중에서 선택할 수 있으며 어떤 기법을 선택할 것인가는 교사가 문제 상황을 어떻게 평가하는가에 따라 다를 수 있다.

- 나-전달법 사용
- 정보 제공
- 자연적 결과 허용과 논리적 결과 고안하기
- 조건 이용
- 선택하기

이러한 기법들은 교사가 영유아에 대한 이해와 모든 영유아의 욕구를 고려하여 활용해야 한다. 같은 부적응 행동일지라도 발생 원인이 다를 수 있기 때문에 교사는 영유아의 행동이 발생한 상황과 개별 영유아에 대한 자신의 판단을 기초로 효과적인 제한 설정 기법을 선정해야 한다. 교사는 문제 상황에 대해 생각하기, 질문하기, 평가하기 그리고 문제 해결하기의 과정을 영유아와 함께 하여야 한다.

제한 설정의 목표는 영유아가 특정 행동이 다른 사람에게 받아들여지지 않음을 알고, 자신의 행동을 변화시켜야 할 책임을 스스로 깨우치도록 돕는 것이다. 또한 영유아의 행동이 다른 또래들에게 수용되고 있음을 영유아에게 확인시켜 주는 것이다. 이를 통해 영유아는 교사와 또래들에게 수용되고 있음을 인식하고 나아가 자아존중감을 발달시킬 수 있다.

(2) 교사의 목소리와 태도

교사가 제한을 설정할 때의 목표는 대부분 영유아의 행동을 변화시키기 위한 것이다. 이를 위해 교사는 영유아에게 제한에 대한 의미가 담긴 정확한 메시지를 전달해야 한다. 나-전달법을 사용할 경우 교사는 기대감과 신뢰감을 전달할 수 있는 목소리와 언어를 사용해야 한다. 만일 교사가 미안해하고 애원하는 목소리를 낸다면, 그 메시지는 영유아에게 '나는 실제로는 변화를 기대하지 않아'라는 의미로 전달될 수 있다. 또는 교사의 목소리가 강압적이며, 꾸짖거나 비판적이라면, 문제를 해결하는 것보다는 단순한 권위를 보이는 것을 의미할 뿐이다.

다른 제한 설정기법을 이용하여 효과적으로 제한을 설정하기 위해서 교사의 목소리는 중립을 유지해야 한다. 즉, 옳고 그름에 대한 판단이나 비난이 배제되어야 하며, 목소리는 단호하고, 솔직하여 영유아가 쉽게 듣고 이해할 수 있어야 한다. 또한 교사는 영유아의 눈높이 수준에서 눈을 맞추면서 눈, 목소리, 그리고 얼굴 표정을 조절하고 영유아에게 제한 설정을 적절하게 설명하면서 중립적인 태도를 유지해야 한다. 이러한 중립적 태도와 표현들은 비교적 온화하여 교사의 목소리에 영유아들이 놀라거나 두려워하지 않기 때문에 그 중요성이 낮게 인식될 가능성도 배제할 수는 없다. 또한 영유아가 한 영역에서 다른 영역으로 이동할 때 안내가 필요하다면, 교사는 영유아의 손을 잡아당기거나 신체나 옷의 일부분을 잡고 끌고 가는 방법을 사용해서는 안 된다. 교사는 영유아 뒤로 걸어가서 영유아의 어깨나 등에 손을 부드럽게 대고 영유아를 안내하는 것이 좋다. 4명 혹은 5명의 영유아집단을 안내해야 할 때는 교사가 영유아들 뒤에서 팔을 펼쳐 그들을 옳은 방향으로 안내하는 것이 좋다. 만약 영유아가 불안정한 상황에서 신체적으로 이동해야 한다면, 영유아의 팔을 잡고 이동시키기보다는 영유아의 몸을 양손으로 들어 올려 이동하도록 도와주어야 한다.

(3) 제한 설정하기 전 유의해야 할 사항

영유아에게 제한 설정하기 전에 고려해야 할 유의사항들은 다음과 같다.

① "너는 ~를 해야만 해"와 같이 영유아에게 지시하지 않는다. 이런 말은 단순하게 명령의 의미가 숨겨져 있고 영유아에게 "해야만 해"라는 단어의 서투른 사용을 가르칠 수 있다.

② "나는 ~라고 생각해"라고 말하는 대신에 좀 더 간단하고 직접적으로 말하는 것이 영유아들에게는 이해하기 쉽다. 예를 들어, "나는 식사 시간이라고 생각한다"는 말보다 "식사 시간이다"라고 말하는 것이 더 좋다.

③ "그러지 마", "안돼", "손은 제자리에", "얌전히 있어"와 같은 부정적인 금지언어를 사용하지 않는 것이 효과적이다. 이러한 금지언어 사용은 영유아가 모방할 수 있는 부정적인 역할모델을 제공할 수 있다.

④ "너는 나쁜 아이구나", "생각을 잘못하는 아이구나", "너는 자신을 부끄럽게 생각해야 한다"와 같이 영유아를 공격하는 언어를 사용해서는 안 된다. 영유아를 공격하는 언어사용은 영유아의 자아존중감에 치명적인 영향을 준다.

교사는 영유아가 제한에 대해 계속해서 논쟁하는 것은 피해야만 한다. 만약 영유아가 교사와 함께 제한에 대해 논쟁하려 한다면, 이에 대한 좋은 반응은 "문제는 ~이다"라고 말한 다음 제한을 반복해서 말한다. 영유아 생활지도에서 교사가 피해야 하는 것은 부적응 행동을 한 다음 도망가는 영유아를 뒤쫓아 가는 것이다. 이때 교사는 "나는 너를 뒤쫓아 가지 않을 거야."라고 말해야 한다. 그러면 영유아는 자신의 영역을 떠나지 않고 그 자리에 있을 것이다. 영유아가 침착해지고, 들을 준비가 잘 되어 있을 때, 교사는 제한을 다시 명확하고 확실하게 설정하고 영유아와 이야기하도록 한다.

영유아가 어떤 행동도 시도하기 전에 제한을 미리 주어서는 안 된다. 영유아가 부적절하게 행동할 것이라고 교사가 미리 예측하여 영유아의 행동을 제한하려 한다면, 그 영유아는 자신의 의도를 믿을 수 없게 되고 자신이 생각하는 것 등을 행동으로 시도하려 하지 않을 것이다. 이와 반대로 영유아는 전에는 벗어나려고 하지 않았던 제한을 넘어서려고 생각을 하고 제한과 어긋난 행동을 할 수도 있다. 제한은 단지 수용 가능한 행동에 대한 외적 경계선이다. 제한은 행동이 경계선에 미칠 때에만 주어져야 한다.

(4) 영유아의 반응

영유아들은 자신의 개인적인 방법으로 제한 설정에 대한 문제 해결 방법에 반응하는데 대부분 논리적이고 적절하게 반응한다. 일부 영유아들은 제한 설정에 대해 부정적으로 일관성 있게 반응하기도 하는데 이러한 경우 영유아들은 특별한 관심을 필요로 하는 부적응 행동을 지닌 것이다.

영아기 이후 문제 해결에 대해 학습한 영유아는 나-전달법 의도를 잘 파악한다. 나-전달법은 영유아에게 신뢰와 존중을 전달하기 때문에, 영유아들은 성인의 권력과 통제력이 자신들에게 부과됨을 느끼지 않는다. 제한은 안전에 대한 문제를 제외하고는 영유아들에게 자동적으로 지킬 것을 강요하지는 않는다. 영유아들은 제한을 지키지 않을 때 따르는 두려움 때문이 아니라 집단에서 수용되는 구성원이 되기 위해 또는 자신의 필요와 의지에 따라 제한을 따른다.

전 언어적 단계에 속하는 영아에게는 교사가 말하는 것이 무엇인지, 기대하는 것이 무엇인지에 대해 영아가 이해할 수 있도록 도와주어야 한다. 예를 들어, 어떻게 장난감을 줍고, 어떻게 선반에 정리하는지를 보여주는 것이 필요하다.

교사는 영유아의 다양한 기질과 개인적 특성이 영유아의 반응에 반영된다는 것을 인식하고 이해하는 것이 중요하다. 교사가 제시한 제한에 대해 영유아들이 나타낼 수 있는 다양한 반응 수준은 다음과 같다.

① 가장 높은 수준은 이상적인 반응이다.
영유아는 부적응 행동을 멈추고, 재빨리 변화한다. 이것은 실제로 문제 해결을 기초로 하는 프로그램에서 나타날 수 있는 가장 일반적인 반응이다.

② 영유아들은 제한을 설정하는 메시지를 듣고 행동을 지연한다.

영유아는 자신의 놀이와 활동에 몰두해 있고, 방해받는 것을 싫어할 수도 있다. 이때 교사는 이러한 상황을 잘 판단해야 한다. 만약 상황이 불안정하거나 파괴적이라면 그 행동을 즉시 멈추게 하고 영유아에게 이유를 설명해야 한다.

③ 다음 단계는 저항이다.

영유아는 자신의 행동이 괜찮다고 생각하거나 그 행동을 변화시키기를 원하지 않는다고 느낄 수 있다. 이때 교사가 영유아의 행동이 변화되어야 한다고 생각한다면 가능한 영유아와 눈높이를 맞추고 제한을 단호하게 다시 언급해야 한다. 나-전달법을 사용하여 정보를 제공하거나 다른 다양한 방법을 사용할 수 있다.

④ 가장 낮은 단계의 반응은 철저한 거부이다.

여러 가지 방법을 시도하였으나 영유아는 여전히 제한을 따르기를 거부한다. 교사는 영유아가 왜 제한을 따르기를 거부하는지에 대한 원인을 이해하는 것이 중요하다. 이 수준에서는 다른 방법을 시도해 보아야 한다. 제한을 따르지 않는 영유아 논리가 영유아의 관점에서 보면 타당할 수도 있다.

(5) 교사의 반응

영유아의 행동이 교사를 화나게 하거나 좌절시킬 때가 있다. 이럴 경우, 교사는 자신의 화난 감정을 영유아에게 솔직하게 표현해야 한다. 이것은 교사가 자신의 감정을 완화시키고, 영유아에게 자신을 한 인간으로서 알릴 수 있는 좋은 기회이다. "나는 너희들이 책을 찢는 것을 보았을 때 너무 화가 났단다."와 같은 '나-전달법'은 영유아에게 교사도 화난 감정을 가졌음을 알려준다. 교사의 이러한 행동은 다른 사람에게 해를 입히지 않고 자신의 격한 감정을 적절히 표현하는 역할 모델로 작용할 수 있다.

본 장에서는 영유아의 부적응 행동에 대한 이해와 영유아의 부적응 행동을 지도할 수 있는 적합한 방법으로써 제한 설정에 대해 살펴보았다. 교사나 부모는 영유아 부적응 행동에 대한 정의와 판단 지침을 정확하게 인식하여야 하며, 이에 근거한 생활지도 방법으로써 발달에 적합한 제한 설정을 적절하게 활용하여야 할 것이다.

Chapter 11

사회적 부적응 행동 생활지도

영유아는 성장해 가면서 자신이 속한 문화와 다른 사람에 대해 올바르게 인식하고, 사회구성원들과 긍정적으로 상호작용할 수 있어야 한다. 본 장에서는 이러한 영유아의 사회성 발달에 부정적 영향을 미치는 공격성, 괴롭히기, 고립, 거짓말과 같은 사회적 부적응 행동 특성과 원인 그리고 구체적인 생활지도 방법의 실제를 살펴보고자 한다.

1. 공격성

영유아의 공격성은 다른 영유아에게 의도적으로 신체적 · 심리적 해를 가하는 행동(Crick, Casas, & Ku, 1997)으로 타인이나 타인의 소유물에 위해를 가하는 부정적인 행동을 말한다(김현주, 김정희, 송연숙, 최애경, 박선미, 2017). 유아의 공격적 행동은 때리기, 물어뜯기, 사물 던지기, 신체적 공격 가하기, 욕하기, 별명 부르기 등의 행동으로 나타나는 사회적 부적응 행동이다.

1) 공격적 행동 특성

영유아의 공격성은 2세경에 나타나기 시작하며, 2.5세~3세경에는 때리고 차는 신체적 공격성이 주로 나타나고, 3~5세경에는 신체적 공격성은 감소하나 놀리거나 욕하는 등 언어 공격성이 증가한다(Maccoby, 1992). 이는 유아의 언어 사용 기술이 발달하고 신체적 공격을 바라지 않는 성인의 기대와 사회적 규제에 따르기 때문이다.

또한, 유아기에는 발달적으로 관련 개념이 형성되지 않아 고의성과 죄의식 없이 공격적이거나 반사회적인 행동을 나타내기도 한다. 하지만 연령이 증가함에 따라 인지능력이 향상되어 부적응 행동이 감소하기도 한다.

공격적 행동을 하는 영유아의 특성은 다음과 같다(Kaiser & Rasminksy, 2017).

첫째, 공격적인 행동을 하는 영유아는 독특한 사고방식을 가지고 있다. 예를 들어, 공격적인 유아는 공격이 타인에게 수용되는 행동이며, 자신의 사회적 위치와 자존심을 높일 수 있다고 생각한다. 따라서 공격적인 유아들은 자신의 역량을 과대평가하는 경향이 있으며, 공격을 받는 영유아가 자신들을 다치게 하지 않는다고 생각한다. 특히, 어릴수록 공격적 행동을 통해 자신이 원하는 보상을 성공적으로 얻은 경험으로 인해 이와 같은 생각을 쉽게 바꾸지 않는다.

둘째, 공격적 행동을 하는 영유아들은 도덕적 이해력이 낮다. 이들은 자신들의 공격적 행동이 도덕적으로 받아들여지는 행동이라고 생각하며, 다른 사람의 관점에서 바라보지 못한다. 또한, 자기주장이 강하고, 협력과정에서 일이 잘못되었을 때 다른 사람을 탓하기도 한다. 이들은 공격적 행동으로 다른 사람이 다쳐도 계속 공격을 하는 모습을 보인다.

셋째, 공격적인 영유아일수록 스트레스를 많이 받는다. 공격적 행동으로 인해 타인과의 상호작용 과정에서 거절당하기 쉽고, 이러한 거절 경험이 반복되면 다른 사람들이 자신을 싫어한다고 생각하게 되며, 자신을 보호하기 위해 더욱 공격적 행동을 보인다. 사회적 관계에서의 거절 경험은 영유아에게 더 많은 스트레스를 가져다준다.

지속적으로 공격적 행동을 하는 영유아는 충동적이고, 공감능력이 약하며, 또래관계에서 협동이 부족하는 등 전반적으로 사회성 발달이 미약한 편이다.

공격성에 대한 분류는 학자에 따라 다양하나 영유아의 공격적 행동은 표현방식에 따라 신체적 공격, 언어적 공격, 사물 파괴 행동으로 구분할 수 있다. 이러한 직접적 공격 행동 이외에도 수동적 공격이나 자기 회피적 공격 행동이 나타나기도 한다. 공격 행동을 하고 싶지만 겉으로 표현할 용기가 없을 때 나타나는 고집부리기, 꾸물거리기, 거부적 태도, 부정적 반응, 상대방에 대한 무시는 수동적 공격 행동이다. 자기 회피적 공격 행동은 자신에게 공격적 행동을 가하는 자학적인 행동을 말한다.

2) 공격적 행동 원인

영유아의 공격적 행동이 나타나는 원인은 매우 다양하다. 불안정 애착, 부모의 양육태도와 공격적 행동의 모델링, 부정적인 관심 끌기, 주도권 빼앗기, 보복하기, 무기력에 대한 대처, 학대에 대한 분노 표출, TV · 비디오 · 게임의 공격성 모방, 주변 상황에 대한 잘못된 지각, 저지당한 경험에 의한 좌절, 복종의 강요, 불안의 위협, 분노, 자기 과시 및 우월감의 표현으로 공격적 행동이 나타나기도 한다. 공격적 행동은 한

가지 원인 혹은 복합적 원인에 의해 나타날 수 있다. 이들 원인들은 환경적 원인과 생물학적 원인으로 구분할 수 있으며, 환경적 원인은 문제 환경의 제거나 변화를 통해 해결할 수 있으나 생물학적 원인인 경우 전문가와 함께 개별 영유아에 적합한 접근을 시도해야 한다.

한편, 일부 공격적 행동은 정상적 발달과정에서 일어나는 현상임을 이해하여야 한다. 구강기 영아는 물기 행동을 자주 보이고, 걸음마기 영아는 또래와 놀잇감을 공유하기 힘들다. 교사의 부적절한 기대는 영유아의 공격적 행동을 감소시키지 못함을 인식하고, 영유아의 발달에 적절한 기대와 환경을 조성해 주어야 한다.

3) 공격적 행동 지도

공격적 행동 지도가 유아기에 이루어져야 하는 이유는 다음과 같다(Essa, 2002).

첫째, 공격적 행동은 환경에 의해 강화되거나 소거될 수 있다. 교사는 적절한 방법으로 유아의 공격적 행동을 소거하고, 긍정적인 사회적 기술을 강화해야 한다. 부적절한 행동에 대해 무시하거나 관심을 철회하고 적절한 행동에 대해 즉각적인 관심과 격려 및 칭찬으로 강화하여 줌으로써 바람직한 행동습관을 형성하도록 도울 수 있다.

둘째, 공격적 행동은 유아의 긍정적 자아개념 형성을 방해한다. 부적절한 행동에 대한 교사의 반응과 또래의 거부와 같은 부정적 반응은 유아의 자아개념을 손상시키고 정서적 스트레스를 심화시켜 불안증, 우울증, 부적응 등의 문제로까지 이어질 수 있다.

셋째, 공격적 행동은 다른 유아들에게 피해를 입힌다. 신체적 공격은 신체에 상처를 입히고, 언어적 공격은 정서적 스트레스를 주는 등 다른 유아들에게 직접적 피해를 주고, 사물의 파괴는 위협감을 주고 공동으로 사용하는 도구에 경제적 손실을 가져온다.

넷째, 공격적 행동 지도는 즉각적인 문제 행동의 변화뿐만 아니라 유아의 사회화, 자기조절, 긍정적 자아감 등 전인적 성장에 기여한다. 유아는 긍정적 의사소통을 통해 바람직한 행동을 학습하게 되고, 유아의 바람직한 행동은 타인으로부터 긍정적인 평가를 이끌어 내며, 이로 인해 자기조절, 사회적 상호관계 능력을 증진시키고 나아가 긍정적 자아감을 형성할 수 있게 된다.

다섯째, 인간의 태도나 습관은 유아기에 대부분 형성되므로, 공격적 행동은 유아기에 지도되어야 한다. 아동기 이후에 이미 습관화된 공격적 행동을 변화시키려면 유아기보다 더 많은 시간과 노력이 필요하다.

한편, 유아교육기관에서 공격적 행동을 지도하기 위해서 교사들은 영유아의 공격 행동을 목록화하고, 공격 행동 유형에 따른 지도 방법을 모색하여야 한다. 공격적 행동에 대해 교사들은 흔히 부적절한 행동을 확인하고, 그러한 행동을 하면 안 되는 이유를 설명하며, 영유아와 함께 시간을 보내는 방법을 사용할 수 있다. 하지만 이러한 행동이 관심 끌기 방법으로도 사용될 수 있음을 인식하고, 어떠한 공격적 행동도 허용될 수 없음을 단호하게 말하며, 문제에 따라 적절한 대응 방법을 사용하고, 유아 자신을 조절할 수 있도록 안내하여야 한다.

영유아의 공격적 행동에 대한 주요 지도 방법을 제시하면 다음의 〈표 11-1〉과 같다(지성애, 홍혜경, 2018).

| 표 11-1 | 공격적 행동 지도 방법

- 화내는 행동을 하지 않을 때 존중받고 수용될 수 있음을 인식시키고, 화를 조절할 수 있는 다른 방법들을 안내한다.
  - 유아를 화나게 한 사람과 이야기하는 방법
  - 원하는 놀잇감을 다른 유아가 사용하는 동안 기다리며 할 수 있는 다른 놀이나 활동 찾기
  - 다른 유아를 아프게 하는 행동 대신 쿠션이나 펀치 백을 두들기는 방법
  - 교사에게 화가 난 자신의 감정을 언어로 전달하고 도움을 요청하는 방법
- 공격으로 인한 희생을 줄이고 공격당하는 유아를 보호하기 위해 중재한다.
  - 공격당하는 유아가 공격자와 맞설 수 있도록 약한 유아 곁에서 힘을 제공하기
  - 공격당하는 유아가 자신의 감정을 언어로 표현하고, 자신의 권리를 주장하도록 하기
- 문제를 지닌 유아의 요구를 충족할 수 있는 수용 가능한 방법에 대해 이야기한다.
  - 감정이 상처받았을 때 유아의 감정을 수용하고, 요구를 충족시키며, 수용될 수 있는 방법 안내하기

4) 공격적 행동 지도 실제

유아교육기관에서 나타나기 쉬운 공격적 행동에 대해 분명하게 진술하고, 문제 행동을 관찰하고 원인을 분석하여 공격적 행동 지도 방법을 고려한 대안을 수립한다. 대안으로 해결되지 않을 경우 행동수정을 계획하여 이행할 수 있다. 공격적 행동의 하나인 때리는 행동 사례와 일반적인 지도전략 예시는 다음과 같다.

공격적 행동 사례

4세 남아인 수철이는 이야기 나누기 시간에 바닥에 앉아있을 때 몸을 양옆으로 기울이거나 손과 발을 앞으로 뻗으며 친구들을 민다. 친구들이 "밀지 마"라고 말해도 미는 행동을 지속한다. 한 친구가 큰 소리로 "밀지 말라고"하며 짜증을 내자 오히려 주먹으로 그 친구를 때린다.

문제 행동	때리는 행동
행동진술	다른 사람에게 의도적으로 신체적 해를 입히는 행동
행동관찰	• 언제 때리는가? • 때리는 행동을 야기하는 원인은 무엇인가? • 피해자는 누구인가? • 때린 후에 어떻게 하는가?
원인분석	• 관심 끌기 수단인가? • 감정해소 방법인가? • 사회적 기술의 부족인가? • 정신적 손상으로 인한 행동인가?
대안	• 특정 유아와의 문제인 경우 행동 유발 원인을 파악하여 지도하거나, 둘을 떼어 놓는다. • 대집단 활동의 밀집된 상황이 원인이면 교사가 공격적 유아를 끼고 앉거나 충분히 공간을 확보해 주며, 모이는 횟수를 줄인다. • 좌절감이 원인인 경우, 욕구 좌절 상황을 파악하고 비계설정 등을 통해 성취감을 유도한다. • 유아들에게 제공된 자료의 발달적 적합성을 확인한다.
행동수정	• 대안책으로 문제가 해결되지 않을 경우, 행동수정 프로그램을 이행한다. • 행동수정 목표를 설정하고 문제 행동 빈도수를 관찰하여 기준선을 설정한다. • 이후 다음의 절차로 행동수정을 실시한다. - 때리는 행동이 발생하는 상황과 시간을 파악하여 모델링으로 사회적 기술을 습득시켜 문제 행동을 예방한다. 개방형으로 끝나는 짧은 이야기를 활용하여 공격적 행동 대안을 탐색하고, 다양한 방법으로 순서를 정하여 이를 지키도록 함으로써 문제 상황을 예방한다. - 긍정적 행동을 찾으려 노력하고 이에 대해 즉시 관심을 보여주어 유아의 긍정적 행동을 강화한다. - 행동수정을 실시하는 동안 때리는 행동이 나타나면 즉각적으로 활동중지(time-out)을 사용한다. - 행동변화를 파악하기 위해 그래프에 계속 기록한다. - 행동수정 이후에도 지속적으로 긍정적 강화를 제공함으로써 유아의 변화에 대한 교사의 인정을 유아에게 인식시킨다.

2. 괴롭히기

Olweus(1999)는 '괴롭히기(bullying)'란 오랜 기간 동안 다른 개인이나 집단으로부터 공격에 반복적으로 노출되는 상태라고 하였다(Smith & Brain, 2000). 즉 특정 유아를 대상으로 의도를 가지고 반복적으로 또래관계에서 소외시키거나 놀이 활동을 방해함으로써 유아의 사회적 부적응을 가져오는 행위이다. 괴롭히기 행동은 신체 공격하기, 방해하기, 빼앗기, 위협하기, 놀리기, 몰아세우기, 거부하기 등으로 나타나는 사회적 부적응 행동이다.

1) 괴롭히기 행동 특성

괴롭히기는 공격적 행동 특성의 일환으로 나타나기도 하며, 다른 사람을 공격하여 상대의 자아존중감을 파괴하는 행동으로 이는 자신을 괴롭히는 낮은 자아존중감의 결과로 생성된다. 괴롭히기는 언어적, 물리적(사물), 신체적 또는 소외행동으로 구분할 수 있으며, 일반적으로 연령에 따라 증가한다. 신체적 괴롭힘 등 괴롭히는 행동은 남아에게서 많이 나타나지만, 사회생활을 방해하여 고립시키는 소외와 같은 관계적 괴롭힘은 여아들에게서도 많이 나타난다(Perren & Alsaker, 2006).

괴롭히는 행동을 하는 유아들의 특성을 요약하면 다음과 같다(이정윤, 이재연, 2003; 이춘재, 곽금주, 2000).

첫째, 공격적이고 충동적이며, 죄책감이나 수치심 및 동정심이 부족하다.
둘째, 힘이 세고 거칠며, 지배적이고, 자신감이 있어 보여 이를 또래들이 지도력으로 혼동할 수 있다.
셋째, 자신에게 필요한 보상이 제공되므로 괴롭히는 행동을 즐긴다.
넷째, 이기적이고 욕심이 많다.

2) 괴롭히기 행동 원인

다른 사람을 괴롭히는 문제 행동의 일반적 원인으로 아동 학대, 알코올 중독 및 약물 중독 부모, 부모의 비판적 양육태도, 부모 이혼 등을 들 수 있다. 유아를 둘러싼 환경 특히 가정 및 부모와의 부정적 상호작용으로 발생한 유아의 낮은 자아존중감이 유아가 성장함에 따라 타인을 괴롭히는 행동으로 연계될 수 있다. 또한 유아의 응석과 어리광에 대한 지나친 허용이나 잘못된 이해로 인한 부정적인 관심 끌기 및 무기력에 대한 대처, 잠재된 분노 표출로도 괴롭히는 행동이 나타날 수 있다. 괴롭히는 행동은 주로 유아들이 함께 생활하는 교육기관에서 발생하지만, 교사는 유아의 괴롭히기 행동에 이러한 원인들이 복합적으로 작용하고 있음을 인식하여야 한다.

일반적으로 괴롭히기 행동 원인은 피해 유아의 신체적·사회적 특성과 가해 유아의 스트레스와 불만, 콤플렉스와 우월감을 들 수 있다. 특히 유아교육기관에서의 따돌림은 놀이 규칙을 지키지 않은 유아, 수줍음이 많은 유아, 신체적 이유, 고자질이나 잘난 척하는 유아 등을 대상으로 하는 경우가 많다(이정윤, 이재연, 2003). 불안한 양육환경과 부정적 양육태도, 유아의 공격적 행동에 대한 허용 정도, 부모의 언행과 자녀학대 등으로 가정에서 부모로부터 수용되어지는 경험을 하지 못한 유아들이 또래에 대한 수용 능력도 낮을 수 있다. 교사는 괴롭히는 행동에 대한 대처방안을 세우고, 괴롭힘을 당하는 유아에 대해서도 배려하고 수용적인 모습을 보여주어야 한다.

3) 괴롭히기 행동 지도

괴롭히기 행동에 대한 주요 지도 방법을 제시하면 다음의 〈표 11-2〉와 같다(지성애, 홍혜경, 2018).

| 표 11-2 | 괴롭히기 행동 지도 방법

- **제한 설정을 통해 유아의 부적응 행동을 지도하며, 피해 유아가 긍정적인 자아존중감을 형성할 수 있도록 돕는다.**
  - 문제 유아가 피해 유아를 외면하고 화난 표정을 짓는 경우, 교사는 피해 유아의 자아존중감이 손상되지 않도록 적극적 경청을 하고 긴밀한 관계를 형성한다.
  - 문제 유아를 위해서는 '제한'을 설정하여 따르도록 지도하고, 피해 유아에게 일어난 슬픔과 상실을 다룰 수 있도록 놀이 치료를 제공한다.
- **유아의 문제 행동에 원인이 될 수 있는 요인을 이해하고 부모 면담을 병행한다.**
  - 가정환경 문제가 복합적으로 작용하였을 경우, 부모와 협력하여 문제 유아를 돕는다.
  - 괴롭히는 행동의 원인도 가정환경과 양육태도 등 부모와 밀접한 관련이 있음을 인식하고, 부모 면담을 통해 유아 문제 행동의 원인을 이해하고 원인에 따른 해결방안을 부모와 함께 실천한다.
  - 자신의 자녀들을 위해서 협력하려 하지 않는 적대적 부모들에게 교사가 할 수 있는 최선의 방법은 문제 행동을 나타내는 유아가 긍정적인 자아존중감을 형성하도록 돕는 것이다.

4) 괴롭히기 행동 지도 실제

유아교육기관에서 나타나기 쉬운 괴롭히기 행동에 대해 분명하게 진술하고, 문제 행동을 관찰하고 원인을 분석한다. 괴롭히기 행동 지도 방법을 고려하여 원인에 따른 대안을 수립하고, 만약 대안으로 해결되지 않은 경우에는 공격적 행동 지도전략에서 제시한 바와 같이 행동수정을 계획하여 이행할 수 있다. 괴롭히기 행동 사례와 일반적인 지도전략 예시는 다음과 같다.

괴롭히기 행동 사례

4세 여아인 수진이는 자유놀이 시간 역할 영역에서 놀이할 때 자신의 의지대로 친구들의 역할을 정하고 이에 동의하지 않은 친구에게 화를 내고 때리려고 한다. 또한, 자신보다 어리고 약한 지민이에게 냄새가 난다고 말하고 옆에 앉지 않으려하고, 다른 친구들에게 지민이와 놀지 말라고 말한다. 수진이는 집에서도 자기 뜻대로 되지 않으면 소리를 지르고 화를 낸다.

문제 행동	괴롭히기 행동
행동진술	적대심을 갖고 상대를 공격하여 괴롭히는 행동
행동관찰	• 언제 괴롭히는 행동이 일어나는가? • 괴롭히는 행동을 야기하는 원인은 무엇인가? • 피해자는 누구인가? • 어떠한 행동으로 괴롭히는가? • 괴롭히는 행동 후에 어떻게 하는가? • 주변 또래들은 어떻게 행동하는가?
원인분석	• 관심 끌기 수단인가? • 감정의 반영인가? • 사회적 기술의 부족인가? • 양육환경의 영향인가? • 피해 유아의 신체적 · 사회적 특성의 영향인가?
대안	• 괴롭히는 행동은 수용될 수 없음을 단호하게 전달한다. • 관심 끌기 목적이라면 자신보다 약한 유아와 좋은 관계를 유지할 때 격려한다. • 교사는 피해 유아를 수용하는 모습을 보여준다. • 피해 유아의 사회적 기술을 증진시킨다. • 부모와 협력하여 양육환경을 변화시킨다.

3. 고립

고립은 친구에게 선택받지 못하고 소극적이고 불안하며 자신이 없고 또래와 상호작용하지 않은 채, 집단생활에서 고립되어 혼자 놀거나 놀이 방관자 행동을 보이는 상황을 말한다. 어떤 유아들은 스스로 고립되기도 하지만 또래에 의한 소외로 인해 나타나기도 한다. 유아의 고립 행동은 이후 괴롭힘이나 따돌림으로 연결될 수 있는 사회적 부적응 상태이다.

1) 고립 행동 특성

고립된 유아들은 사회적 기술이 부족하여 어떻게 행동하여야 다른 사람들이 긍정적으로 반응하는지 예측하지 못하고 상황에 맞지 않는 방법을 사용함으로써 또래로부터 거부되고 또래집단과의 접촉이 낮다. 또한 다른 사람과 함께 상호작용하지 못하고 혼자 있거나 함께 하자고 권유해도 반응하지 않는다. 부끄러워하고 수동적이고 무기력하여 개인의 요구나 의견을 표현하지 못하는 고립된 유아는 자신의 권리를 심하게 침해당할 수 있다. 무반응이나 주의 집중 결여와 같이 사회적 상호작용이 부족한 고립 행동은 이후에 우울로 이어질 수도 있다.

고립 행동을 보이는 유아의 특성은 다음과 같다(유효순, 지성애, 2004; Essa, 2002).

첫째, 유아의 행동이 또래와의 상호작용을 감소시키거나 방해한다. 또래로부터 유아의 공격적 성향으로 인해 거부되거나, 상호작용이 느리고 우호적이지 않아 무시된다. 유아는 어떤 활동에도 흥미를 보이지 않으며, 참여도 하지 않는다. 수줍어하는 유아는 집단 활동 시 조용히 앉아 있으며, 질문에도 반응하지 않는다.

둘째, 사회인지(social cognition)가 제한적이다. 타인의 의도를 파악하지 못하고, 적절한 해결책을 제시하지 못하며, 어떤 행동이 친구관계를 유지하거나 훼손하는가에 대한 인식이 부족하다.

셋째, 감정이입이 제한적이다. 감정이입은 친사회적 행동을 촉진하고 친구관계의 질을 증진시키나 고립된 유아는 감정이입이 제한적이고 반사회적 행동과 비사회적 행동을 많이 하여 또래로부터 거부되거나 무시된다.

넷째, 일부 고립된 유아는 친구관계를 스스로 배제한다. 이로 인해 또래에게서 배척당하기 쉽다.

다섯째, 상호작용의 기회가 제한적이다. 또래와의 협력을 필요로 하는 역할놀이와 같은 사회적 놀이에 참여하지 않고, 혼자서 할 수 있는 조작적 자료나 게임 등에 익숙하다. 다양한 활동을 원하지 않고 한 가지 놀잇감만 가지고 놀기를 고집한다.

여섯째, 대근육 활동을 회피하며, 활동적으로 움직이지 않으려한다.

고립 행동을 보이는 유아들은 대근육 활동과 같은 동적인 활동을 회피하거나, 주의집중력이 짧으며, 손짓 등을 사용하며 언어적 상호작용을 하지 않으려 한다. 이러한 고립 행동이 지속된다면 사회적 상호작용 기술과 능력을 발달시키지 못하여 이후 교우관계 및 대인관계 형성의 어려움과 심리적 부적응을 야기할 수 있다.

2) 고립 행동 원인

고립과 같은 비사회적인 행동의 원인으로 생물학적 원인, 사회 · 심리적 원인, 초기 부모-자녀관계 등을 들 수 있다(정계숙, 황영미, 2000). 자극에 대한 각성수준이 비정상적으로 낮은 경우, 기질적 요인과 불안정한 초기 부모-자녀관계, 사회적 접근과 회피 간의 심리적 갈등과 같이 스스로 상호작용을 꺼리는 경우뿐만 아니라 또래들의 거부로 인해 고립이 나타날 수 있다. 고립은 공격적 고립과 위축적 고립으로 구분하기도 한다(Boulton & Smith , 1994). 공격적 고립은 다른 유아에 비해 사회적 기술이나 상호작용 수준이 미흡하지 않지만 타인의 권리를 무시하거나 폭력을 행사하는 비사회적 태도를 보이는 것이고, 위축적 고립은 자기표현이 적고 수동적이며 또래 접근성이 낮고 대인관계에 불안이나 우울의 특성을 보이는 사회적 능력의 부족으로 인한 것이다.

유아교육기관에서의 고립 행동의 원인은 다음과 같다.

첫째, 유아교육기관의 경험이 새로운 것으로 불안감이나 두려움을 지니며, 교사들의 긍정적 관심과 격려가 부족하다.

둘째, 발달단계상 혼자놀이 시기이거나 신체적 발달이 늦어 또래에 의해 위협감을 느낄 수 있다.

셋째, 활동이 너무 쉽거나 어려워 싫증이 나서 집단 활동에 참여하지 않으려 할 수 있다.

넷째, 교실에 제공된 자료와 활동이 단순하여 한 가지 활동에만 집중할 수 있다. 유아들은 종종 새로운 놀잇감에 숙달하기 위해 반복적인 활동을 할 수도 있다.

다섯째, 장애나 다문화와 같은 특별한 요구를 지닌 유아들에게 주어진 제한적 환경에 의해 고립 행동이 나타날 수도 있다.

3) 고립 행동 지도

또래와의 긍정적 경험은 사회적 지식과 기술의 획득을 유도하고, 또래에 의한 수용은 소외감, 고립감과 외로움을 극복하는 데 도움이 된다(Essa, 2002; Howes, 1987). 고립 행동은 교사와 또래에 의해 지도될 수 있으며 주요 지도 방법을 제시하면 다음의 〈표 11-3〉과 같다(Essa, 2002).

| 표 11-3 | 고립 행동 지도 방법

- **사회적 기술 향상과 수줍음 극복 프로그램으로 사회적 기술 부족과 부끄러움으로 인한 고립을 예방한다.**
  - 교실을 함께 돌며 다른 유아들의 사회적 활동을 말해 주고, 유아가 보았던 것을 이야기하며 다른 유아들의 사회적 활동을 관찰하기
  - 협력적이고 우호적인 유아들 옆에 앉아 놀이에 참여하도록 분위기 조성하기
- **교사와 또래의 지속적인 관심과 강화를 통해 중재한다.**
  - 고립 행동을 보이는 유아가 혼자 활동할 때 교사는 1~2명의 친구가 함께 할 수 있는 기회 조성하기
  - 소집단 활동을 자주 계획하여 소수의 다른 유아들과 함께 활동할 경험을 제공하며, 이때 고립 행동을 보이는 유아와 함께 하는 다른 유아들에게 긍정적 언어표현과 안아주기와 같은 사회적 강화를 동시에 제공하기
  - 교사는 다른 유아에게 함께 놀자고 요청하거나 놀이에 참여하는 방법 등 사회적 기술을 지도하고 모델링을 통하여 모방할 수 있도록 안내하기
  - 사회적 기술이 부족하여 위축적 고립 행동을 보이는 경우 유능한 또래와의 접촉을 통한 또래 지도 및 모델링 전략 활용하기
  - 고립 유아의 장점과 잘하는 행동에 대한 인정을 언어 및 몸짓으로 적극 표현해 주기

교사는 지나치게 급하게 고립 행동을 수정하고자 하면 오히려 자신감을 저하시키고 위축을 심화할 수 있음을 인식해야 한다.

4) 고립 행동 지도 실제

유아교육기관에서 나타나기 쉬운 고립 행동에 대해 분명하게 진술하고, 문제 행동을 관찰하고 원인을 분석한다. 고립 행동 지도 방법을 고려하여 원인에 따른 대안을 수립하고, 만약 대안으로 해결되지 않은 경우에는 공격적 행동 지도전략에서 제시한 바와 같이 행동수정을 계획하여 이행할 수 있다. 고립 행동 사례와 일반적인 지도전략 예시는 다음과 같다.

고립 행동 사례

4세 여아인 미경이는 자유놀이 시간에 친구들과 함께 어울리지 않으며 홀로 있으려 한다. 하지만 역할영역에서 함께 놀이하는 친구들을 종종 바라본다. 또한, 이야기 나누기 시간에도 먼저 손을 들어 발표의지를 보이지 않으며, 교사가 발표하도록 이름을 부르면 대답하지 않고 울려고 한다.

문제 행동	고립 행동
행동진술	소극적이고 불안해 보이며, 또래와의 상호작용 빈도가 낮고, 혼자 놀거나 방관자적 행동을 하는 것
행동관찰	• 언제 고립 행동이 일어나는가? • 고립 행동을 야기하는 원인은 무엇인가? • 고립되어 있는 동안 어떠한 방식으로 시간을 보내는가? • 주변 또래들은 어떻게 행동하는가?
원인분석	• 관심 끌기 수단인가? • 기질이나 성향의 반영인가? • 사회적 기술의 부족인가? • 양육환경의 영향인가?
대안	• 소집단 활동으로 다른 유아와 함께 활동할 기회를 제공한다. • 고립 행동 유아가 또래와 어울릴 경우 긍정적 강화를 제공한다. • 고립 유아와 상호작용하는 다른 유아에게 긍정적 강화를 제공한다. • 고립 행동 유아에게 모델링 기회를 제공하는 등 사회적 기술을 지도한다. • 사회적 기술이 유능한 또래와의 접촉 기회를 제공한다. • 관심을 끌려는 목적으로 놀이에 참여하지 않으면 관심을 보이지 않아야 한다.

4. 거짓말

유아의 거짓말은 의도성을 지닌 청소년기의 거짓말(Engels, Finkenauer, Kooten, 2006)과는 달리 상대방을 속이고자 하는 의도가 없더라도 사실과 다른 말을 하는 행동이다. 의도성이 없는 유아의 거짓말도 습관화될 수 있으며, 다른 사람의 지적으로 인해 긍정적인 사회관계 형성에 어려움을 겪을 수 있다.

1) 거짓말 행동 특성

유아의 거짓말은 발달 정도에 따라 상상과 현실을 구별하지 못해 상상에 의한 거짓말을 하는 경우가 많다. 단순한 재미나 관심을 끌기 위해 혹은 자기와 가까운 사람을 돕기 위해 혹은 꾸중이나 벌을 피하려는 자기 방어로 거짓말을 하는 경우도 있다. 때로는 불쾌한 일을 당해 보복으로, 욕심나는 것을 가지려고 거짓말을 하기도 한다.

3세 유아도 의도를 가지고 타인을 속이기 시작하며, 이후 연령이 증가함에 따라 유아의 거짓말은 빈번하고 정교한 속임 능력을 지닌다(김현정, 조숙자, 2003; 오유리, 도현심, 최미경, 2008; Bigelow & Dugas, 2008). 4세 이전에는 진실에 대한 개념이 없으나 4세경에는 상상 표현이 많아지고 허구와 사실을 잘 구분하지 못한다. 5세에는 상상과 실제를 구분하기 시작하여 거짓말을 하고 있음을 때로 느끼며 점차 과장과 거짓말 빈도가 줄어들고, 6세에는 비난을 피하기 위해 거짓말을 하고, 7세에는 거짓말을 적게 하고, 8세에는 상상과 실제를 완전히 구분할 수 있다(지성애, 홍혜경, 2018; Gesell, 1946).

인지적 미성숙을 반영하는 유아의 거짓말 행동 특성은 다음과 같다.

첫째, 상상과 현실을 넘나드는 사고를 하며, 상상을 더 재미있는 자극으로 받아들이고 상상한 것을 표현하는 행동이다.

둘째, 유아기는 내적 통제와 양심의 발달이 아직 미성숙하여 나타나는 행동이다.

유아들은 단순히 어떻게 되는가 보기 위해 거짓말을 하고 다른 사람들의 반응에 민감하게 영향을 받는다.

셋째, 유아의 거짓말은 과장된 표현이자 친사회적 표현이다. 성인들이 유아들에게 사용하는 친사회적 거짓말을 경험하면서 유아들은 사회적 속임을 학습하기도 한다.

유아들이 현실과 상상을 완전히 구별하지 못하고 자신들이 상상하는 것을 표현하는 방법으로 거짓말을 사용하기도 하는데 성인들은 이를 '거짓말'이라고 부르며 비난부터 시작하기도 한다. 유아의 거짓말에 대해 잘 이해하고 적절하게 지도한다면 유아가 발달함에 따라 거짓말이 자연스럽게 사라질 수 있다.

이와 다르게 유아들은 규칙 위반을 알면서도 감추고 싶은 사실을 숨기며 허위 발언을 할 수 있는 자기통제력을 획득하면서 의도적인 거짓말이 시작되기도 한다. 사실을 알고 있음에도 지속적으로 거짓말이 반복된다면 이후에 악한 거짓말로 이어지기 쉽고 낙인이 찍혀 사회적 관계형성에 어려움을 겪을 수 있으므로 발달 초기부터 거짓말에 대한 올바른 대처가 필요하다.

Bussey(1999)는 거짓말의 의도를 고려하여 반사회적 거짓말, 선의의 거짓말, 유희적 거짓말로 구분하여 제시하기도 하였다. 반사회적 거짓말은 잘못된 행동을 감추거나 남의 탓으로 돌리는 자기방어적 거짓말로 문제 행동을 부인하는 선형적인 거짓말이다. 선의의 거짓말은 다른 사람을 배려하여 좋은 대인 관계를 유지하려는 긍정적 의도의 거짓말이다. 유희적 거짓말은 상대방을 즐겁게 해주거나 재미로 하는 거짓말로 즐거움을 목적으로 한다.

2) 거짓말 행동 원인

유아의 거짓말 행동은 도덕성 발달과 관계가 깊으며, 양육자로부터 받는 훈련, 모델링, 상벌, 부모의 성격과 태도에 대한 동일시, 부모의 가치관과 훈육방식 등에 영향을 받는다.

유아교육기관에서 자주 발생하는 유아의 거짓말 원인은 다음과 같다.

첫째, 상상과 실제를 잘 구분하지 못하고 상상과 공상을 실제처럼 말한다.
둘째, 다른 사람의 반응을 즐기기 위해 거짓말을 한다.
셋째, 자기가 좋아하는 사람의 편이 되기 위해 선의의 거짓말을 한다.
넷째, 부적절한 행동에 대한 잔소리를 피하기 위해 자기방어 목적으로 거짓말을 한다.
다섯째, 불쾌한 일에 대한 보복으로 거짓말을 한다.
여섯째, 욕심나는 것을 가지려고 거짓말을 한다.

3) 거짓말 행동 지도

거짓말하는 행동에 대한 주요 지도 방법을 제시하면 다음의 〈표 11-4〉와 같다(지성애, 홍혜경, 2018).

| 표 11-4 | 거짓말 행동 지도 방법

- **유아에 대한 비난과 체벌을 가능한 피하도록 한다.**
  자주 거짓말하는 유아들은 대개 무언가를 두려워한다. 어쩌면 집에서 심하게 비난 또는 체벌을 자주 받기 때문일 수 있다. 비난과 체벌에 대한 두려움과 사랑과 인정의 상실에 대한 두려움은 거짓말을 하게 하는 강한 동기를 부여한다. 많은 부모들과 교사들은 대·소변훈련 시기에 속옷에다 대·소변을 보는 경우 아이들이 "내가 안했어요."라는 말을 하는 것을 볼 수 있다. 이렇게 비난과 체벌에 대한 두려움은 유아가 거짓말을 하는 원인이 된다.

- **유아의 현재 능력 그 자체를 수용하고 인정해 준다.**
  거짓말하는 유아를 지도하기 위한 가장 효과적인 방법은 비난, 체벌, 사랑의 상실, 인정의 상실에 대한 우려가 없는 접근 방법이다. 거짓말하는 문제 행동을 해결하기 위한 기본 접근 방법은 유아가 행한 만큼 유아를 인정하는 것이다. 유아가 수용되고 있다는 메시지를 전달한다면 그 유아는 자신이 행하는 실수가 많은 것을 알고 익숙해지는 데 필요한 과정이라는 것을 이해하게 된다. 물감으로 색칠을 하다가 물감 물이 엎질러졌을 때, 선생님에게 "내가 하지 않았어요."라고 말하는 것보다는 닦는 것을 배우고, 장난감을 정리하는 것을 잊어버렸을 때 "내가 하지 않았어요."라고 말하는 것보다는 치우는 것을 배우게 되며, 자신이 대·소변을 볼 때 속옷을 더럽혀서 거짓말하기보다는 바꾸어 입어야 함을 배운다. 누가 먼저 때렸는지, 먼저 놀잇감을 가졌는지는 중요하지 않다. 중요한 것은 유아 스스로 거짓말을 하지 않고 문제를 해결하게 하는 것이다. 유아들은 그들이 부정적인 결과에 대한 두려움을 갖지 않았을 때, 또는 자신이 한 실수들이 학습으로 연결되는 과정으로 다루어졌을 때 거짓말하지 않고 오히려 교실의 활동 혹은 교사와 성인에게 자연스럽게 협력한다.

- **'거짓말', '거짓말쟁이'와 같은 용어로 유아를 명명하거나 유아들과의 대화에서 이러한 용어를 사용하지 않는다.**

거짓말하는 문제 행동을 지도할 때, '거짓말' 혹은 '거짓말쟁이'라는 용어를 유아들에게 결코 사용해서는 안 된다. 교사가 유아에게 '거짓말' 혹은 '거짓말쟁이'의 용어를 사용한다면, 결국 유아는 성인과 같은 견해로 '거짓말'의 개념을 받아들여 좋지 않은 부정적인 문제 행동 혹은 문제 행동이 있는 좋지 않은 아이로 자신을 받아들인다. 이와 같이 문제 유아가 성인의 개념으로 '거짓말'을 인식하게 되면 거짓말하는 문제 행동을 지도하기가 더 어렵게 된다.

- **유아가 언급하는 '거짓말'의 실제 문제를 파악하도록 언급하여 주고 이를 해결하는 책임을 느끼도록 단계적으로 지도한다.**

교사는 유아가 거짓말을 할 경우 다음과 같이 단계적으로 지도할 수 있다.

첫째, 유아가 말하는 것을 집중하여 잘 듣는다.

둘째, 유아가 '거짓말'하는 것을 근거로 해결되어야 할 문제에 초점을 맞추고 이를 유아에게 정리하여 언급해 준다.

셋째, 다시 유아에게 문제를 해결할 수 있도록 책임을 부여한다.

- **거짓과 현실 사이의 구별은 어떤 '책', 혹은 '이야기'의 내용이 실제였는지 혹은 가상이었는지에 관한 토의와 역할놀이를 통해 지도할 수 있다.**

작은 인형들은 현실과 허구를 명시하는 데 사용될 수 있고, 유아들에게 터무니없이 과장된 이야기 내용을 역할놀이로 해 보도록 하는 것은 허구와 현실을 구분하도록 지도할 수 있는 방법이다.

- **정직한 행동을 하는 교사는 유아에게 정직한 행동을 하도록 하는 확실한 모델링이 됨을 기억해야 한다.**

어떤 지도 방법, 훈련, 체벌, 꾸짖음보다도 정직에 대한 보다 실제적인 지도 방법은 모델링이다. 항상 정직한 교사의 행동뿐만 아니라 교사의 유머와 재치, 풍자의 적절한 사용은 모든 유아들과 즐거운 웃음을 공유하는 경험을 하도록 하여 실제와 농담을 구별하도록 유아들을 도울 수 있다.

만약 교사가 유아에게 자유를 부여하고 유아를 인정하고 수용하며 효과적으로 '거짓말'의 문제 행동을 지도하고자 노력하는 데도 불구하고, 유아가 여전히 상습적으로 거짓말한다면, 그 부모들과 협의를 가져야 할 것이다. 교사-부모 협의의 목적은 진실을 이야기하는 것에 대한 유아들의 두려움의 원인을 발견하는 데 있다. 그러나 만약 이러한 협의과정을 부모들이 비판적으로 느끼고 있다면, 그 유아는 가정으로 돌아가 더욱 많은 벌을 받을 것이기 때문에 세심한 고려가 필요하다.

4) 거짓말 행동 지도 실제

유아교육기관에서 나타나기 쉬운 거짓말 행동에 대해 분명하게 진술하고, 문제 행동을 관찰하고 원인을 분석한다. 거짓말 행동 지도 방법을 고려하여 원인에 따른 대안을 수립하고, 만약 대안으로 해결되지 않은 경우에는 공격적 행동 지도전략에서 제시한 바와 같이 행동수정을 계획하여 이행할 수 있다. 거짓말 행동 사례와 일반적인 지도전략 예시는 다음과 같다.

거짓말 행동 사례

5세 남아인 경수는 주말 보낸 이야기를 할 때 주말동안 자신이 하지 않은 일을 마치 일어난 일처럼 꾸며서 이야기한다. 놀이공원에 가지 않았음에도 놀이공원에서 놀이기구를 타고 재미있게 놀았다고 말한다. 자유놀이 시간에도 가지고 놀고 싶은 놀잇감을 가지고 놀 수 없게 되면, 집에 없는 놀잇감도 "우리 집에 다 있어. 난 집에서 가지고 놀 거야."라고 말한다.

4세 여아인 미주는 모든 질문에 터무니없는 대답을 하는 경우가 많다. 동물원 견학을 가서 아기 염소들이 머리를 맞대고 있는 것을 보고 교사는 "어떻게 아기염소들이 어른 염소처럼 머리를 대고 싸우는 것을 배웠을까?"하자 미주는 "우리 아빠가 아기 염소들에게 가르쳐 주었어요."라고 대답을 한다. 미주의 터무니없는 대답을 자주 접하는 엄마는 미주의 공상을 거짓말로 여기고 걱정을 한다.

문제 행동	거짓말 행동
행동진술	사실과 다르다는 것을 알면서 사실과 다른 말을 하는 행동
행동관찰	• 언제 거짓말을 하는가? • 거짓말을 야기하는 원인은 무엇인가? • 거짓말로 인한 피해자는 누구인가? • 거짓말 이후에 어떻게 행동하는가? • 거짓말에 대해 부모나 친구는 어떻게 반응하는가?
원인분석	• 관심 끌기 수단인가? • 좋아하는 사람의 편이 되기 위한 선의의 거짓말인가? • 상상과 현실을 구분하지 못하기 때문인가? • 꾸중이나 벌을 피하려는 자기 방어인가? • 불쾌한 일에 대한 보복인가? • 욕심나는 것을 가지려하는 행동인가?
대안	• 거짓말 행동에 대한 비난과 체벌을 피한다. • 실제인지 가상인지 토의와 역할 놀이를 통해 구분할 수 있도록 한다. • 교사가 정직한 행동의 모델링을 제공한다. • 자기방어를 위한 거짓말의 경우, 실수는 익숙해지는데 필요한 과정임을 알도록 하고, 실제 문제를 파악하여 해결할 수 있는 방법을 알도록 지도한다.

본 장에서는 영유아의 사회성 발달에 부정적 영향을 미치는 사회적 부적응 행동 특성과 원인 그리고 구체적인 생활지도 방법의 실제를 살펴보았다. 영유아기는 자신과 다른 사람에 대해 올바르게 인식하고, 사회구성원들과 상호작용할 수 있는 사회성 발달의 기초를 형성하는 중요한 시기이다. 하지만 이 시기에 나타날 수 있는 여러 가지 사회적 부적응 행동을 적절하게 지도하지 못하면 영유아들의 긍정적인 사회성 발달을 지원하기 어렵다. 따라서 교사와 부모는 영유아기에 나타날 수 있는 사회적 부적응 행동의 특성을 이해하고, 행동원인을 분석하여 그에 적합한 생활지도를 실시함으로써 영유아의 건전한 사회성 발달을 도모하여야 할 것이다.

Chapter

12

정서적 부적응 행동 생활지도

영유아는 애착형성과 정서적 지원을 통해 긍정적으로 자신의 정서를 조절할 수 있어야 한다. 본 장에서는 이러한 영유아의 정서 발달에 부정적 영향을 미치는 분리불안, 감정조절, 미디어 중독, 관심 끌기와 같은 정서적 부적응 행동의 특성과 원인 그리고 구체적인 생활지도 방법의 실제를 살펴보고자 한다.

1. 분리불안

애착을 형성한 주양육자와 분리될 때 영유아들은 불안감을 느낀다. 영유아의 분리불안은 애착대상이나 친숙한 상황에서 분리될 때 나타나는 과도한 걱정과 불안의 심리상태이다. 애착 형성 시기의 분리불안은 적절하게 지도되지 못할 경우 학령기로 접어들면서 과도한 불안장애로 이어질 수 있는 정서적 부적응 행동이다(Cronk, Slutske, Madden, Bucholz & Heath, 2004).

1) 분리불안 행동 특성

양육자에 대한 애착은 생의 초기에 가장 중요한 생존 기제지만, 안락함과 안전을 제공하는 부모로부터의 분리는 영아에게 어려움을 가져다주는 요인이기도 하다(지성애, 홍혜경, 2018). 친숙한 얼굴과 친숙하지 않은 얼굴을 시각적으로 구별하면서부터 애착대상과의 분리와 낯선 사람이나 상황에 대한 두려움이 영아에게서 나타나기 시작한다. 분리불안은 양육자와의 애착관계가 약하여 영아가 양육자를 믿지 못함에서 시작된다. 또한 까다로운 기질의 영아가 순한 기질의 영아에 비해 분리불안을 강하게 나타낸다. 이렇듯 분리불안은 영아의 기질, 양육자와의 애착관계와 관련이 깊다. 영아기 발달과정에서 나타나는 분리불안은 새로운 사람 및 상황을 반복경험하고 점차 낯선 사람들이 자신을 보호한다는 것을 신뢰하게 됨으로써 자연스럽게 사라진다.

영유아기 분리불안의 일반적 특성은 다음과 같다.

첫째, 애착대상인 양육자가 옆에 있어야 안심하고, 헤어져 있으면 나쁜 일이 생겨 만나지 못할까 불안해한다.

둘째, 두통, 구토, 경련과 같은 신체 증상을 보여 무의식적으로 양육자의 관심을 받고자 한다.

셋째, 양육자에게 매달리고, 양육자가 떠나려하면 화를 내고 강하게 운다.

넷째, 집중력이 떨어지고 주의가 산만하며, 초초함, 불면증, 우울 증세를 보인다.

2) 분리불안 행동 원인

분리불안 행동의 원인으로 영유아의 기질과 가정 및 유아교육기관의 양육환경을 들 수 있다.

천성적으로 예민하거나 까다로운 기질의 영유아와 지나치게 수동적이어서 부끄러움이 심한 영유아들은 분리불안을 나타내기 쉽다. 까다로운 기질의 영유아는 양육자와의 긍정적인 애착형성에 어려움을 겪음으로써 분리불안을 경험하기 쉽다. 양육자와의 애착형성 과정은 영유아의 기질 특성 정도에 영향을 주고, 이는 영유아의 정서상태로 연결되어진다. 기질에서 비롯되거나 애착형성 과정에서 강화된 부정적 기질이나 정서는 결국 영유아의 분리불안으로 연결되기 쉽다.

영유아의 분리불안뿐 아니라 부모의 분리불안과 양육참여 및 부모 애착 안정성도 영유아의 분리불안에 영향을 미친다(Scher & Mayseless, 1994). 부모가 무의식적으로 아이와 헤어지는 것을 두려워하거나 사소한 일에 놀라고 공포심을 표현한다면 아이도 불안한 정서를 가지게 된다. 또한, 이전에 경험한 부모와의 불안정한 관계로 인해 영유아가 분리에 대한 불안을 심하게 느낄 수 있다. 일반적으로 영아기를 지난 분리불안은 부모의 질병, 동생 출산, 이사, 전학, 부모의 다툼, 어머니의 직장 출근 등으로 인해 나타나기도 한다.

한편, 영유아들이 자신의 집보다 유아교육기관에서 보내는 시간이 더 많아지고, 맞벌이 부모 가정과 편부모 가정이 증가하는 등 가정과 가족 구조가 변화하는 동 시대의 영유아들은 이전 세대가 겪지 않았던 애착대상과의 분리라는 부적절한 상황에 더욱 쉽게 노출되고 있다. 어린 연령의 유아들이 부모에게서 격리되어 유아교육기관으로 보내어지는 과정 동안 일부 유아는 슬퍼하거나 좌절을 겪기도 한다. 지나치게 이른 시기에 일어나는 부모로부터의 분리가 문제 행동인 분리불안의 근본적 원인일 수 있다. 초기 분리로 인해 영유아들은 상실, 거절, 단념, 두려움, 분노, 무능감을 포함한 다양한 정서를 경험한다. 어떤 영유아들은 잘 적응하여 교사나 또래와 좋은 관계를 형성하지만, 일부 영유아들은 이에 적응하지 못하고 불안과 화를 보이는 분리불안을 나타낼 수 있다.

3) 분리불안 행동 지도

분리불안을 예방하기 위해서는 무엇보다 양육자와의 애착형성 및 유지가 선행되어야 한다. 또한 영유아들은 교육기관에서 전문적 자질을 갖춘 교사로부터 사랑과 보호를 충분히 받음으로써 신뢰로운 교사-영유아 관계를 수립하고 정서적으로 불안한 상황에서 벗어나 안정감을 경험할 수 있어야 한다.

분리불안에 대한 기본적인 지도 방법을 제시하면 다음의 〈표 12-1〉과 같다(지성애, 홍혜경, 2018).

| 표 12-1 | 분리불안 행동 지도 방법

- **부모와의 면담을 통해 우선적으로 영유아-부모 간의 안정적 애착을 형성하도록 돕는다.**
  불안정한 애착을 형성한 경우, 유아교육기관의 교사들은 그러한 영유아의 정서 상황을 인지하고 부모에게 더 많은 관심과 보호를 제공하도록 안내하여야 한다. 부모가 안정적 애착관계를 형성하기 위해 노력을 하지 않는다면 영유아의 불안정한 애착에 따른 문제 행동이 사라지기 힘들다.
- **유아교육기관에서는 영유아가 안정감을 더 많이 경험할 수 있도록 긍정적으로 상호작용한다.**
  특히 영아인 경우 더 많이 수용하고 더 능동적이고 긍정적인 반응을 보이며, 일관성 있는 태도를 보일 때 점차 성인을 신뢰하고 정서적 안정감을 되찾을 수 있다.

이 외에도 단계적 분리법을 활용하여 영유아가 낯선 환경에 적응할 수 있도록 도울 수 있다. 혹시 부모의 입원, 동생 출산, 부모의 심한 다툼, 이사, 전학 등 생활환경 변화가 생겼을 경우, 영유아의 심리적 변화 및 적응 과정에 대한 세심한 관찰과 지지가 필요하다.

4) 분리불안 행동 지도 실제

유아교육기관에서 나타나기 쉬운 분리불안 행동에 대해 분명하게 진술하고, 문제행동을 관찰하고 원인을 분석하여 분리불안 행동 지도 방법을 고려한 대안을 수립한다. 만약 대안으로 해결되지 않을 경우 행동수정을 계획하여 이행할 수 있다. 분리불안 행동 사례와 일반적인 지도전략 예시는 다음과 같다.

분리불안 행동 사례

2세 여아인 수미는 아주 어린 시기인 생후 4주 이후부터 현재까지 유아교육기관에 다니고 있다. 수미는 유아교육기관에 있는 동안 많이 울고 화를 내는 행동을 한다. 특정한 교사와는 평온한 유대관계를 나타내지만 그 교사가 휴식이나 다른 이유로 수미를 떠나면 분리되는 것을 참지 못하고, 교사가 돌아올 때까지 소리치고 운다. 평소에도 교사의 관심을 끊임없이 요구하며 교사가 자신에게서 멀어지는 것을 불안해한다.

문제 행동	분리불안 행동
행동진술	애착대상이나 친숙한 상황에서 분리될 때 심한 불안을 표출하는 행동
행동관찰	• 언제 불안상태를 표출하는가? • 불안상태 표출 행동을 야기하는 원인은 무엇인가? • 어떠한 양식으로 불안상태를 표출하는가? • 도움을 주었을 때 어떻게 행동하는가?
원인분석	• 까다로운 기질 때문인가? • 부모와의 불안정한 관계 때문인가? • 부모의 분리불안 영향인가? • 급격한 주변 환경변화로 인한 행동인가?

문제 행동	분리불안 행동
대안	• 부모와의 면담을 통해 영아-부모 간 안정애착 형성을 돕는다. • 교사는 영아와 긍정적으로 상호작용하며, 일관적이고 신뢰할 수 있는 관계를 구축한다. • 영아의 불안한 감정을 이해하고, 단계적 분리법을 활용하여 영아가 낯선 환경에 적응하도록 돕는다. • 관찰을 통해 영아의 기질 특성, 관심과 흥미를 파악한다.

2. 감정조절

감정조절은 나쁜 느낌을 제거하고, 긍정적 · 부정적 감정의 조화를 이루며, 스트레스에 대한 정서 반응을 변화시킬 수 있는 역동적 과정으로 개인의 행동과 생각을 바르게 안내하여 목표 성취에 도움을 주며, 자극에 대한 정서 반응을 변화시키고, 고조된 감정에 대해 적절하게 대처할 수 있게 도와준다(Hyson, 2004). 다시 말하자면, 감정조절이란 기쁨, 슬픔, 분노, 공포와 같은 긍정적 혹은 부정적 감정을 정확히 인식하고, 그 감정이 타인에게 끼칠 영향을 고려하며, 자신이 속한 사회가 기대하는 정서 상태로 조절하는 능력을 말한다. 주변 환경에 대해 보다 강하게 반응하고 쉽게 흥분하는 유아는 성장한 이후에 화를 잘 낼 가능성이 높다. 유아가 자주 울거나 짜증내고 심하게 화를 내거나 공포심을 나타내는 행동은 감정조절에 문제가 있는 것으로 정서적 부적응 상태라 할 수 있다.

1) 감정조절 부적응 행동 특성

영아는 새롭게 알게 된 행동을 하려하고, 성인은 이를 막으려고 하면서 영아가 마음대로 할 수 없음을 화내는 행동이 발생한다. 화내는 행동은 언어로 의사표현이 어려운 영아기에 나타나기 시작하는데, 나이가 들어가면서 문제 행동이 될 수 있다. 부모의 잘못된 양육태도는 유아가 화를 내거나 감정을 잘 조절하지 못하게 하는 데 영향을 미치기 쉽다.

교사와 부모는 유아의 화내는 행동을 멈추게 하려고 유아를 달래면서 이유를 알고자 하지만, 화를 내는 원인을 파악하는 과정에서 인내심을 잃고 격하게 반응할 수 있다. 이러한 반응은 오히려 유아에게 관심 끌기 성공 경험을 가져다 줄 수 있다. 유아는 감정조절을 잘 하지 못하고 화를 내는 것이 효과가 있다는 것을 학습하면 더 자주 그 행동을 반복하기 쉽다.

유아의 감정조절 부적응 행동 특성은 다음과 같다.

첫째, 좌절하거나 기분이 좋지 않을 때 짜증내고, 강하게 울거나, 소리 지르고, 손과 발을 휘두르는 등의 행동을 표출한다.

둘째, 화가 나서 감정을 조절하지 못하고 물건을 던지거나 주변인을 때리는 등 과격한 행동을 표출한다.

셋째, 언어로 두려움을 표현하지 못하고 말을 더듬거나 무기력해지고 땀을 흘리는 징후를 보인다. 이러한 두려움이 지속되면 공포증을 발생시킬 수 있다.

넷째, 부정적 정서뿐만 아니라 긍정적 정서도 다른 사람이 불편해 할 정도로 과하게 표현한다.

2) 감정조절 부적응 행동 원인

감정조절 부적응 행동의 일반적인 원인으로 기질, 양육태도, 사회적 기술 부족, 주의력 결핍 과잉행동장애 등을 들 수 있다.

까다로운 기질의 유아는 주변 자극에 지나치게 민감하여 감정조절에 문제를 보일 수 있다. 또한 과잉보호나 무조건적으로 수용하는 부모의 양육태도는 유아를 이기적으로 성장하게 하며, 이와 달리 부모와 함께 하는 시간이나 관심이 결핍된 경우에는 관심을 끌기 위해 짜증과 화를 내고 물건을 던지는 행동을 한다. 한편, 수용될 수 있는 행동이 무엇인지 알지 못하는 사회적 기술이 부족한 유아들은 화를 내어 주변의 관심을 끌게 되면 화내는 행동을 지속할 수 있다.

3) 감정조절 부적응 행동 지도

교사와 부모는 유아가 자신의 감정을 표현하고 조절하는 방법을 학습하도록 도와야 하며, 단답식 질문보다는 개방식 질문을 활용하고 유아의 감정표현에 적극적인 경청을 하여야 한다.

감정조절 부적응 행동을 지도하는 일반적인 행동 지도 방법을 제시하면 다음의 〈표 12-2〉와 같다.

| 표 12-2 | 감정조절 부적응 행동 지도 방법

- 유아의 말을 경청한다.
- 유아의 감정을 인정한다.
- 유아의 감정을 구체적으로 표현해 준다.
- 교사나 부모의 생각을 긍정적으로 전달한다.
- 정서를 충분히 표출할 수 있는 놀잇감이나 활동을 제공한다.

(1) 화내는 행동

감정조절 부적응 행동 중 하나인 화내는 행동을 위한 지도 방법을 살펴보면 다음과 같다(지성애, 홍혜경, 2018).

① 화내는 행동을 하지 않을 때 유아가 존중받고 수용될 수 있음을 인식하도록 돕는다.

유아가 화를 낼 때 가능한 관심을 소거하고 무시하며, 어려운 상황에서 수용될 수 있는 방법으로 행동할 때 이를 인정하고 지지한다. 화내는 이유가 무엇이든지 간에, 문제 행동을 효과적으로 지도하기 위해서는 화내는 행동을 하지 않을 때 유아가 존중받고 있다는 것을 인식시킴으로써 보다 나은 자기통제력을 발달시켜야 한다.

② 자율을 훈련하는 기회를 제공한다.

어떤 유아는 자신을 위한 그리고 자신에 의한 활동을 할 수 있는 기회가 주어질 때 화를 적게 내는 경향이 있다. 따라서 교육 활동은 독립심을 격려하도록 계획되어야 한다. 예를 들어, 교실 환경은 유아가 스스로 옷을 걸 수 있고 쉽게 자료들에 접근할 수 있으며 화장실이나 세면대에도 쉽게 접근할 수 있도록 배치되어 있어야 한다. 또한 유아들이 선택할 수 있는 기회를 많이 제공하는 것도 독립심을 표현하는 하나의 방법이 될 수 있다.

③ 발달단계에 따른 사회 · 정서적 그리고 언어능력과 그 제한점을 인정하고, 유아가 원하는 것을 사회적으로 받아들여질 수 있는 방법으로 표현하는 것을 학습하도록 돕는다.

유아는 나이가 어릴수록 화를 쉽게 잘 낸다. 아직 자신의 요구를 좀 더 잘 받아들여질 수 있는 방법으로 표현하는 것에 적응되어 있지 못하기 때문에 자주 신체적 행동을 수반하는 화내는 행동으로 표현한다. 유아의 화내는 행동을 다루는 가장 최선의 방법은 화를 낼 때는 무시하고, 또래들과 긍정적인 상호작용을 하는 바람직한 행동을 할 때는 칭찬으로 강화해 주는 것이다. 이러한 방법의 주된 관점은 화를 내는 것이 습관적인 행동이 되지 않도록 하는 데 있다.

(2) 자주 삐치는 행동

감정조절 부적응 행동 중 하나인 자주 삐치는 행동을 위한 지도 방법을 살펴보면 다음과 같다(유효순, 지성애, 2002).

① 삐치거나 고집을 피울 수 있는 상황을 피하도록 한다.

삐치는 행동은 원하는 것을 하지 못하게 하여 화가 났다는 것을 보여주는 것으로 말을 하지 않고 얼굴을 찡그리거나 입과 이마를 찌푸리며 팔짱을 끼고 눈을 마주치지 않는 것과 같은 불쾌함을 표시하는 유아의 신체적 반응을 포함하는 행동이다. 이는 자신이 원하는 것을 양보하지 않겠다는 표시이자 성인의 힘에 대한 대항을 의미한다.

유아가 삐쳤을 때 관심을 주는 것은 오히려 삐치는 행동을 강화시킬 수 있음을 인식하여야 한다. 교사는 항상 유아의 흥미를 고려하고 유아에 대해 관심과 존중을 표현함으로써 삐치는 상황을 만들지 않는 것이 우선이다. 이를 위해 유아가 삐치는 상황을 예방하는 전략이 필요하다. 첫째, 직접적인 지시를 줄이고 유아를 존중하고 있다는 것을 반영하는 의사전달을 시도하면 유아들도 더 공손해진다. 둘째, 선택할 수 있는 기회를 제공한다. 셋째, 유아에게 진정한 선택기회를 주기 위해서는 하기 싫은 것에 대한 부정적 반응을 수용하고 그 이외의 것에 대한 선택의 기회를 주어야 한다. 교사가 수용할 수 없는 것을 유아가 원하는 경우, 유아의 마음을 이해한다는 것을 유아에게 인식시키고, 그것을 할 수 없는 이유를 설명한 뒤 선택할 수 있는 다른 것을 제공하여야 한다.

② 유아의 순응행동에 대해 사회적 강화를 제공한다.

유아가 교사의 요구사항을 수용했을 때 칭찬하고, 그 행동이 교사가 기대하는 바람직한 행동이라는 것을 유아에게 인식시켜야 한다. 유아가 고집부리거나 삐치면 얻는 것이 없으나, 긍정적 반응에는 보상이 수반된다는 것을 경험하도록 하고, 교사가 허락할 수 없는 것을 멈추면 칭찬하고, 다른 선택 가능한 활동을 찾도록 도와주어야 한다.

③ 삐치는 상황에 대해 가능한 관심을 소거한다.

삐치는 것도 습관화된 행동이 될 가능성이 높다. 삐치는 행동이 나타나면 관심을 주지 않거나, 삐친 상황에서 상호작용을 지속할 수 없음을 알리며, 삐치는 행동이 멈추면 바로 칭찬해 주고 상호작용을 지속하도록 한다. 삐치는 행동에 관심을 최소화하고 그러한 행동이 멈추는 것이 더 효과적인 방법임을 알 수 있도록 해야 한다.

4) 감정조절 부적응 행동 지도 실제

유아교육기관에서 나타나기 쉬운 감정조절 부적응 행동에 대해 분명하게 진술하고, 문제 행동을 관찰하고 원인을 분석하여 감정조절 부적응 행동 지도 방법을 고려한 대안을 수립한다. 만약 대안으로 해결되지 않을 경우 행동수정을 계획하여 이행할 수 있다. 감정조절 부적응 행동 사례와 일반적인 지도전략 예시는 다음과 같다.

감정조절 부적응 행동 사례

4세 남아인 태성이는 교실에서 친구에게 소리 지르며 화내는 행동을 자주 보인다. 자신이 갖고 싶은 놀잇감을 달라고 했을 때 친구가 곧바로 건네주지 않으면 지나치게 큰 소리를 지르며 놀잇감을 달라고 화를 낸다.

문제 행동	감정조절 부적응 행동
행동진술	주변 환경에 강하게 반응하고 쉽게 흥분하며, 자주 울거나 짜증내며, 심하게 화를 나타내는 행동
행동관찰	• 언제 부정적 감정을 표출하는가? • 부정적 감정 표출을 야기하는 원인은 무엇인가? • 어떠한 방식으로 부정적 감정을 표출하는가? • 도움을 주었을 때 어떻게 행동하는가?
원인분석	• 까다로운 기질 때문인가? • 부모의 양육태도 때문인가? • 사회적 기술의 부족인가? • 주의력 결핍 · 과잉행동장애 때문인가?
대안	• 유아의 감정을 인정하고, 경청하며, 감정을 구체적으로 표현해 주며, 부모나 교사의 생각을 전달한다. • 정서를 표출할 수 있는 놀잇감이나 활동을 제공한다. • 화내는 행동의 경우, 화내지 않을 때 수용될 수 있음을 인식시키고, 수용될 수 있는 표현을 알려주며, 독립심을 격려하도록 자율 훈련 기회를 제공한다. • 삐치는 행동의 경우, 삐치는 상황을 예방하며, 삐치는 상황에 대한 관심을 소거하고, 순응행동에 사회적 강화를 제공한다.

3. 미디어 중독

미디어 중독이란 정상적인 생활을 영위하는 데 지장을 초래할 정도로 미디어에 강박을 느끼거나 의존하는 등의 행위, 또는 내성이 생겨 자기조절력을 잃고 금단 현상까지 유발하는 상황을 말한다(권재환, 2005; 조준오, 2014). 최근 사회 전반에 널리 퍼진 스마트미디어의 사용은 유아기에 부모의 영향으로 시작되며(박소영, 2015), 미디어의 과다한 사용과 잘못된 사용은 유아의 정서적 부적응 행동으로 이어질 수 있다.

1) 미디어 중독 특성

급변하는 미디어 환경에서 유아들이 무방비 상태로 다양한 미디어에 노출되고 있다. 부모들은 바쁜 일상으로 인해 자녀와의 상호작용을 미디어에게 넘기는 경우가 많다. 유아는 부모의 휴식 혹은 부모가 바쁜 동안 방해가 되지 않아야 하는 이유로 혼자인 상태로 미디어를 경험하기도 한다. 따라서 유아기 미디어 중독은 급속한 디지털 미디어 보급으로 인한 미디어 사용의 일상화와 가정과 유아교육기관에서의 무분별한 미디어 노출과 부모와의 소통의 결핍으로 인한 것으로 볼 수 있다.

유아기 미디어 사용은 눈과 손의 협응력, 지식의 증가 등 유아발달에 긍정적 영향을 주기도 하지만, 공격성 · 폭력성 · 충동성 증가, 자기조절력과 시력 저하 등 더 많은 부정적 영향을 줄 수 있다. 이렇듯 미디어는 다양한 정보와 흥미를 제공하는 반면, 중독과 같은 역기능을 불러일으키는 주요한 사회문제로 제기되고 있다. 일상에서 미디어 사용이 확대되면서 문제 행동이 과거에 비해 늘어나는 등 미디어의 부정적 영향은 점차 증가하고 있으며, 미디어 중독은 또래관계, 부모-자녀관계, 학습능력 저하와 사회성 발달에 지장을 초래하기도 한다(강정원, 김승옥, 홍기묵, 2010). 특히, 자기조절력이 부족한 유아의 경우 게임, 컴퓨터, 스마트폰, 태블릿 PC, TV 시청 등 다양한 미디어에 과다 노출로 인한 중독 경향성에 관심을 기울여야 한다(박소영, 2015). 유아의 미디어 중독 경향성은 문제 행동에 영향을 주며, 미디어 중독으로 이어질 수 있기 때문이다(홍광표, 조준오, 2015).

2) 미디어 중독 원인

미디어 중독 원인으로 유아의 심리적 특성, 양육환경과 미디어 발달 및 활용의 증가를 들 수 있다.

유아기는 발달적으로 외로움, 불안을 자주 느끼는 의존적 성향을 지니며, 충동적이고 자기 통제력이 부족한 시기이다. 또한, 감각을 추구하는 시기로 부모를 비롯한 주변의 성인에 비해 보다 즉각적으로 반응하는 디지털 매체에 쉽게 흥미를 빼앗기기도 한다. 어머니가 취업한 경우 자녀인 유아가 미디어에 더욱 중독적 특성을 보이기도 한다(강정원, 장수진, 김승옥, 2011).

한편, 유아기는 부모의 양육태도와 행동 등 가정환경으로부터 직접적인 영향을 받는다. 부모는 자녀인 유아의 흥미와 정보습득을 위해, 혹은 자녀통제 수단으로 미디어를 활용하기도 한다(박소영, 2015). 이러한 과정 중에 유아들이 미디어 과다활용 습관을 형성할 수도 있다. 부모 및 가족구성원이 인터넷 중독경향이 있을 때 유아도 인터넷 중독 성향을 보이며, 가족의 미디어 활용 환경이 유아 미디어 사용의 주요한 환경요인으로 작용한다(강정원 외, 2011; 이경옥, 김민화, 김승옥, 김혜수, 2006). 또한, 부모의 자녀에 대한 관심이나 의사소통 수준, 양육스트레스, 과보호·허용, 스마트미디어 중독이 유아의 미디어 과다사용에 영향을 미치기도 한다(박소영, 2015; 임은미, 이숙영, 2002; 최나야, 한유진, 2009).

무엇보다 미디어의 급속한 발달, 보급의 확대, 활용의 편리함은 유아에게도 미디어 접근이 용이한 환경을 조성해 주고 있다. 하지만 다양한 미디어가 가정과 유아교육기관에서 유아의 교육, 놀이도구 및 의사소통 수단으로 활용되고 있으나, 올바른 미디어 활용에 대한 교육은 부족하여 무분별한 사용으로 인한 미디어 중독 문제가 지속하여 발생하고 있다.

3) 미디어 중독 행동 지도

유아의 미디어 중독 행동을 지도하는 방법을 제시하면 다음의 〈표 12-3〉과 같다(노운서, 2009; 박소영, 2015; 이경옥, 2007; 임명희, 김성현, 2014).

| 표 12-3 | 미디어 중독 행동 지도 방법

- 건전하고 대안적인 놀이문화를 만들어 준다. 가상 세계에 대한 즐거움을 버리고 사람과 함께 있는 즐거움을 느끼도록 한다. 운동이나 공놀이 등 신체 전반을 활용하는 대근육 활동을 확대하고, 입체적인 책이나 움직이는 놀잇감, 오감을 만족시킬 수 있는 미술, 음악, 물·모래 놀이 기회와 게임, 역할극과 같은 유아의 발달에 적합한 교수방법과 활동자료를 제공한다.
- 안전한 미디어 환경을 만들어 준다. 유아가 미디어를 사용하는 동안 부모나 교사는 지속적으로 상호작용을 해주어야 한다. 물리적 환경이나 사용 시간을 규제함으로써 정신적·신체적 건강 문제가 발생하지 않도록 한다.
- 교사나 부모가 먼저 올바른 미디어 사용의 모델이 된다. 미디어는 유아와 함께 규칙을 정하여 사용하고, 다른 가족들도 반드시 규칙을 준수하도록 한다.
- 유아에게 적절한 미디어 콘텐츠를 제공한다. 유아가 사용하는 미디어 내용을 잘 확인하여 유해 환경에 노출되지 않도록 한다.
- 미디어 중독 예방교육을 실시하고, 올바른 미디어 사용습관을 지도함으로써 유아가 미디어를 자율적으로 선택하고 행동을 조절할 수 있도록 한다.
- 유아는 형제·자매나 부모로부터 인터넷, 컴퓨터 게임, 스마트폰, 태블릿 PC를 접하므로 가정에서 유아 눈앞에 불필요한 미디어를 두지 않도록 한다.
- 미디어 중독 경향성을 보이는 경우, 꾸준하게 애정을 표현하여 공허함과 결핍감을 줄여준다. 대안으로 정서적 친근감을 공유할 수 있는 반려동물을 통한 심리치료, 숲 체험 및 원예활동을 할 수 있도록 한다.
- 사회성을 증진시킬 수 있도록 사람과 어울리는 기회를 제공한다. 사회성이 높을수록 미디어에 중독될 경향이 낮아진다.
- 무엇보다 예방이 우선되어야 하며, 미디어 제공은 일관적인 태도로 단호하게 제한하여 제공하여야 하며, 반드시 중독 예방교육도 함께 제공하여야 한다.

4) 미디어 중독 행동 지도 실제

미디어 중독 행동에 대해 분명하게 진술하고, 문제 행동을 관찰하고 원인을 분석하여 미디어 중독 행동 지도 방법을 고려한 대안을 수립한다. 만약 대안으로 해결되지 않을 경우 행동수정을 계획하여 이행할 수 있다. 미디어 중독 행동 사례와 일반적인 지도전략 예시는 다음과 같다.

미디어 중독 행동 사례

5세 남아인 민수는 아침이면 엄마의 스마트폰을 사용하느라 유아교육기관에 가지 않으려 한다. 유아교육기관에 등원하여 자유놀이 시간에 수업에 활용하는 교사용 컴퓨터에서 인터넷 게임을 시도한다. 귀가하여서는 텔레비전 앞에서 떠나려 하지 않으며, 틈만 나면 엄마의 스마트폰을 몰래 가져가서 게임을 시도한다. 부모나 교사가 미디어 사용을 저지하면 소리치며 화를 내거나 큰소리로 울며 주변의 물건을 던진다.

문제 행동	미디어 중독 행동
행동진술	가정과 유아교육기관에서 컴퓨터, 인터넷, 스마트폰 등에 대해 집착하고 사용을 저지당하면 공격적인 행동이나 충동적인 행동을 보임
행동관찰	• 언제 미디어를 사용하는가? • 미디어 사용에 매달리는 원인은 무엇인가? • 어떠한 방식으로 미디어를 활용하는가? • 자신의 뜻대로 사용하지 못하였을 때 어떻게 행동하는가?
원인분석	• 유아의 심리적 특성 때문인가? • 부모의 양육태도 때문인가? • 사회적 기술의 부족인가? • 미디어 외 놀잇감 부족 때문인가? • 미디어에 무방비로 노출되기 때문인가?
대안	• 사람과 함께 하는 즐거움을 느끼도록 놀이 기회를 제공한다. • 규칙을 정하고, 적절한 콘텐츠를 제공하며, 성인과 함께 미디어를 사용한다. • 유아 근처에 불필요한 미디어를 두지 않으며, 관심을 끌 수 있는 놀잇감을 제공한다. • 유아와 부모를 대상으로 미디어 인식 교육을 실시하고, 이를 위한 부모의 양육태도를 점검한다. • 유아와 부모를 대상으로 미디어 사용습관 교육을 실시하고, 유아의 자기조절력 증진을 돕는다.

4. 관심 끌기

관심 끌기 부적응 행동은 관심을 얻기 위해 지나치게 필요 이상으로 교사의 관심을 요구하는 행동을 말한다. 이 행동으로 인해 교사는 다른 유아들보다 관심 끌기를 시도하는 유아에게 더 관심을 주고 있음을 인식하게 된다. 유아의 관심 요구는 대개 불필요한 것으로 오로지 관심을 끌기 위한 경우가 거의 대부분이다.

1) 관심 끌기 부적응 행동 특성

관심 끌기는 관심을 얻기 위해 지나치게 빈번하게 불필요한 말을 하거나 비언어적인 요구를 하는 것을 말한다(유효순, 지성애, 2002). 모든 유아들은 다른 사람으로부터 정상적인 방법으로 관심과 주의를 받고자 한다. 하지만 정상적인 방법으로 교사나 부모의 주의를 끌 수 없을 경우, 다른 사람들로부터 무시되기보다는 부정적인 방법을 선택하여 주의 집중을 받고자 시도하며, 점차 그 사용을 선호하게 된다.

2) 관심 끌기 부적응 행동 원인

유아들이 성인들로부터 지나친 집중이나 관심을 얻기 위한 목적으로 행동을 하는 경우가 관심 끌기 행동이 일어나는 주요 상황이라 할 수 있다. 관심 끌기를 시도하는 유아들은 의도적으로 주변 성인의 관심을 끌기 위하여 부적응을 행동을 나타낸다. 부모가 모두 취업한 경우, 부모들은 퇴근 후에도 집안일 하느라 온전히 유아들과 시간을 보내기 어렵다. 유아들은 부모로부터 관심을 얻기 위하여 문제 행동을 나타내기도 한다. 이렇게 부모로부터 관심을 끌기 위한 부정적인 유아의 행동은 유아교육기관에서의 부적절한 관심 끌기 행동으로 이어지기 쉽다.

관심 끌기는 다음의 상황으로 인해 발생할 수도 있다(유효순, 지성애, 2002).

첫째, 유아 생활의 특별한 사건(동생의 출산 등)으로 안정감을 원한다.

둘째, 유아에게 흥미를 줄 충분한 자료와 활동들이 제공되지 않는다.

셋째, 자료들이 유아가 스스로 접근할 수 없는 곳에 있다.

넷째, 사회적 기술이 부족하여 또래 친구들과의 상호작용이 부족하다.

3) 관심 끌기 부적응 행동 지도

교사나 부모가 유아의 행동을 이해하기 위해서는 관심 끌기와 같은 잘못된 행동목표를 구분하여야 한다. 교사와 부모는 서로 협의하여 개별 유아에 적합하도록 가정과 유아교육기관에서 동시에 문제 행동을 지도할 수 있는 적합한 방법을 탐색해야 한다(지성애, 홍혜경, 2018). 관심 끌기 부적응 행동을 지도하기 위한 방법을 제시하면 다음의 〈표 12-4〉와 같다.

| 표 12-4 | 관심 끌기 부적응 행동 지도 방법

- **가정에서 부모는 매일 저녁 유아와 함께 하는 '특별한 시간'을 갖는다.**
  유아와 전적으로 함께 할 수 있는 시간으로 정한 '특별한 시간'에는 전화나 TV 시청, 유아의 형제로 인한 방해가 없이 보낸다. 그 시간에 유아는 하고자 하는 것은 무엇이든지 할 수 있고 자기 마음대로 조절할 수 있다.
- **유아의 긍정적인 활동을 인정하고 칭찬해 주어 자아개념을 증진시킨다.**
  교사와 부모는 면담을 통해 유아가 잘 할 수 있으며 남으로부터 칭찬을 받을 뿐만 아니라 또래들에게 인기아가 될 수 있는 행동이 무엇인지 찾아보고, 이를 더욱 잘 할 수 있도록 기회를 제공한다. 이를 통해 다른 사람으로부터 긍정적인 관심과 인정을 받을 수 있다.
- **유아교육기관에서도 '특별 시간'을 제공한다.**
  교사들은 유아의 부적응 행동을 지도하기 위해 매일 15분씩 긍정적인 반응을 해준다. 또는 다정하게 두드려 주기 등 신체적 반응과 "나는 네가 오늘 여기에 있어서 정말 기쁘다", "나는 너를 알게 되어서 기쁘다"와 같이 언어적 반응 행동을 보여준다. 이는 유아의 행동과는 상관없이 단지 유아가 유아교육기관에 있다는 것만으로 교사로부터 수용되고, 주목받는다는 것을 알게 하는 데 목적이 있다. 유아도 성인 행동을 보며 진의를 파악할 수 있기 때문에 교사의 유아에 대한 관심은 진지하고 솔직하게 표현되어야 한다.

- **또래들에게 상처를 입히지 않는 한도에서 유아의 문제 행동을 무시한다.**
유아가 누군가를 다치게 하거나 집단 활동을 방해하지 않는다면, 관심을 끌기 위한 장난과 익살스런 몸짓을 무시한다. 교사들은 유아의 부적절한 행동에 눈 접촉을 피함으로써 부정적인 관심 끌기 행동에 말려들지 말아야 한다. 만일 다른 유아에게 상처를 입힌다면, 교사는 말없이 즉각적으로 '활동 중지'를 실시한다.

- **집단 활동에 참여할 수 있도록 기대하는 바람직한 행동을 체계적으로 지도한다.**
교사는 문제 유아가 다른 유아들이 놀이하는 것을 유심히 살피고 마침내 놀이에 참여하고자 한다면, 다른 유아들의 놀이를 방해하기 전에 또래의 관심을 끌 수 있는 방법을 모색하도록 도와야 한다.

유아들은 또래집단에서 어떻게 친구를 사귀고 협동적으로 놀이할 수 있는지에 관한 역할놀이도 할 것이다. 또한 집단에서 유아들은 자신의 느낌과 그들을 화나고, 좌절되고, 슬프고, 행복하게 만드는 것에 관하여 서로 이야기도 할 것이다. 유아들은 그들의 감정을 서로에게 표현함으로써 감정이입과 인내를 획득할 수 있으며, 교사가 유아의 감정을 비판하지 않고 경청한다면 문제 행동 지도에 대한 통찰력과 지혜를 획득할 수 있다.

유아의 문제 행동이 짧은 시간 안에 변화되는 것은 아니지만, 관심 끌기 부적응 행동 지도를 통해 서서히 또래들과의 긍정적인 상호작용도 증가하고, 교사와 부모의 특별한 관심을 보다 적게 필요로 할 것이다. 점차 자신감을 갖게 된 유아는 긍정적인 방법으로 관심을 끄는 방법을 학습하게 되고 나아가 자아존중감을 발달시킬 수 있다.

4) 관심 끌기 부적응 행동 지도 실제

유아교육기관에서 나타나기 쉬운 관심 끌기 부적응 행동에 대해 분명하게 진술하고, 문제 행동을 관찰하고 원인을 분석한다. 관심 끌기 부적응 행동 지도 방법을 고려하여 원인에 따른 대안을 수립하고, 만약 대안으로 해결되지 않은 경우에는 행동수정을 계획하여 이행할 수 있다. 관심 끌기 부적응 행동 사례와 일반적인 지도전략 예시는 다음과 같다.

관심 끌기 행동 사례

4세 여아인 수희는 교사와 이야기하기를 좋아한다. 유아교육기관에 있는 동안 내내 교사 주위를 따라 다니며 질문하고 끊임없이 이야기 한다. 하지만 교사는 수희와 이야기하는 시간이 너무 길어, 다른 유아들과 보내야 할 시간에 지장을 초래하고 있다. 수희는 또래들과 보내는 시간이 적고 교사와 함께 하는 시간을 더 좋아한다.

문제 행동	관심 끌기 행동
행동진술	또래와 놀이나 활동에 참여하지 않고 계속 교사를 따라 다니면서 질문하고 이야기하는 행동
행동관찰	• 언제 관심 끌기 행동을 하는가? • 누구의 관심을 끌려고 하는가? • 어떻게 관심을 끌려고 하는가? • 관심 끌기 행동을 야기하는 원인은 무엇인가? • 관심 끌기에 성공 혹은 실패 한 후에 어떻게 행동하는가? • 주변 또래들과의 상호작용은 어떠한가?
원인분석	• 생활환경의 급격한 변화로 보호받고 싶은 요구인가? • 양육환경의 영향인가? • 발달 수준에 맞고 흥미로운 자료와 활동이 충분한가? • 또래와 상호작용하는 사회적 기술이 적절한가?
대안	• 유아의 생활에서 일어난 일을 이해하고 유아와 충분히 시간을 갖는다. • 가정과 연계하여 부모도 평소에 유아에게 관심을 표현하며, 특별한 시간을 보내도록 한다. • 놀이와 활동에 적극 참여할 수 있는 발달에 적합한 자료를 자발적으로 활용할 수 있도록 충분히 제공한다. • 또래와 적절히 상호작용할 수 있는 사회적 기술을 습득하도록 돕는다.

본 장에서는 영유아의 정서발달에 부정적 영향을 미치는 정서적 부적응 행동 특성과 원인 그리고 구체적인 생활지도 방법의 실제를 살펴보았다. 영유아기는 정서적 성장의 기초를 형성하는 매우 중요한 시기로 주양육자와의 애착형성과 주변 성인의 정

서적 지원은 영유아의 정서조절 능력 증진에 도움을 줄 수 있다. 하지만 이 시기에 긍정적인 애착을 형성하지 못하면 분리불안, 감정조절, 미디어 중독, 관심 끌기 등과 같은 정서적 부적응 행동도 나타나기 시작한다. 따라서 교사와 부모는 영유아기 정서적 부적응 행동 특성을 이해하고, 행동원인을 분석하여 그에 적합한 생활지도를 실시함으로써 영유아의 건강한 정서발달을 지원할 수 있을 것이다.

Chapter 13

신체적 부적응 행동 생활지도

영유아기는 모든 발달의 기초가 되는 신체발달이 급격하게 이루어지는 시기로, 영유아는 안전한 환경에서 성장함으로써 신체적 건강뿐만 아니라 신뢰와 자기통제력을 기를 수 있어야 한다(지성애, 홍혜경, 2018). 본 장에서는 이러한 영유아의 신체 발달에 부정적 영향을 미치는 식습관, 청결습관, 안전습관, 성적 행동과 관련된 부적응 행동의 특성과 원인 그리고 구체적인 생활지도 방법의 실제를 살펴보고자 한다.

1. 식습관

식습관은 식생활과 관련한 개인의 태도로 음식에 대한 기호, 태도, 음식과 관계되는 위생습관, 식사예절 등을 포함하는 개념으로 신체적 건강뿐만 아니라 정서적 안정, 사회성 등 정신적 건강과도 연계된다. 식습관은 어떠한 영양을 섭취할지를 결정하고 건강상태에 영향을 미치므로(정미라, 배소연, 이기완, 이영미, 1997), 영유아기의 바람직한 식습관 형성은 전 생애에 걸친 신체적 건강과 정신적 건강을 유지하는 바탕이 될 것이다.

1) 식습관 부적응 행동 특성

영유아기는 자아의식이 발달하는 시기로 음식에 대한 기호가 분명하게 확립되는 것은 아니나 일시적인 선호도를 보인다. 예를 들어, 1~2세경에는 음식을 입에 물고 있기를 좋아한다. 3세 정도가 되면 유아는 음식에 대한 선호가 나타나기 시작하며, 유아가 싫어하는 음식일 경우 유아의 선호를 존중해 주고 무리하여 강요하지 않으며, 스스로 먹는 즐거움을 서서히 느낄 수 있도록 성인들은 기다려 주어야 한다. 4세경이 되면 음식에 대한 선호를 분명히 표현하며 싫어하는 음식에 대해 거부한다. 유아들은 주로 새로운 음식에 대해 거부 반응이 심하며, 특정 식품을 싫어하기도 한다. 하지만 음식 맛과 식감에 대한 유아의 반응은 주변의 피드백을 통해 외적으로 통제 될 수도 있다(조경자, 이현숙, 2004). 또한, 유아는 자주 먹어 본 음식을 좋아하고, 먹어 보지 않은 음식은 경계하며, 조리법이나 시기에 따라 기호 음식이 달라지기도 한다(문혁준 외, 2016).

유아를 따라다니면서 먹이거나 음식 먹는 것에 보상을 주는 것은 식습관 형성에 부정적 영향을 미칠 수 있다. 음식을 흘리거나 편식을 할 때 혼내거나 대신 먹여주는 행동 역시 유아의 식습관 형성에 부정적 영향을 미친다. 유아의 식사는 20~30분 정도 정해진 시간 안에 마치도록 하여야 하며, 유아기에 형성된 식습관으로 인해 편식이 고정되지 않도록 관심을 갖고 지도해야 한다. 편식은 활동량을 줄여주어 유아의 놀이나 다른 사람과의 상호작용에 문제를 가져올 수 있다. 반면, 충분하고 고른 영양을 공급하면 신체발달이 양호하고 정서적으로도 안정을 유지할 수 있다. 유아기 식습관 부적응 행동으로 주로 까다로운 식습관으로 인한 편식, 과식으로 인한 비만, 식사예절을 지키지 않는 비위생적인 식습관을 들 수 있다.

2) 식습관 부적응 행동 원인

유아기의 주요한 식습관 문제는 편식, 비만과 비위생적 식습관이다. 편식은 음식에 대한 선호가 나타나 유아에게 영양 불균형을 가져오고 이로 인해 발육과 성장 및 영양 상태에 문제를 일으키게 된다. 편식의 원인은 이유식과 관련이 있을 가능성이 있다. 갑자기 보이는 편식행동은 심리적 원인에 의한 것일 수 있다. 부모의 사랑을 얻기 위한 관심 끌기 행동으로 나타날 수 있는 것이다. 습관에 의한 편식은 흥미로운 식사시간과 다양한 조리법으로 해결이 가능하며, 가족의 식습관이 원인일 경우 가족의 식단부터 고칠 필요가 있다.

비만은 과도한 음식 섭취로 성장 발달에 필요한 열량 외 나머지 열량이 소비되지 않고 몸 안에 지방으로 축적되는 것을 말한다. 지방세포 수가 증가하는 유아기 비만은 성인비만과 성인병으로 이어질 수 있다. 비만은 유전과 심리적 요인, 과식, 과도한 칼로리 식품 과다 섭취와 더불어 잘못된 식습관과 밀접한 관련이 있다. 최근 지나치게 풍부한 먹거리도 비만의 원인일 수 있다.

비위생적 식습관은 음식을 먹을 때 흘리거나 장난하며 부적절하게 먹는 행위를 말한다. 이는 적절한 협응을 달성하지 못하는 발달지연, 관심 끌기 혹은 부모의 양육태도에서 비롯되기도 한다. 특히 부모가 유아에게 적절한 식사예절을 알려주지 않고 무관심한 태도를 보이면 유아는 바람직한 식습관을 형성하기 어렵다.

이처럼 식습관 부적응 행동은 심리적 요인, 사회경제적 요인, 환경적 요인, 생리적 요인에서 비롯될 수 있음을 인식하여야 한다.

3) 식습관 부적응 행동 지도

식습관 지도는 유아가 영양과 식품에 관한 기초 지식을 알고, 식생활 방식과 내용을 포함한 바람직한 식습관을 형성함으로써 건강한 신체를 유지하고 균형 있게 발달하도록 돕는 활동이다(임재택, 하정연, 이숙희, 배은진, 이연주, 2011). 유아의 신체발달 및 건강과 직접적인 연관이 있는 식습관은 유아기부터 형성되므로 교사와 부모는 올바른 식습관 행동 발달에 관한 지식과 정보를 알고 이를 유아 식습관 지도에 반영하여야 한다. 유아의 바람직한 식습관형성을 위해서 교사와 부모는 면담이나 협력을 통해 서로 협력하며, 식사 예절, 위생, 영양지식 등을 지도하여야 한다.

바람직한 식습관 형성을 위한 식습관 부적응 행동의 지도 방법을 제시하면 다음의 〈표 13-1〉과 같다.

| 표 13-1 | 식습관 부적응 행동 지도 방법

- 연령에 따라 신체 및 소화기능 발달 정도에 차이가 있으므로 식사능력 발달에 적절한 식습관 지도가 필요하다. 일반적으로 유아들은 음식을 여러 번 나누어 제공해야 한다. 지나친 양의 음식은 오히려 식욕을 감퇴시켜 편식의 원인이 되거나 과량의 식사로 인해 비만의 원인이 될 수 있다.
- 유아의 음식 기호에 대한 개인 특성을 고려하고, 아직 음식 기호가 고정적이지 않으므로 식사 분위기, 다양한 조리법, 음식 제공 방법 등을 활용하여 음식에 대한 편향된 선호를 줄여줄 필요가 있다.
- 음식에 대한 부정적 경험, 욕구불만, 스트레스 등 부정적인 정서를 방지하여야 한다.
- 가족의 음식 선호도와 식습관을 고려하여 가정과 협력하여 유아의 바람직한 식습관을 형성해야 한다.
- 부모를 대상으로 영양교육을 실시하고, 가정과 유아교육기관의 협력으로 일관성 있는 식습관 지도를 해야 한다.
- 규칙적인 급 · 간식, 적절한 식사량, 영양이 풍부한 먹을거리의 위생적인 제공이 필요하다.
- 실내외 놀이 환경을 통해 적절한 운동을 통한 에너지 소비와 식욕 회복 환경을 조성해 주어야 한다.
- 평소에 편안한 식사 분위기를 형성하고, 식습관, 식사위생, 식사예절 및 편식 지도를 실시한다.

4) 식습관 부적응 행동 지도 실제

유아교육기관의 급·간식 시간에 나타나는 식습관 부적응 행동에 대해 분명하게 진술하고, 문제 행동을 관찰하고 원인을 분석하여 식습관 부적응 행동 지도 방법을 고려한 대안을 수립한다. 만약 대안으로 해결되지 않을 경우 행동수정을 계획하여 이행할 수 있다. 식습관 부적응 행동 사례와 일반적인 지도전략 예시는 다음과 같다.

식습관 부적응 행동 사례

3세 남아인 민우는 또래에 비해 체격이 작은 편이다. 급식 시간에 밥을 가장 늦게까지 먹으며, 싫어하는 반찬은 입에 오물거리고만 있고 삼키지 못한다. 식사 시간이 늦어져 실외 놀이에 친구들보다 한참 늦게 참여하여, 바깥 놀이에서의 대근육 운동량도 친구들보다 적은 편이다.

문제 행동	식습관 부적응 행동
행동진술	식사 시간이 오래 걸리고, 싫어하는 반찬은 먹지 않으며 대근육 활동이 적게 이루어지는 행동
행동관찰	• 언제 식습관 관련 문제 행동이 주로 나타나는가? • 음식물 섭취 시간이 오래 걸리는 원인은 무엇인가? • 어떤 음식을 좋아하거나 싫어하는가? • 도움을 주었을 때 어떻게 행동하는가?
원인분석	• 음식 알레르기를 경험한 적이 가 있는가? • 씹거나 삼키는 기능에 문제가 있는가? • 이전에 경험한 적이 없는 새로운 음식이기 때문인가? • 가정에서의 식습관은 어떠한가? • 분리불안이나 급격한 주변 환경변화로 인한 행동인가?
대안	• 부모와의 면담을 통해 유아의 식습관 문제 원인에 대해 분석한다. • 교사는 음식물의 역할과 영양의 중요성에 관련한 놀이나 활동을 실시한다. • 바람직한 식습관을 지닌 또래와 함께 음식을 먹을 수 있도록 환경을 조성한다. • 알레르기가 아니라면 가정과 유아교육기관에서 유아가 좋아할 수 있는 다양한 조리법을 활용한 음식물을 제공한다.

2. 청결습관

영유아가 생명을 유지하거나 사회에 적응하기 위해서는 어린 시기부터 기본생활습관을 잘 지켜야 한다. 청결은 주변과 자신의 몸을 관리하는 기본생활습관 중 하나이다. 주변을 깨끗이 정리하기, 이 닦기, 손 씻기, 세수하기, 목욕하기, 옷 갈아입기, 손·발톱 깎기, 머리 손질하기 등의 기본적인 청결습관 행동을 기꺼이 실천할 수 있도록 영유아기에 지도하는 것은 매우 중요하다.

1) 청결습관 부적응 행동 특성

청결습관 부적응 행동은 주변이나 자기 몸에 대한 청결이 이루어지지 않은 상태 혹은 너무 청결한 상태를 지속해서 추구하는 태도를 말한다. 청결과 관련한 문제는 주변을 어지럽히고 정리하지 않으며, 이를 닦지 않거나 세수를 하지 않거나 손을 씻지 않는 등의 행위로 나타나기도 하며, 강박증과 같이 지나치게 청결에 몰두함으로써 나타나기도 한다.

2) 청결습관 부적응 행동 원인

청결습관 부적응 행동은 개인적인 요인과 환경적인 요인의 측면에서 영향을 받는다. 개인적인 측면으로는 유아 개인의 기질을 들 수 있고, 환경적인 요인으로는 부모의 양육태도, 유아교육기관, 애착이나 신뢰감, 발달에 따른 갈등 상황, 물리적 환경 등을 들 수 있다.

까다로운 기질의 유아는 옷이 조금만 젖어도 불편함을 호소하여 부모의 민감한 반응을 요구할 것이고, 부모 또한 이에 지나치게 민감하게 반응하며 옷을 지속적으로 갈아준다면 과하게 청결한 상태를 유지하려고 하는 청결습관 부적응 행동이 발생할 수도 있다.

가정에서 청결습관을 형성하지 못한 경우 유아가 청결을 중요하게 여기지 않을 수 있다. 또한, 부모의 강압적 배변훈련도 유아가 강박적으로 청결에 집착하도록 할 수 있다. 유아교육기관 일과 중 교사가 관심을 두지 않으면 필요한 시기에 손 씻기, 이 닦기, 주변 정리하기를 제대로 수행하지 않는 유아가 발생할 수도 있다. 하지만 주양육자와의 애착이나 주변 성인과의 신뢰감은 유아가 성인의 청결한 행동을 모방하거나 성인의 지도를 경청하는 데 도움을 줄 수 있다.

따라서 영유아의 청결습관 부적응 행동의 원인을 파악하기 위해서는 발달 시기에 적합한 청결습관을 요구하는지, 적절한 정도의 도움을 제공하는지, 유아 스스로 청결습관을 형성할 수 있는 환경을 갖추고 있는지도 살펴볼 필요가 있다.

3) 청결습관 부적응 행동 지도

청결습관 지도의 시작은 기저귀를 자주 갈아주어 상쾌한 느낌을 알게 하고, 손을 자주 씻어 더러움이 무엇인지 알게 해주는 것에서 시작한다. 필요할 때 기저귀를 바로 갈아주지 않으면 성격형성이나 청결습관에 좋지 않은 영향을 미칠 수 있다. 이유식 먹기 전과 후에 손 씻기와 입 주변을 닦아주는 경험과 외출 후 혹은 손이 더러워졌을 때 바로 씻을 수 있도록 안내하여야 한다.

청결습관 부적응 행동을 위한 일반적인 지도 방법을 제시하면 다음의 〈표 13-2〉와 같다.

| 표 13-2 | 청결습관 부적응 행동 지도 방법

- 이 닦기 관련 책 읽기나 이야기 나누기 활동을 실시하고, 세면대에 이 닦기 순서 그림을 붙여놓아 유아들이 따라 할 수 있도록 지도한다. 급식 후에 반드시 이를 닦도록 학기 초에 지속적으로 지도한다.
- 손 씻기 관련 이야기 나누기 활동을 실시하고, 세면대에 손을 깨끗이 씻는 순서 그림을 붙여놓아 유아들이 따라 할 수 있도록 지도한다. 급 · 간식 전, 대 · 소변 후, 바깥놀이 후에도 반드시 손을 씻도록 학기 초에 지속적으로 지도한다. 교사도 상황에 적절하게 손을 씻어 교실 위생을 관리함과 동시에 유아들에게 손 씻기 모델링을 보여주어야 한다.
- 자신의 용품이나 놀잇감을 쉽게 정리할 수 있도록 사물함과 정리장에 라벨링을 해둔다.
- 유아교육기관에서의 위생 및 청결 활동이 가정에서도 함께 지도될 수 있도록 가정과 연계한다.
- 자율적인 위생과 청결 관리 행동을 지속적으로 격려한다.

4) 청결습관 부적응 행동 지도 실제

유아에게 나타나기 쉬운 청결습관 부적응 행동에 대해 분명하게 진술하고, 문제 행동을 관찰하고 원인을 분석하여 청결습관 부적응 행동 지도 방법을 고려한 대안을 수립한다. 만약 대안으로 해결되지 않을 경우 행동수정을 계획하여 이행할 수 있다. 청결습관 부적응 행동 사례와 일반적인 지도전략 예시는 다음과 같다.

청결습관 부적응 행동 사례

4세 민수는 일어나자마자 바로 빵을 찾는다. 빵을 주는 조건으로 아빠와 손 씻기, 이 닦기 약속을 하지만 민수는 약속을 지키지 않는다. 빵, 요구르트 등 단 음식을 지나치게 좋아하는 민수는 씻기를 싫어하기 때문에 단 것을 먹고도 양치를 하지 않아 충치가 많다. 또한, 아빠와 엄마는 양육태도에서 차이를 보인다. 민수네는 아빠가 육아를 담당하는데, 아빠는 민수가 어렸을 적 아픈 적이 있어 지나치게 수용적인 양육태도를 보인다. 민수가 씻기 싫다는 요구에도 수긍하고, 단 음식을 달라는 요구도 수용하며, 스스로 할 수 있는 바지 입기, 양말 벗기조차 대신해 준다. 그에 반해, 엄마는 강압적인 양육태도로 아이가 말을 듣지 않으면 체벌을 한다. 이러한 육아에 대한 입장 차이 때문에 자주 아이의 앞에서 부부싸움을 한다.

문제 행동	청결습관 부적응 행동
행동진술	빵을 받는 조건으로 손 씻기와 입 닦기 약속을 하였지만 빵을 먹기 전에 손을 씻지 않고, 먹고 난 후에도 이 닦기를 하지 않는 행동
행동관찰	• 씻지 않는 행동이 문제가 되는 상황은 언제인가? • 청결한 행동을 하지 않는 원인은 무엇인가? • 청결하지 않은 행동의 결과로 유아가 겪게 되는 부정적인 결과는 무엇인가? • 부모의 태도가 영향을 미치는가? • 도움을 주었을 때 어떻게 행동하는가?
원인분석	• 기질이나 심리 · 정서적인 원인에서 비롯되었는가? • 부모의 양육태도 때문인가? • 청결하지 않은 행동 결과를 알지 못하여서인가? • 씻거나 이 닦는 기술이 부족한가? • 화장실 등 청결 관련 환경이 유아 스스로 행동하기에 부적합한가?
대안	• 동화 등을 활용하여 청결하지 않은 행동의 결과로 나타날 수 있는 불편함에 대해 이야기 나눈다. • 교사와 부모는 청결관련 일관성 있는 행동을 지속한다. 문제가 해결되지 않을 경우 단호함을 일관성 있게 보여 준다. • 민수의 경우 부모는 지나친 간섭과 과잉보호에서 벗어나 부부가 협의한 사항으로 일관성 있는 태도를 보여준다. • 손 씻기 이후 음식물을 제공하고, 식사 후 이 닦기를 약속을 지켰을 때 칭찬이나 격려로 유아의 자신감을 회복시킨다.

3. 안전습관

호기심과 탐색 욕구가 많은 영유아는 충동적인 움직임을 보이는 반면, 상황을 적절하게 판단하거나 위험에 대처하는 능력은 미숙하다. 안전은 상해, 위험, 해로움으로부터 자유로운 상태이고 안전습관은 영유아기에 형성해야 하는 기본생활습관 중 하나이다. 영유아의 안전한 생활을 보장하기 위해서는 안전한 환경과 적절한 감독을 제공함과 동시에 영유아에게 안전습관을 길러주어야 한다. 영유아가 위험상황에 노출되지 않도록 하여 사고 위험을 사전에 방지하며, 위험상황에서 안전하게 행동하는 방법을 익혀 자신을 안전하게 지킬 수 있도록 안전 지식, 태도 및 기술 교육을 통해 안전습관을 길러주어야 한다.

1) 안전습관 부적응 행동 특성

안전습관 부적응 행동은 신체 조절능력과 운동 기능의 미숙과 인지 및 정서 발달의 제한으로 안전에 대한 판단과 위험 예측 능력이 미흡하여 상해를 입는 것을 말한다. 유아는 신체적으로 아직 미성숙하지만 이동하려는 강한 욕구와 행동으로 인해 넘어지거나 떨어질 수 있고, 무엇이든 입으로 가져가는 등 상황을 고려하지 않고 행동을 하여 안전사고를 발생시킨다. 유아는 또한 인지적으로 미성숙하여 자기중심적 사고를 하여, 공을 가지고 놀다 떨어뜨리면 찻길이라는 생각은 못하고 공을 따라가고, 관심 있는 물건이나 놀잇감을 가지려고 또래에게 위협 행동이나 공격 행동을 가하여 다른 사람을 다치게 하여 안전사고를 일으키는 경우도 있다.

2) 안전습관 부적응 행동 원인

유아의 안전습관 부적응 행동 원인도 유아 개인과 환경적 요인이 상호작용하여 영향을 받는다. 개인적 요인으로는 유아의 연령과 기질을 들 수 있고, 환경적 요인으로는 물리적 환경, 가정의 사회 · 경제적 상황, 인적 환경 등을 들 수 있다.

유아의 연령에 따라 이물질 흡입, 부딪히고 넘어지거나 미끄러짐, 보행 중 교통사고 등 다양한 안전사고가 발생한다. 또한 활동성이 강한 유아는 위험을 인지하지 못한 채 양육자 보호 범위를 벗어나 사고에 노출되기 쉽다. 유아가 놀이하거나 생활하는 물리적 환경이 안전하지 않을 경우, 너무 작은 놀잇감을 코나 귀에 넣거나 날카로운 부분에 의해 상해를 입을 수 있으며, 출입문에 손이 끼거나 미끄러운 바닥에서 미끄러지기 쉽고, 높은 곳에서는 추락사고가 발생할 수 있다. 심지어 가정의 불안정한 사회 · 경제적 상황은 부모가 자녀를 위해 안전한 환경을 제공하는 데 어려움을 가져올 수 있다(곽은복, 2000). 또래와 함께 지내면서 싸움이나 심한 장난으로 사고가 발생할 수도 있으며, 성인들이 위험한 물건들을 부주의하게 관리하거나 안전한 사용 방법을 제공하지 않음으로써 안전사고가 발생할 수 있다.

3) 안전습관 부적응 행동 지도

유아의 안전습관은 안전교육을 통해 형성될 수 있다. 안전교육은 사고예방, 안전지식의 증진, 사고예방 태도의 형성, 사고예방 행동수정의 향상과 사고예방의 필요성을 깨닫고 안전사고 위험상황을 신속하게 식별하는 결단력과 생명을 존중하는 태도를 형성하는 것이다(곽은복, 2000). 가정과 연계한 일관성 있는 안전지도는 유아가 효과적으로 안전 기본생활습관을 형성하도록 도울 수 있다. 교사는 유아에게 물리적으로 안전한 환경을 제공하고, 교통안전, 안전한 놀이 방법, 소방안전, 학대 · 성폭력 · 유괴 등과 관련한 안전 지식을 알려주며, 이러한 지식을 모의상황 경험을 통해 내면화할 수 있도록 지도해야 한다.

안전습관 부적응 행동을 위한 일반적 지도 방법을 제시하면 다음의 〈표 13-3〉과 같다(한명옥, 2016).

| 표 13-3 | 안전습관 부적응 행동 지도 방법

- 안전의 기본개념을 알고, 위험 상황에 관심을 가지며, 주변 생활에 필요한 안전지식을 습득하게 한다. 유아의 경험에 근거한 안전인식과 안전지식을 형성하게 한다.
- 모의 상황에서 안전행동을 경험하며 위험상황 대처능력을 기르고 안전하게 행동하게 한다. 유아의 발달 특성과 환경을 연계하여 생활에서 발생할 수 있는 사고를 인지하고 문제를 해결하게 한다.
- 안전문제 해결 사고 능력을 기르고 안전을 실천하는 태도를 기른다. 매체를 활용하여 일상생활에서 일어날 수 있는 위험상황과 연계한 안전지식과 안전문제 해결 사고의 확장을 돕는다.
- 토의를 통해 규칙을 정하거나 실현 가능한 안전문제 해결 방안을 탐색하게 함으로써 일상생활 중 위험상황 대처능력을 내면화할 수 있게 한다.
- 상황별 역할극 반복학습으로 위험상황에서의 문제 해결 사고를 촉진, 확장, 일반화하여 자신과 타인의 안전을 보호하는 학습효과를 부여한다.

안전한 물리적 환경을 구성하고 안전사고 예방 대책을 수립하며, 사고가 발생했을 경우 피해를 최소화할 수 있는 적절한 대처법을 숙지하는 등 안전지도에 있어 성인의 역할은 매우 중요하다. 무엇보다 성인의 감독이 수반되지 않은 안전한 환경은 없음을 인식해야 한다.

4) 안전습관 부적응 행동 지도 실제

유아교육기관에서 나타나는 안전습관 부적응 행동에 대해 분명하게 진술하고, 문제 행동을 관찰하고 원인을 분석하여 안전습관 부적응 행동 지도 방법을 고려한 대안을 수립한다. 만약 대안으로 해결되지 않을 경우 행동수정을 계획하여 이행할 수 있다. 안전습관 부적응 행동 사례와 일반적인 지도전략 예시는 다음과 같다.

안전습관 부적응 행동 사례

4세 남아인 태우는 호기심이 많고 활동량도 많은 편이다. 자유놀이 시간에 미술 영역에서 물감놀이를 하다가 물이 부족하자 물통을 들고 화장실에 물을 가지러 갔다. 물을 가지고 오는 도중에 쌓기 영역에서 재미있게 노는 친구들에게 관심이 생겨 뛰어가다 경은이와 부딪혀 넘어졌다. 물은 교실 바닥에 뿌려졌으며, 태우와 경은이는 옷이 물에 젖고 놀라서 얼굴을 감싸며 울고 있다.

문제 행동	안전습관 부적응 행동
행동진술	관심이 가는 곳이 있으면 주변 상황을 고려하지 않고 뛰어가다 넘어지거나 부딪혀 안전사고로 이어지는 행동
행동관찰	• 언제, 어디서 안전문제 행동이 주로 나타나는가? • 주로 어떤 안전문제 행동을 하는가? • 안전 문제 행동으로 어떤 피해가 발생하는가? • 안전 지식을 전달하였을 때 어떻게 행동하는가?
원인분석	• 유아의 기질 때문인가? • 연령에 비해 신체 조절능력에 문제가 있는가? • 교실 영역 배치로 인한 문제인가? • 가정이나 외부에서의 안전관련 행동은 어떠한가? • 분리불안이나 급격한 주변 환경변화로 인한 행동인가?
대안	• 교실영역 배치를 다시 살펴보고, 유아들의 동선이 너무 비좁거나 길지 않은지 확인하여 수정한다. • 유아와의 대화를 통해 안전 문제가 발생하여 다치는 이유에 대해 이야기 나눈다. • 다치지 않으려면 어떻게 행동해야 하는지 스스로 대안을 찾아보게 한다. • 안전에 대한 지식, 기술, 태도를 배울 수 있도록 모의상황 연습을 통해 체계적으로 지원한다. • 유아가 교실에서 안전하게 이동하는 모습을 볼 때 격려하여 긍정적 강화를 제공한다.

4. 성적 행동

성(性)은 태어나면서부터 시작하여 지속적으로 발달하고(Miller, Trautner, & Ruble, 2006), 유아기는 성적 발달과정에 있어 중요한 시기이다. 하지만 유아의 성적 부적응 행동은 감정적 · 의존적 행동의 일환으로 주로 부모의 태도와 관련하여 나타나기 쉽다. 유아 교육기관에서 보내는 시간이 길어진 동시대의 유아들은 부모를 대신해 교사로부터 교육적 · 정서적 지원을 받게 된다. 유아는 성적 부적응 행동을 포함한 부적응 행동의 수용 가능 여부를 교사를 통해 지속적으로 배우게 되며, 유아의 행동에 대한 교사의 반응은 유아의 사회화 과정에 지속적으로 영향을 준다(Essa, 2010).

1) 성적 부적응 행동 특성

유아가 자신의 생식기를 이용하여 성적 쾌감을 즐기는 성적 행동은 일반적으로 나타날 수 있는 행동이다. 대부분의 유아들은 자신의 성기를 가지고 놀다가 다른 놀이로 옮겨간다. 또한 유아의 자위행위는 저절로 사라지는 경우가 대부분이다. 하지만 또래와 어울리지 않으면서 하루에도 몇 번씩 주변 시선을 의식하지 않고 자위행위에 집착을 하는 경우는 유아가 외롭고 심심하다는 신호일 수 있다.

2) 성적 부적응 행동 원인

4세 전후의 성장기에 이르면 유아들은 성기에 대해 자연스런 호기심을 갖는다. 성인들과는 다른 호기심이지만 조이는 옷을 입어 생식기에 자극을 느끼거나 대 · 소변 처리 시 우연히 성기를 자극하는 것이 재미있다는 사실을 발견하기도 한다. 또한 부모가 맞벌이를 하거나 형제 터울이 짧아 부모의 관심을 충분히 받지 못하는 경우나, 지나치게 통제적인 양육, 몸이 청결하지 않아 질병이 있을 경우 혹은 고립되거나 흥미 있는 놀이를 찾지 못하는 경우에도 자위행위에 집착하기 쉽다.

자위행위를 하는 유아는 감각 추구를 통해 정서적 안정감과 편안함을 느끼고자 하는 것일 수도 있다. 또한 신체운동 욕구를 충족하지 못하여 이를 자위행위를 통해 풀고자 하는 것일 수도 있다.

3) 성적 부적응 행동 지도

유아 성교육은 사회화 과정에서 성에 대한 태도·가치관·신념을 바르게 형성하여 이후 행복한 사람으로 살아갈 수 있도록 돕는 일상생활을 통한 인간교육이자 전인교육이다(우민정, 2010). 교사와 부모는 유아의 발달에 적합하도록 성지식, 성태도, 성역할 고정관념 등에 대한 바른 지식과 태도를 알려주고, 성적 부적응 행동이 일어나지 않도록 적절한 환경을 구성해 주어야 할 것이다.

유아의 성적 부적응 행동을 지도하기 위한 방법을 제시하면 다음의 〈표 13-4〉와 같다.

| 표 13-4 | 성적 부적응 행동 지도 방법

- 심하게 야단치거나 '더럽다'는 표현을 사용해서는 안 된다. 이럴 경우 유아는 죄책감을 느껴 몰래 숨어서 자위행위를 하거나 자신의 성기에 대해 잘못된 인식을 가지거나 불안한 마음을 가질 수 있다.
- 유아가 잘 이해할 수 있도록 발달 연령에 적절한 성교육을 실시해야 한다. 먼저 유아에게 신체기관의 명칭과 기능에 대한 설명을 하며, 눈은 보는 곳, 코는 냄새를 맡는 곳, 귀는 소리를 듣는 곳, 고추는 쉬를 하는 곳으로 쉬 할 때만 만지는 것으로 알려준다. 자위행위에 대한 횟수 제한은 행동 지도에 전혀 도움이 되지 않기 때문에 일관성 있는 행동 제한을 하도록 한다. 그림책을 활용하여 과정과 결과를 설명해 주는 것도 바람직한 방법이다.
- 유아가 성기를 만지는가에 초점을 두지 말고 심심하지 않은가에 관심을 두고 적절한 활동을 할 수 있도록 안내하여야 한다. 특히 활발하게 신체를 움직이는 놀이는 신체적 욕구를 해소하여 줄 수 있다. 유아가 혼자서도 잘 놀이할 수 있도록 항상 충분한 놀이

환경을 조성해 주어야 한다.

• 지나치게 헐렁한 고무줄 바지나 성기를 자극하는 조이는 옷을 피하고, 넉넉하면서도 손을 집어넣기 어려운 바지를 입혀 외부 자극을 차단하고 안정감을 느낄 수 있도록 해야 한다.

4) 성적 부적응 행동 지도 실제

성적 부적응 행동에 대해 분명하게 진술하고, 문제 행동을 관찰하고 원인을 분석하여 성적 부적응 행동 지도 방법을 고려한 대안을 수립한다. 대안을 수립하는 과정에서 주변 교직원, 가족 및 유아와 자위행위에 대해 의논한다. 만약 대안으로 해결되지 않을 경우 행동수정을 계획하여 이행할 수 있다. 성적 부적응 행동 사례와 일반적인 지도전략 예시는 다음과 같다.

성적 부적응 행동 사례

4살 여아 연수는 얼마 전에 새로운 지역으로 이사와 다니던 유아교육기관도 새로운 곳으로 옮겨왔다. 새로운 유아교육기관에서 연수는 친구들과 함께 놀지 않고 교실을 배회한다. 그러다가 교실 한 쪽에 기대어 자신의 손으로 성기를 만지며 쾌감을 즐기고 있다. 집에서 엄마와 책을 읽는 중에도 흥미를 금방 잃고 자신의 성기를 만지고, 엄마가 '만지지 마'라고 하여도 더 집착하거나 엄마를 피해 도망가서 만지는 행위를 계속한다. 엄마가 지속해서 못하게 하면 물건을 던지며 엄마에게 화를 낸다.

문제 행동	성적 부적응 행동
행동진술	놀이나 활동에 관심이 없고 빈번하게 자위행위를 하는 행동
행동관찰	• 언제, 어디서 자위행위를 주로 하는가? • 자위행위하기 전에 어떤 일이 먼저 일어나는가? • 어떠한 방식으로 자위행위를 하는가? • 자신의 뜻대로 자위행위를 하지 못하게 하였을 때 어떻게 행동하는가? • 자위행위에 대해 유아는 어떻게 말하는가?

문제 행동	성적 부적응 행동
원인분석	• 유아의 심리적 특성 때문인가? • 부모의 양육태도 때문인가? • 또래와 어울리는 사회적 기술의 부족인가? • 흥미로운 놀잇감 부족 때문인가?
대안	• 성적 학대를 받은 경험이 있는지 확인한다. • 방광염이나 질염의 징후가 아닌지 확인한다. • 유아에게 걱정스러운 일이 있는지 알아본다. • 흥미로운 놀잇감을 제공하거나, 또래 혹은 주변 성인과 함께 하는 활동성 있는 놀이 기회를 증가시켜 사람과 함께 하는 즐거움을 느끼게 한다. • 외부 자극을 차단하도록 넉넉하면서도 손을 넣기 어려운 바지를 입힌다. • 그림책 등을 이용해 발달에 적절한 성교육을 실시하고, 일관성 있게 행동을 제한한다.

본 장에서는 영유아의 신체발달에 부정적 영향을 미치는 잘못된 식습관, 청결습관, 안전습관과 성적 부적응 행동 특성과 원인 그리고 구체적인 생활지도 방법의 실제를 살펴보았다. 영유아기는 모든 발달의 기초가 되는 신체발달이 급격하게 이루어지는 시기이다. 하지만 신체발달과 직·간접적으로 연결된 긍정적 습관을 형성하지 못하면, 잘못된 식습관, 청결습관, 안전습관이나 성적 부적응 행동이 나타나기 시작하는 시기이다. 따라서 교사와 부모는 이 시기에 나타날 수 있는 신체적 부적응 행동의 특성을 이해하고, 행동원인을 분석하여 그에 적합한 생활지도를 실시함으로써 이후에 영유아의 건전한 신체적 발달을 도모할 수 있을 것이다.

Chapter
14

언어 · 인지 부적응 행동 생활지도

영유아기는 환경의 영향을 많이 받는 발달의 결정적 시기이며, 이는 언어 · 인지 발달에도 적용된다. 영유아는 언어를 습득하고 인지를 발달시킴으로써 자신이 속한 문화의 언어로 올바르게 의사소통하고, 필요한 지식을 획득하여 이를 문제 해결에 활용할 수 있다. 본 장에서는 이러한 영유아의 언어 · 인지 발달에 부정적 영향을 미치는 선택적 함구증, 고함지르기, 주의력 결핍 행동 특성과 원인 그리고 구체적인 생활지도 방법의 실제를 살펴보고자 한다.

1. 선택적 함구증

선택적 함구증이란 발성 및 발음기관이나 기능에 장애가 없음에도 특정한 상황이나 사람 앞에서 말하지 않는 아동기 불안장애의 일종(국립특수교육원, 2018)으로 사회적 의사소통에 방해가 되는 언어적 부적응 행동이다. 1개월 이상 이러한 상태가 지속되는 경우 선택적 함구증으로 진단되며, 학교 입학 후 1개월은 이 기간에 포함하여 진단하지 않는다(김옥경, 2004).

1) 선택적 함구증 특성

선택적 함구증은 특정 의사소통 장애에 해당하지 않고, 유아는 정상적인 언어 기술을 어느 정도 보유하고는 있으나 또래에 비해 의사소통 기술이 상대적으로 부족해 사회적 상황에 대한 두려움, 불안을 가지기도 한다. 또한, 다른 사람이 자신의 말에 주목하면 함묵하고, 말을 강요하면 신체를 떨며 접근을 막기도 하고, 어머니에게 지나치게 의존하는 경향을 보인다(김옥경, 2004).

지나친 수줍음, 사회적으로 당황스러운 상황에 대한 두려움, 사회적 고립과 철수, 징징거리며 매달리기, 강박적 특성 등 불안 관련 특성과 관련성이 높으며, 거부증, 분노 발작, 경미한 반항적 행동 특성이 동반되고 사회 불안 장애 즉, 사회공포증과 함께 나타난다. 선택적 함구증으로 인해 유아는 사회적 관계나 유아교육기관 적응에 어려움을 겪어 자아개념이 손상될 수 있다.

2) 선택적 함구증 원인

선택적 함구증은 자기표현에 미숙하거나, 미지의 상황에 적응을 잘 못하는 경우, 개인적 상처로 인해 특수한 상황에 대한 거부, 가족 간의 역동성 문제 혹은 유아의 의식과 무의식에 잠재되어 있는 욕구와 상처들의 표출 등 다양한 원인에서 비롯된다

(김옥경, 2004). 또한, 수줍거나 예민한 기질, 구강기의 지나친 억압, 유아 언어지연에 대한 잘못된 대처, 양육자와의 분리에 대한 불안 및 부모나 교사의 강압과 과잉보호에서 비롯될 수도 있다.

3) 선택적 함구증 행동 지도

말을 하지 못하는 원인이 신체적 문제일 경우 의학적인 도움을 제공하여야 하고, 심리적 문제에서 비롯된 경우에는 상황을 잘 분석하고 유아의 발달에 적절한 기대와 심리적 환경을 제공하여야 한다. 하지만 말을 일부러 하지 않으려는 유아의 경우 비언어적인 의사소통에 교사나 부모가 즉각적으로 응답함으로써 비언어적 의사소통을 강화할 수도 있음을 인식하고, 필요에 따라서 유아의 비언어적 표현을 못 본척함으로써 언어표현의 기회를 제공하는 방법을 사용할 수도 있다. 한편, 선택적 함구증은 행동 치료, 놀이 치료, 미술 치료 등을 통해 지도할 수 있다. 선택적 함구증 행동을 지도하기 위한 방법을 제시하면 다음의 〈표 14-1〉과 같다.

| 표 14-1 | 선택적 함구증 행동 지도 방법

- 행동 치료를 사용할 수 있다(Martin, Volkmar, & Lewis, 2007). 문제 행동에 대한 직접적인 지적, 처벌, 비난 또는 말하기 강요는 피해야 하며, 점진적으로 말하는 행동을 강화하고 함구하는 행동을 소거하도록 해야 한다.
- 놀이 치료나 미술 치료를 사용할 수 있다(장명희, 2019, 김옥경, 2014). 말하는 부담을 줄이고, 놀이나 미술활동을 통해 자연스럽게 말하도록 유도하여야 한다. 지속적으로 따뜻하게 격려하며, 인내심을 가지고 지도해야 한다.
- 함구 행동에 대해 주변인의 지나친 걱정, 염려, 지적이 관심 끌기로 이용될 수 있음을 인식하여야 한다. 오히려 유아가 새로운 사회적 상황에서 함구 행동이 줄어드는 경우도 있다. 함구 행동에 대한 직접적인 지적, 처벌, 비난 또는 말하기를 피하고, 말하는 행동을 보였을 때 긍정적 강화를 제공해야 하는 것이 더욱 효과적일 수 있다.

선택적 함구증 행동을 가진 유아의 경우 스스로 선택하고 주도적으로 할 수 있도록 자율성을 키워 주어야 하며, 주위의 불안감을 해소하여 유아가 신뢰할 수 있도록 서서히 주변을 경험하도록 도울 수 있다. 또한 집에서의 말하는 모습을 영상으로 유아교육기관에서 보여줌으로써 친구들의 편견을 줄여주고, 점차 교실 환경에 익숙해지면서 교사와 친구들과 자연스럽게 이야기하도록 지도할 수 있다.

4) 선택적 함구증 행동 지도 실제

유아에게서 나타나는 선택적 함구증 행동에 대해 분명하게 진술하고, 문제 행동을 관찰하고 원인을 분석하여 선택적 함구증 행동 지도 방법을 고려한 대안을 수립한다. 만약 대안으로 해결되지 않을 경우 행동수정을 계획하여 이행할 수 있다. 선택적 함구증 행동 사례와 일반적인 지도전략 예시는 다음과 같다.

선택적 함구증 행동 사례

5세 여아 승미는 집에서는 자신의 의사를 언어로 표현하지만, 유아교육기관에서는 말을 하지 않으려 한다. 친구들과 함께 있을 때도 말은 하지 않으며, 선생님이 다정하게 상호작용하며 의사소통하려 하면 가만히 쳐다보다 외면하고 다른 곳으로 가버린다.

4세 여아 다희는 엄마, 아빠, 할머니와만 말을 하고, 낯선 사람이 보이면 숨어버리며, 원하는 것이 있으면 울거나 고갯짓으로 의사를 표현한다.

문제 행동	선택적 함구증 행동
행동진술	친구들과 선생님에게 말을 하지 않음으로써 의사소통하지 않으려 하고, 제한된 사람들과만 말을 하는 행동
행동관찰	• 언제 함구하는가? • 함구하는 행동을 야기하는 원인은 무엇인가? • 피해자는 누구인가? • 의사표현은 어떻게 하는가?
원인분석	• 관심 끌기 수단인가? • 강요나 억압으로 인한 반응인가?

문제 행동	선택적 함구증 행동
	• 수줍거나 예민한 기질로 인한 사회적 기술의 부족인가? • 청력의 문제인가?
대안	• 말하는 것을 격려한다. • 관심 끌기 위한 비언어적 시도와 말을 하지 않는 시도는 못본 척 무시한다. • 원하는 대로 자유롭게 말할 수 있는 시간을 하루 한 시간 이상 제공한다. • 유아가 특별히 즐기는 활동을 하고 있을 때 옆에서 자연스럽게 상호작용한다.
행동수정	• 대안책으로 문제가 해결되지 않을 경우, 행동수정 프로그램을 이행한다. • 행동수정 목표를 설정하고 문제 행동 빈도수를 관찰하여 기준선을 설정한다. • 이후 다음의 절차로 행동수정을 실시한다. - 드물게 말을 하면 이에 대해 적절한 관심을 보여주어 유아의 긍정적 행동을 강화한다. - 유아의 질문에 대답하고 원하는 것은 말을 통해서 얻을 수 있음을 인식하게 한다. - 단음절로 말을 하면 언어 표현을 확장하도록 격려한다. - 행동변화를 파악하기 위해 그래프에 계속 기록한다. - 행동수정 이후에도 지속적으로 긍정적 강화를 제공함으로써 유아의 변화에 대한 교사의 인정을 유아에게 인식시킨다.

2. 고함지르기

고함지르기는 목에 힘을 주어 내는 큰 목소리로 10초 이상 길게 소리치는 행동(조정연 2016)을 말한다. 고함지르기 행동을 보이는 유아는 소리를 지름으로써 자신이 관심을 받고 원하는 것을 얻을 수 있다고 생각하는 언어적 부적응 상태를 보인다.

1) 고함지르기 행동 특성

고함지르는 유아는 사람이 많은 곳에서 소리를 질러 부모와 교사를 당황하게 하고, 그 순간을 활용하여 자신이 원하는 보상을 얻고자 한다. 소리를 지르는 행동이 의사소통에 방해가 된다는 것을 모르고, 소리를 지르면 항상 남들이 자신을 주목하는 것이 자신의 권위와 분노, 좌절감을 조율할 수 있는 방법이라고 생각하기도 한다. 영유아는 나이가 어릴수록 자신의 욕구를 충족하기 위해 떼를 쓰거나 소리를 지르는 행동을 한다. 이는 아직 수용될 수 있는 언어로 표현하는 능력이 부족하기 때문이다. 점차 언어표현 능력이 발달함에 따라 5세 정도의 유아는 자신의 감정을 억제하고 다른 사람에게 수용될 수 있는 언어를 사용하여 자신의 요구를 전달한다. 자신의 의사를 전달 할 수 있을 만큼 언어 표현이 가능해진 이후에도 감정을 조절하지 못하고 화내고 소리지르는 행동을 지속하는 것은 고함지르기 부적응 행동이라 할 수 있다.

2) 고함지르기 행동 원인

고함을 지르는 주요한 원인은 좋지 않은 감정 상태, 신체적 질환, 관심 끌기, 주도권 빼앗기, 주변의 소리 지르는 환경 모방을 들 수 있다.

3) 고함지르기 행동 지도

교사는 고함지르는 행동의 원인을 파악하고 이에 따른 일관성 있는 지도를 해야 한다. 먼저, 소리 지르지 않을 때 관심을 주거나 영유아가 원하는 것을 들어준다. 목소리를 낮추어서 말할 수 있도록 적절한 실내 활동을 제시하고, 소리를 낼 수 있는 공간을 구분할 수 있도록 하며, 소리 지를 때 무시하고 대신 적절한 행동을 보일 때 관심을 주어야 한다. 부모와 교사는 일관성 있게 지도하지 않으면 오히려 고함지르는 행동이 더 빈번하게 나타날 수 있음을 알아야 한다.

영유아들은 주변 환경 특히 부모나 교사가 고함지르는 환경에서 자라면 이를 모방하는 경우가 대부분이다. 부모나 교사는 고함지르고 싶은 상황이 되면 심호흡을 하고, 낮은 목소리로 단호하게 이야기하거나 나-전달법으로 자신이 무엇 때문에 화가 나 있음을 영유아에게 알려주어야 한다.

영유아의 고함지르기 행동에 대한 지도 방법을 제시하면 다음의 〈표 14-2〉와 같다.

| 표 14-2 | 고합지르기 행동 지도 방법

- 지나친 관심을 갖지 않는다. 관심을 끌기 위하여 더 고함치는 아이들이 있으므로 지나친 관심을 피하여야 한다.
- 단호한 태도를 취한다. 자신의 의사를 언어로 표현할 수 있음에도 불구하고 소리를 지른다면, 단호한 태도를 통해 이러한 행동이 아무 소용이 없음을 깨닫게 해주어야 한다.
- 언어발달을 자극해 준다. 옹알이의 연장으로 소리를 지르는 경우, 적절하게 호응함으로써 정상적인 언어발달에 도움을 준다.
- 적절한 환경을 구성한다. 유아의 행동에 부모와 교사는 즉각적으로 반응하며, 적절한 언어자극을 줄 수 있는 환경을 구성하여 제공한다.

4) 고함지르기 행동 지도 실제

유아교육기관에서 나타나기 쉬운 고함지르기 행동에 대해 분명하게 진술하고, 문제 행동을 관찰하고 원인을 분석한다. 고함지르는 행동 지도 방법을 고려하여 원인에 따른 대안을 수립하고, 만약 대안으로 해결되지 않은 경우에는 행동수성을 응용하여 행동수정을 계획하고 이행할 수 있다. 고함지르기 행동 사례와 일반적인 지도전략 예시는 다음과 같다.

고함지르기 행동 사례

4세 정환이는 유아교육기관 일과 시간에 소리 지르는 행동을 자주 나타낸다. 자유놀이 시간에 자신이 가지고 싶은 블록을 하영이가 먼저 가져가자 내놓으라며 소리를 질렀다. 자유놀이를 마치고 정리하는 시간에도 친구가 자신이 만들어 놓을 것을 건드렸다고 소리를 질렀다. 화장실에서 손을 씻으려 차례를 기다리는 동안에도, 바깥 놀이 시간에 신발장에서 친구와 부딪혔을 때에도 계속해서 소리를 지른다.

5세 민기는 비명소리로 온 동네에 소문이 났다. 고함과 함께 뺨 때리기, 머리박기 등 자해행동을 나타내고, 새로운 환경에서는 불안함과 심한 경계를 보인다. 민기 엄마는 함께 소리 지르며 보복성 공격을 가하고, 아빠는 집을 나가겠다고 불안감을 조성하지만 민기가 고함을 지르면 바로 아이의 뜻을 들어주어 버린다.

문제 행동	고함지르기 행동
행동진술	소리 지르는 행동으로 다른 사람과의 의사소통이 제대로 이루어지지 않으며, 다른 사람들로부터 외면받거나 자신에게 해를 입히는 행동
행동관찰	• 언제 고함을 지르는가? • 고함지르는 행동을 야기하는 원인은 무엇인가? • 피해자는 누구인가? • 고함지른 후에 어떻게 하는가?
원인분석	• 관심 끌기 수단인가? • 감정해소 방법인가? • 사회적 기술의 부족인가? • 언어발달상 문제로 인한 행동인가?
대안	• 고함지르지 않고 적절하게 말하는 것을 격려한다. • 관심 끌기 위한 고함지르기에 지나치게 즉각적으로 부정적인 반응을 하지 않는다. • 소란스러운 상황이 원인이면 안정된 상황을 조성해 준다. • 유아가 특별히 즐기는 활동을 하고 있을 때 옆에서 자연스럽게 상호작용한다. • 언어장애로 인한 문제이면 전문적 언어치료를 받도록 한다. • 좌절감이 원인인 경우, 욕구 좌절 상황을 파악하고 비계설정 등을 통해 성취감을 유도한다.
행동수정	• 대안책으로 문제가 해결되지 않을 경우, 행동수정 프로그램을 이행한다. • 행동수정 목표를 설정하고 문제 행동 빈도수를 관찰하여 기준선을 설정한다. • 이후 다음의 절차로 행동수정을 실시한다. - 고함지르는 행동이 발생하는 상황과 시간을 파악하여 모델링으로 적절한 목소리로 말하도록 하여 문제 행동을 예방한다. - 적절한 목소리로 말하는 행동을 찾으려 노력하고 이에 대해 즉시 관심을 보여주어 유아의 긍정적 행동을 강화한다. - 행동수정을 실시하는 동안 고함지르는 행동이 나타나면 즉각적으로 활동중지(time-out)을 사용한다. - 행동변화를 파악하기 위해 그래프에 계속 기록한다. - 행동수정 이후에도 지속적으로 긍정적 강화를 제공함으로써 유아의 변화에 대한 교사의 인정을 유아에게 인식시킨다.

3. 주의력 결핍

주의력이 결핍되어 있다는 것은 자신이 참여하는 활동에 대한 주의 집중 시간이 같은 발달 수준에 있는 다른 유아들보다 짧아서 가만히 있지 못하며, 현재 하고 있는 활동에 몰두하기 어려우며, 활동 중에 산만하여, 활동을 마무리하는 데 어려움을 겪는 현상을 말한다(유효순, 지성애, 2002).

1) 주의력 결핍 행동 특성

주의력 결핍장애(ADD: Attention Deficit Disorder)의 경우 공격적 행동, 짧은 주의 집중 시간, 반사회적 행동, 파괴, 괴롭힘, 끊임없는 활동, 격한 흥분, 비협력적 행동, 부정적 사고 경향과 서투른 언어기술과 같은 문제 행동을 수반한다. 이러한 행동 특성을 가진 유아는 교육기관에서의 학습과 인지발달이 이루어지기 어렵고, 다른 유아의 활동을 방해한다. 또한 방해 활동으로 인해 교사의 관심을 받는 것을 학습하는 부정적 양상이 강화될 수 있다. 주의력 결핍을 가진 유아는 짧은 주의 집중력으로 여러 영역을 다니면서 활동하지만 머무는 시간이 짧아 활동을 마무리하지 못하는 경우가 대부분이다. 이들은 조용한 활동보다는 다소 활발한 움직임이 있는 활동을 주로 하며, 돌아와서 활동을 정리하도록 했을 때 화를 내기도 한다.

2) 주의력 결핍 행동 원인

유아의 주의력 결핍은 연령과 발달적 특성, 배고픔과 알레르기 등 신체적 요인, 산만함을 부르는 주변 환경으로 인해 발생할 수 있다. 유아의 주의력은 연령에 따라 변화되므로 성인은 유아의 연령에 적합한 집중을 기대하고 요구하여야 한다. 유아는 영양공급이 부족하거나 알레르기 등으로 인해 활동에 집중하거나 활발하게 참여하지 못할 수도 있다. 또한 부적절한 교실 영역 배치로 인한 무질서한 통행이나 지나친 소음, 놀잇감의 부족과 같은 산만한 물리적 환경도 유아의 주의력 집중에 방해가 된다.

3) 주의력 결핍 행동 지도

유아의 주의력 결핍 행동에 대한 지도 방법을 제시하면 다음의 〈표 14-3〉과 같다.

| 표 14-3 | 주의력 결핍 행동 지도 방법

- **유아의 주의 집중력에 대한 기대는 발달을 고려한 현실적인 것이어야 한다.**
  어린 유아들은 주의 집중이 결여된 것이 아니라 나이든 유아들보다 주의 집중 지속 시간이 짧다. 두 살의 유아는 한 가지 활동에 약 2~3분 집중하다 흥미를 잃어버리는 반면, 다섯 살 유아는 15~20분 정도 주의를 집중할 수 있다. 또한, 유아에게 제공된 활동이 연령에 적합한지 확인할 필요가 있다. 유아의 요구와 흥미를 충족시킬 수 있는 다양한 활동은 주의 집중력을 증진시킬 수 있다.
- **주의 집중 결핍은 영양, 음식 그리고 의약품과 관련되어 있다.**
  어떤 유아는 아침식사를 충분히 하지 못해 배가 고파서 교실 활동에 활발히 참여하지 못할 수도 있다. 또는 과다활동 증상의 원인으로 어떤 음식에 지나치게 민감하거나 알레르기를 가지고 있기 때문일 경우도 있다. 음식 알레르기는 발진, 눈이 부음, 칭얼거림과 같은 여러 가지 증상으로 나타난다. 어떤 알레르기는 유아가 주의 집중을 하는 데 장애가 된다. 만약 유아가 알레르기와 관련된 음식을 섭취했다든지 또는 적절한 양의 음식을 섭취하지 못했기 때문에 주의 집중력에 영향을 받는다고 판단되면, 부모와 상의해야 한다.
- **소집단의 고도로 구조화된 특별한 교육 환경을 제공한다.**
  특정 유아의 경우 소집단으로 구성된 특별한 수업에 참여 등과 같은 교사에 의한 집중지도 교육환경 제공이 필요하다. 주의력이 부족해 보이는 어린 유아가 좀 더 나이든 유아들과 함께 있다면 보다 적절한 행동을 할 수도 있다. 나이가 많은 유아들이 나이가 더 어린 유아들의 거친 움직임을 억제시킬 수 있고, 나이든 유아들을 대상으로 배치한 다양하며 융통성 있는 교육적 환경이 어린 연령의 교실에서 느끼던 지루함을 완화시켜 줄 수 있다.
- **과다활동과 주의 집중 결핍과 관련하여 부모의 양육기술, 환경, 그리고 교사-유아 상호작용을 평가해 본다.**
  문제 유아를 위한 구체적인 지도 방향을 설정하기 전에 부모와의 면담은 필수적이다. 면담 결과, 가정에서의 상황을 파악함으로써 유아의 주의력 결핍 원인을 파악하고 해결책을 찾을 수도 있다.

4) 주의력 결핍 행동 지도 실제

유아교육기관에서 나타나기 쉬운 주의력 결핍 행동에 대해 분명하게 진술하고, 문제 행동을 관찰하고 원인을 분석한다. 주의력 결핍 행동 지도 방법을 고려하여 원인에 따른 대안을 수립하고, 만약 대안으로 해결되지 않은 경우에는 행동수정을 응용하여 행동수정을 계획하고 이행할 수 있다. 주의력 결핍 행동 사례와 일반적인 지도전략 예시는 다음과 같다.

주의력 결핍 행동 사례

인수는 유학 중인 아빠와 일을 하는 엄마로 인해 어린 시기에 조부모에 의해 양육되었다. 조부모는 인수를 제한하지 않고서는 다루기 힘들다고 느꼈다. 인수는 3세 6개월이었는데 나이에 비해 신체가 매우 크고 힘이 셌다. 이후 인수 아빠가 귀국하여 인수와 함께 지내게 되었다. 인수가 유치원에 입학할 때 아빠는 인수가 '다루기 힘든 아이'라고 원장에게 말하였으며, 인수는 유치원 방문 첫 날부터 놀잇감을 빼앗아 던지면서 교실 주변을 빠르게 뛰어다녔다. 아빠는 놀잇감을 빼앗고 또래들을 방해하는 인수를 따라다녔다. 교사는 인수와 아빠를 관찰하였고, 마침내 아빠에게 인수가 가지고 있는 놀잇감을 어떻게 정리하는가를 보여주는 것이 어떻겠는지를 묻고 아빠가 하는 대로 놀잇감을 정리하라고 인수에게 말했다. 인수는 성인이 제시하는 어떤 제한에도 반항하기 때문에 교사가 중재하기 전보다 더 격한 행동을 하였다.

입학 후에도 인수는 돌아다니기, 빼앗기, 유아들과 교사들을 공격하기를 시작하면 그 행동을 멈추려 하지 않았다. 그가 너무나 강해서 다른 유아들은 그가 오는 것을 보았을 때 도망가기 시작했다. 인수는 또한 대집단 활동 시간에 날카롭게 소리 지르는 습관이 있었다. 집단 이야기 나누기 시간 혹은 집단 활동 시간에 인수의 부적절한 모든 시도는 대혼란으로 종결되었다. 교사들과 유아들 모두는 인수로 인해 스트레스를 받고 있었다.

문제 행동	주의력 결핍 행동
행동진술	주의 집중 시간이 또래에 비해 짧아 산만하게 행동하며, 성인의 제한을 수용하지 않음으로써 유아교육기관 일과 중 교사와 유아들에게 스트레스를 주는 등 활동에 집중하지 못하여 어려움을 겪는 행동

문제 행동	주의력 결핍 행동
행동관찰	• 언제 주의력 결핍행동이 일어나는가? • 주의력 결핍 행동을 야기하는 원인은 무엇인가? • 주의력 결핍으로 인한 행동은 어떠한 방식으로 일어나는가? • 주변 또래들은 어떻게 행동하는가?
원인분석	• 개별적 발달에 적합한 환경을 제공하고 있는가? • 사회적 기술의 부족인가? • 배고픔이나 알레르기와 같은 신체적 문제인가? • 양육환경의 영향인가? • 관심 끌기 수단인가? • 주의력 결핍 장애로 판명 받았는가?
대안	• 소집단 활동으로 구성된 구조화된 특별한 교육 환경으로 보낸다. • 부모의 양육 환경과 기술을 분석하여 양육환경을 재조정하거나 부모가 양육 기술을 습득하도록 돕는다. • 교사-유아 상호작용을 평가해 본다. • 사회적 기술이 유능한 또래와의 접촉 기회를 제공한다. • 관심을 끌려는 목적으로 놀이에 참여하지 않으면 관심을 보이지 않아야 한다. • 의학적 진단과 심리검사를 통해 주의력 결핍으로 판명된 경우, 의학적 지원을 받도록 한다.

본 장에서는 영유아의 언어 · 인지발달에 부정적 영향을 미치는 선택적 함구증, 고함지르기, 주의력 결핍 등 언어 · 인지 관련 부적응 행동 특성과 원인 그리고 구체적 생활지도 방법의 실제를 살펴보았다. 영유아기는 언어 · 인지 발달이 급속히 일어나는 시기이므로, 바람직한 언어 · 인지 교육환경을 통해 언어를 습득하고 인지를 발달시킴으로써 자신이 속한 문화의 언어로 올바르게 의사소통할 수 있는 사회구성원으로 성장할 수 있도록 도와야 할 것이다. 따라서 부모와 교사는 이러한 유아기 언어 · 인지적 부적응 행동 특성을 이해하고, 행동원인을 분석하여 그에 적합한 생활지도를 실시함으로써 영유아의 지속적인 언어 · 인지 발달을 증진시킬 수 있을 것이다.

Chapter 15

특별한 요구를 지닌 영유아 생활지도

현대 의학과 과학기술의 발달은 장애나 질병을 갖고 태어나는 특별한 요구를 지닌 영유아에게 새로운 희망을 주고 있으며, 이들이 비장애아들과 함께 할 수 있는 기회를 주는 것이 세계적 추세이다. 또한 최근 사회적 이슈로 제기되는 학대받은 영유아들을 위한 지원도 심각하게 논의되고 있다. 이에 따라 교사는 특별한 요구를 지닌 영유아를 지도할 때 이들이 신체적·심리적 어려움을 가지고 있음을 이해하고, 부모나 관련 전문가와 긴밀하게 협력하여 지도하여야 할 것이다. 따라서 본 장에서는 신체적·심리적 어려움을 가진 장애 영유아들과 학대받은 영유아들 등을 위해 이들이 가진 특별한 요구를 반영하여 생활지도 시 고려해야 할 사항에 대해 살펴보고자 한다.

1. 특별한 요구를 지닌 영유아를 위한 일반적 지도전략

교사는 특별한 요구를 지닌 영유아를 지도할 때 무엇보다 개별 영유아의 장애요인이나 요구를 고려하여야 한다. 개별적 요구에 대한 고려 외에 특별한 요구를 지닌 유아에 대한 일반적인 지도전략은 다음과 같다(지성애, 홍혜경, 2018).

첫째, 특별한 요구를 지닌 유아가 자발적으로 학습하고, 참여하고, 놀이할 수 있는 물리적 공간 및 놀잇감과 자료를 제공하는 것이다. 물리적 공간은 이동이 편리하고, 놀잇감과 자료는 흥미를 불러일으키며 활용하기 쉬워야 한다. 물론 개별 유아의 요구를 반영하여 휠체어를 사용하는 경우 넓은 공간과 움직임이 용이한 바닥을 제공하여야 하며, 놀잇감과 자료는 휠체어나 의자에 앉아서 꺼내고 넣을 수 있도록 제공하여야 한다. 유아가 시각적 장애를 지닌 경우에는 물리적 공간 구성과 배열이 항상 예측 가능하도록 배치하고, 필요한 놀잇감과 자료는 촉각을 통해 변별하고 손쉽게 찾을 수 있도록 제공하여야 한다. 이렇듯 개별적 요구를 반영한 물리적 환경에서 활동하는 유아는 자신의 장애요인으로 인한 불편함이나 좌절의 경험을 줄여주어 환경으로 인한 부정적인 반응을 줄일 수 있다.

이들 영유아들은 자발적으로 놀이에 참여하는 방법이나 자료를 조작하는 방법 혹은 자신이 무엇을 할 수 있을지를 알 수 있도록 교사나 부모의 직접적인 도움이 필요할 수 있다. 또한 그들이 선호하는 놀이를 제공하고 확장하기 위해서도 교사의 세심한 관찰과 도움이 필요하다. 특히 신체적 장애를 지닌 경우, 유아의 놀잇감 조작을 도울 수 있는 컴퓨터 마우스나 전지를 사용한 놀잇감 등 보조장치를 제공할 필요가 있다.

둘째, 특별한 요구를 지닌 영유아에게 물리적 환경보다 더 중요한 것은 유아에게 반응하고 모방의 기회를 제공하는 등 영유아를 지원할 수 있는 또래와 성인을 포함한 사회적 환경을 제공하는 것이다. 이들 영유아에게 적합한 사회·

정서적 환경을 제공하기 위해서는 우선 특별한 요구를 지닌 영유아에게 기대할 수 있는 목표에 대한 이해가 전제되어야 한다.

특별한 요구를 지닌 모든 유아의 지도에서 일반적 목표는 유아의 독립성, 사회적 유능감 및 능동적 참여를 증진시키는 부모, 교사, 또래의 지원 분위기를 형성하는 것이다. 특별한 요구를 지닌 영유아 지도의 일반적 목표를 제시하면 다음의 〈표 15-1〉과 같다.

| 표 15-1 | 특별한 요구를 지닌 영유아 지도의 일반적 목표

1. 유아의 목적을 성취하도록 가족 지원	5. 유아의 일반적 기술사용 증진
2. 유아의 참여성, 독립성, 숙련성 증진	6. 유아의 일반 생활경험 준비 및 제공
3. 유아의 주요 영역발달 증진	7. 장애나 미래 문제 출현 예방
4. 유아의 사회적 유능감 형성 지원	

출처: Bailey & Wolery(1992); 지성애, 홍혜경(2018: 387) 재인용

특별한 요구를 지닌 유아에게 적용할 수 있는 구체적 지도전략 유형은 다음과 같다(지성애, 홍혜경, 2018; Wolery & Wilbers, 1994).

1) 자연적 지도전략(naturalistic strategies)

(1) 요구-모델 접근법(mand-model procedure)

요구-모델 접근법은 유아의 의사소통 기술을 촉진하는 자연적 지도전략이다. 유아의 행동을 활용하여 언어적 반응을 요구한 후 시범을 보임으로써 부모나 교사가 행동 모델을 제공하는 것이다. 반응 요구 후 의문사 질문 후 혹은 선택형 질문 후 시범을 보여주는 것으로 성인과 상호작용을 주도하지 않는 유아에게 유용하다.

예를 들면, 언어장애를 지닌 유아의 목표가 행위자, 행위, 목표를 포함하는 세 단어를 사용하여 말할 수 있도록 하는 것이라면, 교사는 유아가 좋아하는 쌓기 영역에서

놀이를 관찰하다가 트럭을 운전하는 놀이를 보고 "그 사람은 무엇을 하고 있니?"라고 묻는다. 유아가 만약 "트럭 운전해."라고 했다면 "나는 그 사람이 조심히 운전하기를 바래"라고 말하고, 유아가 응답을 하지 않을 때는 "사람이 운전하는 중이에요."라고 모델을 제시하여 모방하도록 한다. 요구-모델 접근법의 단계를 제시하면 다음의 〈표 15-2〉와 같다.

| 표 15-2 | 요구-모델 접근법 단계

① 유아에게 적합한 의사소통 목적 수립
② 덜 구조화된 활동 상황 선정하여 적용
③ 선정한 활동이 적극적 참여와 놀이 가능 놀잇감과 자료를 포함하는지 확인
④ 유아가 놀잇감과 자료를 갖고 놀도록 허용하거나 도움 제공
⑤ 유아의 의사소통 주도에 반응하고, 유아 주도에 따르기 위해 옆에서 놀이
⑥ 유아가 놀이하는 동안, 교사와의 상호작용에 수동적인 경우
- 유아의 관심사나 의사소통 목적 관련행동을 이야기할 질문 제공
- 질문을 한 후 반응에 대해 기대하며 응시
- 의도하는 의사소통 행동을 하면, 그 내용에 반응하고 확장함으로써 분명하게 언급
- 만약 바람직한 의사소통 행동을 하지 않는다면, 행동 모델을 제공하고 모방하기를 알리며 주시

출처: 지성애, 홍혜경(2018: 388)

이와 같이 구체적인 행동을 요구하고 모방하도록 하는 요구-모델 접근법은 우발학습, 모델링, 시간지연 기법 등의 전략과 함께 사용될 수 있다.

(2) 우발학습(incidental teaching procedure)

우발학습은 유아주도 상호작용에서 성인이 보다 정교한 언어모델을 제시함으로써 유아에게 정교한 언어를 사용할 수 있는 기회를 제공하는 것이다. 유아가 먼저 주도하는 경우에 언제나 사용될 수 있으며, 덜 구조화된 상황에서도 사용될 수 있다. 이는

환경중심 언어중재로 생활환경에서 우연히 일어나는 유아주도 기회를 활용하여 의사소통 방법을 학습하게 하는 것이다. 우발학습의 단계를 제시하면 다음의 〈표 15-3〉과 같다.

| 표 15-3 | 우발학습 단계

① 유아에게 적합한 의사소통 목적 수립
② 전략이 적용될 시기, 활동, 일과 명시
③ 새롭고 신기한 자료 제시나 선호 놀잇감 선택 혹은 도움이 필요한 자료나 부족한 자료 제시로 유아주도 격려 환경 마련 및 활동 보완
④ 유아 근처에 있으며 유아주도를 기다림
⑤ 유아가 상호작용을 주도할 때
- 유아에게 초점을 맞추고, 교수 기회로써 이를 어떻게 사용할지 결정하고, 유아주도에 대한 목적을 이해하고 있음을 확신시킴
- 유아가 더 정교한 언어를 사용하도록 질문함. "그래서 더 이야기해 보렴." "~은 어떻게 된 거니?"
- 유아가 더 정교한 언어를 사용하면, 칭찬하고 진술을 확장하며 반응함
- 만약 더 정교한 언어를 사용하지 않을 경우, 모방할 것을 제시함

출처: 지성애, 홍혜경(2018: 389)

2) 촉진적 지도전략(prompting strategies)

(1) 점진적 지도(graduated guidance)

점진적 지도는 행동의 연속성을 갖는 기술들을 가르치는 전략으로 여러 하위 단계를 포함하는 옷 입기, 수저 사용하기, 손 씻기와 같은 행동기술을 가르치는 데 사용할 수 있다. 처음에는 교사가 가르칠 기술을 습득하기에 필요한 충분한 도움의 양과 시간을 제공하지만 점차 도움의 양과 시간을 줄여가는 것이다.

교사는 도움 제공 여부를 매순간 결정하여야 하며, 오히려 너무 빨리 촉진사용을 멈출 경우, 학습 속도를 더욱 늦추는 현상이 나타날 수도 있다. 또한 신체적 촉진을

사용할 때, 교사는 유아를 너무 세게 잡아 놀라게 하거나 움직임을 불편하게 하지 않도록 유의하여야 한다. 특히 신체 장애아에게 신체적 촉진을 사용할 경우 신중해야 하며, 물리치료사나 재활치료사의 도움을 받을 필요가 있다. 점진적 지도 단계를 제시하면 다음의 〈표 15-4〉와 같다.

| 표 15-4 | 점진적 지도 단계

① **관련된 기술의 단계와 가르쳐야 할 기술을 명시**

예 수저 사용을 위해서는 수저를 잡기, 음식물 뜨기, 수저를 입으로 가져가기 등

② **기술이 가르쳐질 시기와 활동을 선정**

- 교사가 그 기술을 시작하기에 필요한 도움만 제공, 그리고 나서 그 일을 수행하기 시작했을 때 즉시 도움을 철회함
- 유아가 멈춘다면, 다시 도움을 주기 시작하는 데 필요한 형태와 양만의 도움을 제공하고 그 기술을 수행하기 시작했을 때 그만둠
- 만약 부정확한 움직임으로 시작했다면, 그것을 중재하고 정확한 방식으로 움직이도록 하고 필요한 양의 도움을 제공하고 나서 즉시 도움을 그만둠
- 유아가 그 기술을 잘 사용했을 때 언어적 격려를 제공하고, 마지막에 가서 강화를 해 줌

출처: 지성애, 홍혜경(2018: 390)

(2) 시간지연 기법(time-delay technique)

시간지연 기법은 단순한 행동이나 여러 단계의 복잡한 행동기술 지도에 폭넓게 사용된다. 다양한 장애유아의 개별 혹은 소집단 활동에서 사용할 수 있으며, 한 활동 또는 일과 내내 사용할 수 있다. 처음에는 기대되는 행동 전에 촉진을 주고, 이어서 유아가 행동할 기회를 주고 반응을 기다리며, 만약 정확히 반응하지 않으면 3~5초 후 촉진을 제공한다. 시간지연 기법 사용에서 우선적 지도인 경우 유아가 반응하기 전에 촉진을 제공하고, 후속적 지도인 경우 3~5초 지연되어 촉진을 제공한다. 시간지연 기법의 단계를 제시하면 다음의 〈표 15-5〉와 같다.

| 표 15-5 | 시간지연 기법 단계

① 가르쳐야 할 기술 명시
② 유아가 무엇을 할지 모르는 경우 수 초간 유아가 하기를 기다릴지 여부를 결정. 만약 유아가 기다리지 않고 무엇을 할지 모르고 직감적으로 행동한다면 기다리도록 가르쳐야 함
③ 언제 가르칠지 시기와 활동 선정
④ 유아가 행동하도록 하기 위해 무엇을 변화시킬지는 가르칠 기술에 근거하여 결정
⑤ 우선적 지도: 기술을 가르쳐야 할 상황
- 그 기술을 사용할 때임을 알려주고 즉시 정확하게 기술을 사용하도록 촉진을 제공
- 정확하게 기술을 사용하면 강화 제공
  어려운 기술일수록 오래 걸리고 지속적 촉진과 강화 필요

⑥ 후속적 지도: 기술을 가르치는 상황
- 그 기술을 사용할 때임을 알려주고, 그 기술을 시작 또는 수행을 3~5초 기다림
- 그 기술을 정확히 수행 시 강화
- 만약 도움을 기다릴 경우, 3~5초 후 촉진하고, 촉진 후 정확한 반응 시 강화
- 만약 부정확하게 반응할 경우, 촉진이나 강화를 제공하지 않음

출처: 지성애, 홍혜경(2018: 390-391)

2. 특별한 요구를 지닌 유아의 장애 유형별 생활지도

특별한 요구를 지닌 유아들도 비장애 유아들과 비슷한 욕구를 갖고 있다. 이들도 생리적·신체적 욕구, 사랑을 받고 인정받고 싶은 욕구, 안전하게 보호받고 싶은 욕구, 함께 놀고 학습할 기회에 대한 욕구를 갖는다. 그러므로 이들도 도전적이며, 흥미롭고 즐거운 활동이나 교육적 경험을 제공받을 수 있어야 한다. 단지 다른 점은 장애로 인해 나타나는 관련 문제에 대한 배려만이 다를 뿐이다. 따라서 교사나 부모는 장애로 인한 영향을 최소화하는 노력이나 도움을 제공하여야 한다.

1) 신체적 장애와 만성적 질환을 가진 유아의 생활지도

교사는 신체적 장애나 만성적 질환을 가진 유아에게 동정심을 느끼거나 다르게 다루고, 또는 지나친 관심을 주거나 잘못된 행동을 그냥 넘어가기 쉽다. 그러나 이러한 특별한 대우는 유아의 의존이나 요구를 강화할 수 있으며, 이로 인해 교사의 불편도 증가하는 잘못된 지도 방법이다.

흔히 이들 유아의 사회적·행동적 문제는 지나치게 과보호하고 대신해 주는 어른들의 행동결과에 의한 경우가 더 많다. 예를 들어, 음식을 먹을 때 유아가 원하는 음식을 먼저 선택하게 하고 먹고 싶은 만큼 먼저 먹을 수 있도록 항상 어른들이 양보할 경우, 다른 유아와 식사할 때도 차례를 지키거나 나중에 먹게 될 친구들을 위해 적당량을 덜어 먹는 등의 배려를 실천하지 못하여 다른 유아들과의 갈등을 초래할 수 있다.

또한 신체장애로 인한 한계에 대한 분노가 과잉행동으로 나타나기 쉽고, 사고나 질병으로 신체장애를 가지게 되는 경우 좌절과 분노로 부적응 행동을 보이기도 한다.

신체적 특별 요구를 가진 유아 지도 방법을 제시하면 다음의 〈표 15-6〉과 같다(지성애, 홍혜경, 2018).

| 표 15-6 | 신체적 특별 요구를 가진 유아의 지도 방법

① 건강문제
- 유아부모와 의사와 전문적 관계 및 개방적 의사소통
- 약, 음식 등의 건강 관련 정보 제공
- 오랜 동안 결석하는 유아를 위한 프로그램 개발
  (예 가정방문, 전화, 친구 전화번호부, 활동 자료 등의 제공)

② 청각장애
- 부모, 청각 치료사, 수화자, 언어 치료사와 전문적 관계 및 개방적 의사소통
- 보청기 배터리나 코드 교환 방법 습득
- 시각적·촉각적 보조물 사용
- 지시나 활동을 시작 전 먼저 유아의 집중 확인
- 과장된 입술의 움직임 없이 정상적 속도와 크기로 말하기

- 잘 볼 수 있는 위치에 앉도록 하기
- 유아에게 시작과 끝에 대한 시간 허용하여 집단 활동에서의 언어화 격려

③ 시각장애
- 시각장애 정도와 유아에 적절한 놀잇감 등에 대한 시각 전문가의 자문
- 물건 위치와 형태에 대한 오리엔테이션, 변화가 생길 때 새로운 오리엔테이션 시행
- 촉각, 청각 등을 활용한 다감각적 경험 제공
- 정돈된 교실 활동으로 유아의 독립적 행동 지원
- 신체적 촉진 사용
- 새 활동 시작 전 무엇이 일어날지를 미리 설명

④ 특별한 신체적 요구
- 물리치료사로부터 유아를 위한 자세 지도에 필요한 정보 습득
- 놀잇감과 자료접근이 용이하도록 함
- 정신장애와 무관함 인식
- 유아에게 필요한 장비 다루는 방법 습득
- 장비를 사용할 수 있도록 환경 배열
- 활동의 전환 시간을 더 허용
- 신체적으로 할 수 있는 활동 지원 및 격려
- 비신체적 능력에 초점을 두어 독립심 강화

⑤ 특별한 학습 요구
- 약점보다는 강점에 초점
- 다감각적 접근 사용
- 반복적 학습 또는 추가학습 제공 / 반복적 제시에 대한 인내
- 유아의 진전이나 성과 칭찬함
- 과제 분석 사용 / 한 번에 한 가지 지시 사용
- 유아의 작은 성공을 부모가 인식하도록 공유
- 모델링 계획
- 분명한 전환(전이) 제공
- 발달적 도전 제시
- 활동을 위해 필요한 새 기술을 연습할 시간과 기회 허용

⑥ 특별한 의사소통 요구
- 경청하기
- 쌍방대화 사용
- 언어 표현 이유 증가시키기(예 정보주기, 주의 집중하기, 언급하기 등)
- 필요한 의사소통 방법 사용(예 수화)
- 교실에 있는 모든 사람과 이야기할 수 있는 기회를 제공하여 직접적이고 다양한 언어 모델 제공

출처: 지성애, 홍혜경(2018: 392-393)

특별한 요구를 지닌 유아의 사회적 기술 촉진은 진정한 통합교육의 기본정신이다. 따라서 소집단 단위 상호작용이 쉽게 일어나도록 하고, 강화를 활용하며, 바람직한 상호작용 상황을 제공하는 등 사회적 관계 형성이 용이하도록 배려하는 것이 무엇보다 중요하다.

2) 주의력 결핍 과잉행동 유아의 생활지도

Nelsen, Erwin과 Duffy(1995)는 유아의 5~10%가 주의력 결핍 및 과잉행동을 보이며, 문제 행동 상담의 반정도가 이에 속한다고 하였다(지성애, 홍혜경, 2018). 이들은 옷에 붙은 상표나 옷깃의 불편함, 주변의 사소한 소음에 지나치게 민감하게 반응하기도 하며, 이는 신체의 화학적 불균형 때문일 수 있으므로 문제아로 판단하기 전에 정확한 진단이 우선되어야 한다.

과잉행동의 원인으로 특정 음식에 지나치게 민감하거나 알레르기를 가지고 있기 때문인 경우도 있다. 음식 알레르기는 발진, 눈이 붓고, 칭얼거림과 같은 여러 가지 증상으로 나타나기도 하며, 이는 유아의 주의 집중을 방해하기도 한다. 만약 음식관련 알레르기나 적절한 양의 음식을 섭취하지 못하여 주의 집중력에 영향을 받는다고 판단되면 부모와 상의해야 한다.

또한 교사는 매우 격하게 활동하는 유아와 실제 과잉행동 사례 간의 차이를 이해하여야 한다. 유아의 증상이 아래에 제시된 과잉행동의 증상과 비슷하다면 부모와 의논하여 의사에게 정확한 진단을 받도록 요청해야 한다.

- 지나친 활동 수준:
  이 단계에 있는 유아는 끊임없이 활동하고 가만히 있지 못 하여 항상 안절부절 못하는 상태이다.
- 짧은 주의 집중력:
  한 활동에 몇 분도 머물러 있지 못하며, 활동에 참여하더라도 쉽게 교란된다.

• 관심:

타인이 자신에게 집중하도록 지속적으로 요구하며, 집중이 주어져도 항상 무엇인가를 더 기대한다.

• 충동:

결과를 생각하지 않고 순간적으로 원하는 것에 따라 행동하며, 유아의 판단은 일반적으로 정확하지 않다.

• 협응문제:

운동신경 조절과 눈과 손의 협응에 어려움이 있다.

• 제한의 수용:

제한의 이해와 실행에 어려움이 있고, 부정적이고 불복종적이며, 유아에게 규율을 지키도록 하는 훈련은 성공하지 못하는 경우가 많다.

• 오만한 행동:

자주 오만하게 행동하고, 집단의 결정을 자신이 내리고 싶어 하며, 다른 유아들을 놀리고 괴롭힌다.

• 정서:

정서를 예측하기 힘들며, 활기차다가 급작스럽게 좌절하거나 격분한다.

더욱이 이들 유아는 신체장애나 만성질환과는 달리 행동의 구체적 원인이 분명하지 행동에 대해 비난받고, 충동적 행동으로 인해 말썽꾸러기로 인식되어 일반적인 생활지도방식을 적용하는 경우가 많다. 하지만 5세 이전에는 미성숙으로 이러한 행동이 나타날 수 있으므로 정확한 진단이 우선되어야 한다. 전문적 진단은 치료적 도움뿐 아니라 적절한 지도 방법을 찾는 데도 중요하므로 필수적이다.

이들의 특징은 매우 충동적이며, 원하는 것을 즉시 필요한 것으로 전환하여 행동한다는 점이다. 이는 부모나 교사에게 분노감, 유아의 행동을 잘 다루지 못한다는 비난과 때로는 죄책감을 갖게 한다. 교사나 부모는 이들의 행동이 의도적이 아니라 행동에 대한 조절력이 부족하기 때문이라는 것을 인식하여야 한다.

이들 유아를 지도함에 있어 교사나 부모는 친절함과 확고함을 분명하게 전달하고, 적절한 기대를 일관성 있게 보여주어야 한다. 교사나 부모는 비록 유아 자신이 조절할 수 없었을 경우라도 자신의 행동에 따른 결과는 책임을 지도록 할 필요가 있다. 교사나 부모가 이들 행동의 원인을 이해한다면 상황을 호전시키지 않는 비난이나 처벌 대신 다른 방법을 찾게 될 것이다.

교사나 부모가 이들 유아를 효과적으로 다루는 방법은 다음과 같다(지성애, 홍혜경, 2018; Nelsen, Erwin & Duffy, 2019).

첫째, 가장 흔한 의료 처치는 투약이다. 투약이 완전 치료는 아니며, 모든 유아에게 효과적이지도 않지만 70~75% 유아에게 긍정적 효과를 갖는다. 약물투여로 유아는 주의 집중이 길어지고, 충동이 자제되고, 단기기억이 증진되며, 말수가 적어지고, 방해 행동이 감소하며, 덜 공격적이고, 규칙을 더 잘 따르게 되는 효과가 있어는 교사, 부모, 또래와의 관계를 호전시킬 수 있다. 그러나 투약이 모든 유아에게 효과적인 것은 아니며, 더 나이 든 아이들보다 4~5세 유아에게 효과가 적으며, 장기적인 효과가 미흡하다.

둘째, 행동요법을 들 수 있다. 이들 유아는 자신의 행동을 조절하고, 규칙을 따르는 데 어려움을 지닌다. 따라서 교사나 부모가 사용할 수 있는 전략은 적절한 행동에 보상하고, 효과적 지시와 요청을 하며, 일관적이고 지속적인 지도를 하는 것이다. 보상의 사용은 유아에게 효과적이며, 보상은 긍정적 행동을 증진시킬 뿐 아니라 자아존중감 형성에도 도움이 된다. 보상을 줄 때는 구체적 행동을 명시하여야 하며, 물질적 보상과 칭찬을 한 후 점차 언어적인 보상이나 스티커 사용으로 옮겨가는 것이 바람직하다.

또한 부모나 교사는 유아에게 지시할 때 한 번에 너무 많은 것을 지시하는 경우가 많다. 예를 들면, "자, 정돈하고 자기 자리에 가서 조용히 앉아라"라는 말은 정돈하는 것, 제자리에 앉는 것, 조용히 하는 것을 동시에 요구하는 것으로 이럴 경우 유아가 지시를 잘 따르지 않는 경향이 있다. 따라서 구체적이고 간결한 지시를 사용하면 유아가 무시하는 경향을 줄이고 서로간의 갈등을 줄이는 데에 도움이 된다. 때로 사소한 문제 행동은 무시하는 것이 더 효과적일 수도 있다. 그러나 원치 않는 행동을 줄이기 위해서는 즉각적인 대처와 지속적인 모니터링이 필요하며, 때로 활동중지(time-out)를 사용할 수도 있다.

셋째, 무엇보다 부모나 교사는 유아의 특별한 요구를 인식해야 할 뿐 아니라 유아들도 부모나 교사의 실망에 대해 힘들어하고 있음을 이해해야 한다. 따라서 부모나 교사는 이러한 현실에 직면하고 대처하는 기술을 배우기 위해 주변의 지원과 협조를 얻어야 한다. 또한 부모와 교사도 지속적으로 협력하여야 한다.

3. 학대받은 유아를 위한 생활지도

학대받은 유아들은 유아교육기관에서 종종 행동문제를 일으키며, 학습에 참여하거나, 규칙을 따르는 데 어려움을 갖게 된다. 교사도 이런 유아들의 부적절한 행동으로 좌절감이나 무능력함을 경험하곤 한다. 그러나 교사는 학대받은 유아가 다른 유아보다 미숙하고, 동기 부족과 낮은 주의 집중력을 보인다는 것을 이해해야 한다.

교사는 학대가 의심될 때 보고할 법적·도덕적 책임을 갖고, 학대와 방임에 대한 신체적 또는 행동 증상을 인식할 수 있는 교육을 받아야 한다. 학대받은 유아는 말로 표현할 수 없기 때문에 고통을 행동으로 표현한다. 공격적으로 행동하고, 의도적으로 다른 사람을 괴롭히며, 너무 빈틈없이 행동하거나, 스스로 분열하기도 하고, 지나치게 실패를 두려워하거나 기능장애적인 행동을 함으로써 자신의 고통을 과격하고 좌절하는 방법으로 표현하기도 한다. 물론 이러한 행동을 보이는 모든 유아가 학대를 받는 것은 아니다. 그러나 유아가 학대로 인해 이러한 행동을 보인다면, 교사는 스스로 무능함을 자책하거나 문제 행동을 보이는 유아를 비난하지 말고, 이러한 행동이 도움을 필요로 하는 긴급한 신호임을 인식함으로써 학대받은 유아가 사회적으로 수용될 수 있게 도움을 주어야 한다.

유아기에 따스함과 격려 및 자신감을 부여한 성인을 경험한 학대 받은 유아의 경우 건강한 성인으로 성장하기도 하나, 이런 성인이 주변에 없는 유아들은 불행하거나 결국 자신도 학대의 가해자가 되기도 한다. 교사는 학대받는 유아의 대표적인 지지자가 될 수 있으며, 유아를 지지하기 위해서는 이러한 유아들에 대한 진지함과 신뢰감이 필요하다(지성애, 홍혜경, 2018).

사회적으로 수용되는 대처전략을 발달시키고 상처받은 유아를 도울 수 있는 것은 신뢰감, 감정이입, 그리고 인내심이다. 학대받은 유아는 잘못이 없으며, 교사나 주변 성인들은 유아의 미래에 중대한 영향을 줄 수 있는 결정적인 사람임을 인식하고, 이러한 행동의 원인과 본질에 대해 이해하며, 주변의 실제 상황을 보완할 수 있도록 교실에서 적합한 활동을 제공하여야 한다. 학대받은 유아 지도방안은 다음과 같다(지성애, 홍혜경, 2018).

1) 공격적으로 행동하는 경우

학대받는 일부 유아들은 다른 유아들과 사소한 이유로 싸우며, 공격적이고 화났을 때에 때리는 것을 주저하지 않는다. 이러한 문제 행동의 원인에 따른 지도전략은 다음과 같다.

원인 1

부모 행동의 모델링

유아들은 부모를 동일시하는 과정에서 부모의 행동이 본받을 만한 가치가 있건 없건 부모의 모든 행동을 모방한다. 폭력적인 가정에서 자란 유아들은 가정에서 학습된 공격성을 교실에서 행하기도 한다.

| 지도전략 |

유아들은 부모뿐 아니라 교사들도 동일시하므로 교사가 화가 났을 때, 언어적 · 신체적으로 화풀이를 하지 않고 침착하고 단호하게 행동한다면, 집에서 보았던 공격적인 행동의 모방을 줄이고 바람직한 동일시 모델이 될 수 있다. 침착함을 유지하는 것은 부적절한 행동을 다룰 때 냉정을 유지한다는 것을 의미하는 것이다.

원인 2

학대에 대한 분노 표출

일반적으로 학대받은 유아들은 잘못 다루어지는 것에 격분한다. 그러나 그들의 분노를 학대자에게 표출하지 않고, 친구나 교사와 같은 '안전한' 목표물에게 자신의 분노를 표출한다. 이러한 유아들은 항상 화가 나 있고, 계속 싸우는 경향을 보인다.

| 지도전략 |

화가 난 유아는 화가 났을 때, 화를 다른 사람에 대한 공격이나 화풀이로 표출해서는 안 됨을 배울 필요가 있다. 학대받은 유아가 자신의 분노를 바람직하게 처리할 수 있도록 자신의 분노 감정을 인식하고, 화난 증상을 진정시키는 방법과 수용될 수 있는 언어로 표현하는 방법을 안내하고 사용하게 한다.

원인 3

무기력에 대한 대처

힘있고 난폭한 성인으로부터 스스로를 방어하고 보호할 수 있는 유아는 결코 없다. 학대받은 유아는 학대 상황을 이야기함으로써 다시 기억하는 것을 싫어한다. 또한 자신의 안정과 자존감이 다시 손상 받는 것이 두려워 오히려 공격적이거나 난폭해짐으로써 힘을 과시하며 무기력을 대치하려고 한다. 이들은 벌을 받을 때도 스스로 대처할 방안을 준비함으로써, 이전에 수동적으로 경험하였던 위험을 이겨내려고 시도할 것이다.

| 지도전략 |

학대받은 유아를 돕는 핵심은 이러한 유아에게 힘의 긍정성과 자신의 위험에 대한 통제력을 인식하도록 하는 데 있다. 우선 유아들에게 자신의 일에 대해 선택하도록 허용한다. 학대받은 유아와 교실의 모든 유아들이 함께 학급 규칙을 세우고, 학대받은 유아가 규칙을 어겼을 때 그들이 적절한 결론을 내리도록 하는 것이다. 또한 문제 해결 접근법을 채택하도록 격려할 수도 있다. 이를테면 "이것은 내가 한 행동이다. 다음번에 이러한 행동으로 대신할 수 있다."를 결정할 수 있도록 돕는 것이다.

2) 타인을 해치는 경우

어떤 유아들은 다른 유아들에게 상처를 입히고, 그들이 가한 고통에 대해 전혀 상관하지 않는다. 이러한 행동은 그들이 차갑고, 메마르며, 무감각한 유아로 보이게 한다.

원 인

고통에 대한 무감각

학대받은 많은 유아들은 종종 자신의 마음과 감정을 분리시킨다. 그들이 자신의 고통을 견딜 수 있는 유일한 방법은 자신의 감정을 억눌러서 더 이상 인식할 수 없게 하는 것이다. 자신의 고통에 대해 인식하지 못하는 유아는 다른 사람이 느끼는 고통에 대해서도 알지 못한다. 이들은 다른 사람이 고통을 느끼는 것을 알지 못하므로 공감하지 못하고 계속 다른 사람에게 상처를 입힌다.

| 지도전략 |

학대받은 유아가 고통에 대해 인식하지 못할지라도, 이들 유아들이 다른 사람에게 상처를 입히도록 허용해서는 안 된다. 그들이 고통을 야기하였을 때 곧바로 멈추게 해야 하고, 자신이 다른 사람을 상처 입게 했다는 사실을 인식시켜 주어야 한다. 학대받은 유아들은 고통을 느끼는 감각을 잃었기 때문에, 종종 그들이 상처 입힌 것에 대해 인식하지 못한다. 때로는 심각한 타박상이나 상처와 같이 그들이 입었던 상해에 대해서도 전혀 인식하지 못한다. "네가 그네에서 떨어졌을 때 아팠지?"라고 말하는 것은 학대받은 유아들이 자신의 상처에 대해 인식하도록 돕는다. 유아가 자신의 고통에 대해 느끼면 다른 사람의 아픔을 인식할 수 있게 될 것이다. 만일 고통에 대한 초기의 반응이 지나치더라도 걱정하지 않아도 된다. 이것은 그러한 느낌이 다시 일깨워졌을 때 일반적으로 나타나는 반응인 것이다

3) 의도적으로 다른 사람을 괴롭히는 경우

일부 유아들은 의도적으로 교사나 친구를 괴롭힐 수 있다. 그들은 책상을 치고, 연필을 떨어뜨리고, 계속적으로 방해하고, 모든 일에 화내며 종종 거부하는 방법으로 밖으로 나가기도 한다.

원인 1

자기 과시의 표현

부모의 학대는 유아들의 잘못이나 도발적 행동이 없어도 종종 갑작스레 일어나게 된다. 갑작스러운 학대는 유아를 무기력하게 만든다. 이렇게 갑자기 당하는 무기력감을 극복하기 위해, 일부 유아들은 의도적으로 잘못하여 언제 벌 받을지 잘 알고 내가 조절할 것이라는 인식에서 스스로 잘못을 유발하기도 한다.

| 지도전략 |

일과에서 예측할 수 있는 환경을 제공하는 것은 예상치 못한 학대를 받아 온 유아에게 매우 중요하다. 하루 일과를 아는 것은 혼돈보다는 질서감을 부여하고, 먼저 준비할 수 있게 하여 무기력이나 혼돈의 두려움을 줄여 준다. 기대하는 것이 무엇인지 미리 알도록 돕는 지도 방법은 유아에게 통제력과 책임감을 길러준다.

원인 2

관심 끌기

일부 유아들은 그들이 학대받을 때를 제외하고는 거의 부모로부터 관심이나 자극을 받지 않는다. 그들도 부모로부터 절대적으로 관심 받고 인정받기를 원하므로 관심을 끌기 위해 의도적으로 벌을 받기도 한다. 그들은 이러한 행동을 교실에서도 함으로써 의도적으로 교사를 괴롭힌다.

| 지도전략 |

다른 사람을 괴롭히는 유아는 단지 관심을 바라기 때문이라는 것을 이해하는 것이 필요하다. 그들은 긍정적인 관심이 주어지지 않는다면 부정적인 관심이라도 원할 것이다. 유아의 성취나 진보에 대한 칭찬, 교실 내에서 책임감을 지우는 것, 이름을 불러주거나 생각을 들어주는 것도 긍정적인 관심이 될 수 있다. 이러한 긍정적인 관심을 통해 교사는 유아들이 자신이 인간으로서의 가치를 확인하고, 사회적으로 수용되는 방법으로 관심을 구하는 것을 알도록 도울 수 있다.

4) 지나치게 경계하는 경우

학대받은 유아들은 항상 경계를 하고, 두려워하고, 의심하며, 믿지 못하고, 잠재된 위험에 대해 걱정한다. 이러한 유아들은 분위기, 목소리, 얼굴 표정 그리고 움직임에 너무 민감하다. 종종 이들은 자신의 감정을 표현하기를 두려워한다.

원 인

학대에 대한 경계심

학대자는 충동적이고 종종 예상하지 못하게 아무 이유없이 분노와 폭력을 표출한다. 따라서 학대받은 유아들은 끊임없이 경계하며, 무기력이나 공포에 대비한다.

| 지도전략 |

유아교육기관의 예측할 수 있는 환경의 제공은 지나치게 경계하는 유아에게는 중요한 영향을 미친다. 확실한 하루 일과는 학대받은 유아가 과다하게 신경 쓰는 것을 점차 줄여준다. 또한 이들에게는 침착하고 일관성 있는 교사가 요구된다.

5) 스스로 관계를 단절하는 경우

일부 학대받은 유아는 멍한 상태로 있으며, 꿈꾸고 있는 것처럼 보인다. 이들은 자신의 마음과 몸을 분리시키려 한다. 일부 유아들은 읽지만 읽고 있는 것을 처리하지 못하는 것처럼 보인다. 극단적일 때 분열은 다중 인격을 유발할 수도 있다. 심리학자들은 일부 유아들의 이러한 형태를 유전적 성향에 기인한다고 보고 있다.

원 인

고통에 대한 망각

많은 유아들은 학대받는 동안 그들이 경험하는 고통스런 감각과 압박하는 생각에서 벗어나기 위해 자신의 몸과 마음을 분리시킴으로써 스스로 분열하기도 한다. 이러한 유아들은 자신의 고통스런 경험으로 인하여 유아교육기관에서 분열증상을 보이거나 멍한 상태로 있기도 한다.

| 지도전략 |

먼저 이러한 상황이 자신이 맡고 있는 유아에게 나타나는지를 파악한다. 이러한 유아는 의도적으로 멍하게 있는 것은 아니므로 교사는 지나치게 비난하거나 자책하지 말아야 한다. 이러한 유아들을 파악하여 유아를 따스하게 다독거려 주며, 다정하게 이름을 불러 주는 등 친밀한 관계를 갖도록 한다. 유아에게 분열적 행동에 대한 책임을 돌리지 말고 지금 일어나고 있는 상황을 인식하도록 도와준다. 또한 유아가 슬픔, 화남 그리고 행복한 감정을 분리하여 인식하도록 돕고, 그들의 생각이나 감정을 거부하거나 벌을 주어서는 안 된다.

6) 실패를 두려워하는 경우

유아들은 시도해 보기도 전에 포기하려 한다. 이들은 새로운 수업이나 활동에 직면했을 때 울어버리거나 떨 것이다. "난 할 수 없어요."는 그들이 가장 많이 사용하는 말이다. 일부는 무언가를 얻기 위해 열심히 하지만 그들은 결코 그들의 작업을 끝내지 못하며, 시도조차 하지 않으려하기도 한다.

원 인

지나친 기대

어떤 부모들은 자신의 유아들에게 비현실적으로 높은 기대를 갖고, 유아가 기대에 부응하지 못했을 때 신체적·정신적 학대를 가한다. "너는 어떻게 그렇게 멍청할 수 있니?", "바보야! 뭐가 문제야!"와 같은 말을 하며 유아에게 큰 상처를 준다. 이러한 유아는 실수할 것이라는 두려움 때문에 얼어붙어 아무것도 하지 못한다.

| 지도전략 1 |

이들 유아에게는 교실 안에서 실패해도 괜찮은 분위기를 제공한다. 유아 스스로 답이 맞을 때까지 답을 고칠 수 있도록 하고, 과제를 작은 부분으로 나누어 제공할 수도 있다. 또한 이러한 부모와의 면담은 매우 신중해야 한다. 부모들에게는 자신의 자녀 행동에 대한 좌절감이나 부족한 부분을 표출하기보다는 되도록 긍정적으로 사고하도록 격려하고 도와주어야 한다.

| 지도전략 2 |

이러한 문제 행동을 다루기 위해 다음과 같은 문제 해결 모델을 이용할 수 있다.
① 문제를 진술한다. ② 가능한 해결책을 모아 본다. ③ 해결책을 선정한다. ④ 해결책을 실행한다. ⑤ 해결책이 적절한지 평가한다. ⑥ 해결책이 부적절하다면 처음 단계로 되돌아간다. 문제 해결 모델은 유아로 하여금 사람은 실수할 수 있으며, 실수는 학습의 일부임을 알게 하는 데 도움을 준다.

학대받은 유아를 위해 제시한 문제 해결의 핵심은 그들의 문제 행동의 원인을 이해하고, 이러한 원인에 대응할 수 있는 전략을 구성하는 것이다. 학대받은 유아를 위한 기본 지도전략은 다음과 같다(지성애, 홍혜경, 2018).

- 적절한 행동을 모델링하게 한다.
- 상해에는 즉각 대처한다.
- 고통과 다른 감정을 인식하게 한다.
- 화날 때 이를 다스리는 기술을 가르친다.
- 예측 가능하고, 안정된 환경과 하루 일과를 세운다.
- 공정하고 의미있는 제한과 규칙을 정한다.
- 선택하고 의사를 결정할 수 있는 기회를 제공한다.
- 유아가 흥미와 재능을 보이는 영역을 발견하도록 도와준다.
- 자극과 격려를 통하여 긍정적인 관심을 제공한다.

유아가 교실에서 난폭한 행동을 할 때 교사는 부모의 도움을 요구하며 부모와 함께 문제를 해결하고자 한다. 그러나 학대가 의심된다면 도움을 기대하기보다는 유아가 잘하는 부분을 강조함으로써 부모가 자신의 자녀에 대해 긍정적으로 사고하도록 지원하여야 한다. 또한 교사는 부모의 학대를 인지하는 즉시 신고하여야 한다.

학대받은 유아의 부적절한 행동은 교사를 화나게 하거나 힘들게 한다. 하지만 교사의 진심어린 지지가 없다면 학대받은 유아의 파괴적인 행동은 지속될 것이다. 학대받은 유아의 심리적 고통과 갈등에 대해 이해하고, 이에 대처해 나갈 수 있도록 돕는 적극적인 지원이 필요하다.

4. 이혼 · 별거에 따른 유아의 생활지도

우리나라에도 이혼이나 별거가 지속적으로 증가하고 있으며 이로 인해 유아는 성인인 부모 이상으로 경제적 · 심리적 고통을 겪고 있다. 이들은 심리적 고통을 갖고 유아교육기관에 오게 되며 행동에도 급격한 변화가 나타나게 된다. 유아의 감정은 파괴적 혹은 위축 행동을 보이기 쉽다. 교사는 유아의 분노, 슬픔, 불안, 외로움, 버림받은 느낌, 떠난 부모에 대한 책임감 등의 감정과 상황을 이해하여야 한다.

이들 유아를 위한 지도방안은 다음과 같다(지성애, 홍혜경, 2018).

첫째, 교사는 경청을 통해 유아의 상황을 이해하면 잘못된 행동의 원인이 유아에게서 기인하지 않음을 알 수 있다. 이로 인해 교사는 유아에게 더 관대해지고 더 강하게 정서적으로 지지함으로써 더욱 신뢰롭고 애정적인 관계를 형성할 수 있다.

둘째, 교사는 개방적이고 융통성 있게 활동을 재구성하여 이들 유아들이 보다 쉽게 참여하고 정서적 긴장을 해소하도록 도울 수 있다. 예를 들어, 이혼 관련 동화를 유아와 함께 읽으며 이야기 나눌 수 있으며, 화가 난 사람을 그리거나 점토 활동을 제시할 수 있다.

셋째, 이들 유아는 가정환경과 일과에서 급격한 변화를 경험하므로 가능한 한 교사는 유아교육기관 일과와 환경을 안정적이고 예측 가능하도록 마련해 주어야 한다. 또한 이들 유아들은 자신이 통제할 수 없는 경험으로 인한 무력감을 갖기 쉬우므로 스스로 통제하고 선택할 수 있는 활동을 제공할 필요가 있다. 또한 심리적 위축이나 과격한 행동으로 분노를 표출하는 경우 학대받는 유아의 지도요령을 참고하여 적용할 수 있을 것이다.

| 그림 15-1 | 유아의 이혼에 대한 이해를 돕는 동화

출처: 배빗 콜(글)(2001). 따로따로 행복하게. 보림.
에밀리 멘더즈-아폰테(글), R.W. 앨리(그림)(2003). 난 이제 누구랑 살지? 비룡소.
김경란(글), 박미정(그림)(2014). 네 잘못이 아니란다. 한국헤밍웨이.

5. 개별화교육 프로그램

미국은 1975년 공법 94-142 장애아교육법에서 장애아 무상 공교육과 개별화교육의 개념을 제시하였으며, 2004년 장애인교육법인 IDEA 2004 개정을 통해 장애아교육 기준을 강화하였다. 우리나라는 1994년 특수교육진흥법 개정에서 개별화교육 조항 신설 후, 장애인 등에 대한 특수교육법에서 관련규정을 강화하고 있다.

개별화교육 프로그램 (Individualized Education Program/Plan: IEP)은 특별한 요구가 있는 학생을 보호하고 혜택을 주며, 과정적 안전망을 학부모에게 제공하는 다면적 문서이다 (Twachtman-Cullen & Twachtman-Bassett, 2011, 강은영 외 역, 2019). 장애아는 개인의 요구에 적절한 교육을 받을 권리가 있으며, 각 장애아는 무상으로 적절한 IEP를 수행하도록 규정하고 있다. 여기서 개별화는 일대일을 의미하는 것이 아니라 교육대상자의 개인적 특성과 요구에 부응하는 것을 의미한다. IEP는 다음의 사항을 준수하도록 제시하고 있다(지성애, 홍혜경, 2018).

첫째, 특수교육 관련 서비스를 필요로 하는 장애아는 개별적 요구에 부응하여 고안

된 개별화교육 프로그램을 받아야 한다.

둘째, 부모는 유아의 개별화교육 프로그램 파트너로서 참여하여 유아평가, 프로그램 운영 · 인준 · 평가 등에서 주요한 역할을 담당해야 한다.

셋째, 정규학교 교사와 특수학교 교사는 팀을 구성하여 전문가로서 개별화교육 프로그램의 운영 · 수행 · 평가에 적극 개입하고 지원한다.

넷째, 장애가 있는 유아는 그들의 특수한 요구를 충족하기 위해 최소 제한환경에서 서비스를 받아야 한다.

행동수정 전문가, 교사, 부모 등이 팀을 이루어 수행하는 개별화교육 프로그램에는 장애 정도, 빈도, 기능성/관련성, 발달준비 정도, 가족이 중요하게 생각하는 목표 등 교육적 요구 우선순위를 반영하고, 현재수행수준, 연간목적, 단기목표, 특수교육관련 서비스, 기간, 통합 정도, 교육배치 형태, 책임자, 평가에 관한 아래 제시한 요소들을 포함하여야 한다(지성애, 홍혜경, 2018; 조윤경, 장지윤, 유연주, 2018; Twachtman-Cullen & Twachtman-Bassett, 2011; 강은영 외 역, 2019).

① 연간 목적 및 단기 목표 수립의 기초이자 진전도 결정 기준인 현재수행수준 진술(유아의 경우 적절한 활동 참여 및 진전에 관한 내용 진술)

② 현재 수행수준을 바탕으로 단기목표를 포함하는 측정 가능한 연간목적 설정

③ 연간목적 지도를 위한 세분화된 단기목표 서술

④ 특수교육 서비스와 정규교육 수행 범위 제시

⑤ 서비스 시작 및 지속 기간 일정 명시(최소 1년 기준 계획)

⑥ 장애아의 일반교육 참여 정도인 통합 정도 서술

⑦ 교육적 배치형태 명시

⑧ 개별화교육 프로그램 구성원 이름 명시

⑨ 개별화교육 프로그램 실행 평가(객관적 기준, 평가절차, 단기목표 달성 등)

한편, 0~3세 장애영유아 대상 조기중재인 개별화가족서비스지원계획(IFSP: Individualized Family Service Plan)에 포함되어야 할 구성요소는 다음과 같다(조윤경 외, 2018).

① 영유아의 현재 신체 · 인지 · 의사소통 · 사회정서 · 적응기술
② 가족자원 · 우선순위 · 관심
③ 성취할 성과, 기준, 절차, 진보의 정도 결정과 서비스 목표 수정 시기
④ 영유아와 가족의 요구에 대처하는 빈도, 강도, 서비스 전달방법 등 조기중재 서비스
⑤ 서비스 시작시기와 지속시기 예상 일정
⑥ 계획실행과 팀 협력을 담당하는 사례 대표자
⑦ 영유아에게 서비스가 적절할 때까지 전이단계 지원
⑧ 자연환경에서의 서비스 제공 정도

이처럼 개별교육계획과 개별화가족서비스지원계획은 가족, 교사, 의료전문가, 행정지원가 등 팀 접근으로 수행되며, 어린 연령일수록 가족의 요구를 우선하여 반영한다. 또한, 장애유아의 생활지도에서도 주양육자인 가족의 요구를 우선 고려해야 하며, 최근 장애유아교육이 자연스러운 환경과 완전통합(Full Inclusion)을 추구하는 추세이므로, 교사는 자연스러운 일과 운영이나 완전통합 상황에서 장애유아의 생활지도를 수행하는 것이 더욱 효과적일 것이다.

본 장에서는 특별한 요구를 가진 영유아의 일반적 지도전략, 장애 유형, 학대받은 유아, 가족 상황을 고려한 생활지도와 개별화교육 프로그램에 대해 살펴보았다. 장애유아교육은 완전통합(Full Inclusion)을 추구하고 있으며, 영유아의 특별한 요구는 신체적 · 심리적 장애뿐만 아니라 다양한 가족형태와 사회의 급격한 변화로 인해 증가하고 있는 상황이다. 따라서 부모와 교사는 개별 유아의 특수성을 이해하고 사회 인적 · 물적 자원을 활용한 협력지도를 실시함으로써 특별한 요구나 장애를 가진 영유아를 효과적으로 지도할 수 있을 것이다.

참고문헌

강정원, 김승옥, 홍기묵(2010). 유아를 위한 인터넷중독 상담치료 프로그램 개발 및 적용. **유아교육학논집, 15**(3), 323-342.

강정원, 장수진, 김승옥(2011). 유아의 인터넷 게임중독 경향성에 미치는 유아와 가족변인의 영향. **어린이미디어연구, 10**(3), 205-224.

곽은복(2000). 유아 안전교육 프로그램의 구성 및 효과에 관한 연구. 중앙대학교 대학원 박사학위논문.

교육부, 보건복지부(2019). 2019 개정 누리과정 해설서. 세종: 교육부·보건복지부.

권재환(2005). 심리적, 환경적 변인과 인터넷 게임중독 간 관계: 대인관계기술의 매개효과 검증. 전남대학교 대학원 박사학위논문.

금잔디, 박혜원, 박민정(2014). 유아의 지능과 문제 행동간의 관계. **인지발달중재학회, 5**(2), 1-15.

김명연(2014). 유치원 교사 부모상담 능력 향상을 위한 단기 교육 프로그램 개발 및 효과, 단국대학교 대학원 박사학위논문.

김옥경(2004). 미술 치료가 선택적 함묵증 아동의 표현언어 능력향상에 미치는 효과 연구. **미술 치료연구, 11**(3), 369-390.

김정미, 신희선(2006). K-CDI 아동발달검사 표준화 연구. **아동학회지, 27**(4), 39-53.

김현정, 조숙자(2003). 3세 아동의 전략적 속임 행동에 관한 연구: 창 과제를 중심으로. **한국심리학회지: 발달, 16**(3), 21-36.

김현주, 김정희, 송연숙, 최애경, 박선미(2017). **영유아빌딜**. 서울: 동문사.

노운서(2009). 만 3~5세 유아의 컴퓨터게임 이용 실태 분석. **어린이미디어연구, 8**(2), 43-63

문혁준, 권희경, 김명애, 김상희, 김정희, 김혜금, 김혜연, 안효진, 이경옥, 이윤경, 이희선(2016). **영유아건강교육**. 서울: 창지사.

박소영(2015). 유아의 스마트미디어 사용실태 및 과다사용에 영향을 미치는 변인 연구. 가톨릭대학교 대학원 박사학위논문.

박은혜, 김은심, 김난실, 곽아정, 최혜진, 이혜경(2010). **교직실무**. 서울: 학지사.

보건복지부(2014, 05.29). 보도자료: 한국형 영유아 검진도구 독자개발, 알기 쉬운 검진결과 통보고 마련.

보건복지부(2020). 제4차 어린이집 표준보육과정 해설서. 세종: 보건복지부.

서은주(2016). 유치원 부모면담 교사교육프로그램 개발 및 적용. 경성대학교 대학원 박사학위논문.
양명재, 방희정(2014). 유아의 수줍음, 인지능력, 어머니의 양육행동, 유아의 위축 및 불안·우울 간의 관계: 양육행동의 조절효과를 중심으로. **정서·행동장애연구, 30**(4), 363-386.
양옥승 외 10인(1999). **영유아보육개론**. 서울: 학지사.
양옥승, 나은숙(2005). 물리적 환경구성과 영유아의 자유선택활동의 의미에 관한 질적 연구. **열린영유아교육연구, 10**(1), 21-40.
양혜영, 정승원(1999). 양육환경과 기관의 질이 영유아의 스트레스 행동에 미치는 영향. **아동학회지, 20**(4), 141-158.
오경자, 김영아(2013). **유아 행동평가척도 매뉴얼**. 서울: 휴노.
오만록(2017). **생활지도·상담 이론과 실제**. 경기: 정민사.
오유리, 도현심, 최미경(2008). 연령과 어머니의 연어통제유형이 유아의 거짓말에 미치는 영향. **한국가정관리학회지, 26**(3), 191-201.
오주현, 박용완(2019). 영유아의 스마트 미디어 사용 실태 및 부모 인식 분석. **육아정책연구, 13**(3), 3-26.
우민정(2010). 유아 성교육 프로그램의 구성 및 적용효과. 중앙대학교 대학원 박사학위논문.
유안진, 김연진(1991). **부모교육**. 경기: 정민사.
유효순, 지성애(2002). **유아생활지도와 상담**. 서울: 한국방송대학교 출판부.
유효순, 지성애(2004). **부모교육**. 경기: 정민사.
이경옥(2007). 유아 컴퓨터 게임과 과몰입 예방. **한국어린이미디어학회 학술대회 자료집, 12**, 1-23.
이경옥, 김민화, 김승옥, 김혜수(2006). 유아동 및 청소년의 인터넷 게임중독 척도개발 연구. **한국정보문화진흥원 연구보고 06-15**. 서울: 한국정보문화진흥원.
이정윤, 이재연(2003). 유아교육기관에서의 따돌림현상과 교사들의 인식에 관한 연구. **숙명여자대학교 아동연구, 16**(2), 49-67.
이춘재, 곽금주(2000). 집단따돌림 경험 유형에 따른 자기개념과 사회적지지. **한국심리학회지: 발달, 13**(1), 65-80.
임명희, 김성현(2014). 유아의 스마트폰·태블릿 PC 이용실태와 부모인식과 유아의 중독적 특성에 관한 연구. **한국보육학회지, 14**(4), 237-260.
임은미, 이숙영(2002). 청소년의 컴퓨터/인터넷 사용과 부모-자녀갈등. **교육심리연구, 16**(2), 243-258.
임재택, 하정연, 이숙희, 배은진, 이연주(2011). **아이들과 함께하는 자연건강 교육: 생태유아교사**

들의 실천기록. 경기: 공동체.
장명희(2019). 선택적 함구증 아동의 놀이 치료 사례. **영유아아동정신건강연구, 12**(2), 31-73.
정계숙, 황영미(2000). 자유놀이 상황에서의 일반유아와 고립 유아간 사회적 상호작용 행동 연구. **유아교육연구, 20**(3), 303-324.
정미라, 배소연, 이기완, 이영미(1997). **유아들의 간식 · 중식 식단 계획**. 서울: 한국어린이육영회.
조경자, 이현숙(2004). **유아건강교육**. 서울: 학지사.
조윤경, 장지윤, 유연주(2018). **유아교육과정 내의 장애영유아를 위한 개별화교육프로그램**. 경기: 공동체.
조준오(2014). 유아의 정보윤리의식과 인터넷 게임중독 경향성에 영향을 미치는 변인들 간의 구조관계분석. 부산대학교 대학원 박사학위논문.
지성애, 홍혜경(2018). **영유아 생활지도**. 서울: 양서원.
최나야, 한유진(2009). 초 · 중 · 고생의 인터넷 중독과 부모에 대한 애착 및 자기조절 간의 관계. **한국가정관리학회지, 27**(3), 67-82.
최윤정, 이기숙(1999). 그림 동화책 읽어주기와 토의가 유아의 친사회적 행동 및 추론에 미치는 영향. **아동학회지, 20**(3), 275-291.
한명옥(2016). 유아안전교육을 위한 상황중심 수업모형 개발 및 적용. 강릉원주대학교 일반대학원 박사학위논문.
홍광표, 조준오(2015). 유아 미디어 및 인터넷 중독 경향성이 문세 행동에 미치는 영향. **유아교육연구, 35**(4), 469-491.
Allen, E. K., & Cowdery, G. E. (2014). *The Exceptional Child: Inclusion in Early Childhood Education*(8th ed.). Stamford, CT: Cengage Learning.
Allen, K. E., & Marotz, L. R. (2010). *Developmental profiles: pre-birth through twelve*. Belmont, CA: Wadsworth Cengage Learning.
Bagnato, S. J. (2007). *Authentic assessment for early childhood intervention*. New York, NY: Guilford Publications, Inc.
Bagnato, S. J., Neisworth, J. T., & Pretti-Frontczak, K. (2010). *Linking authentic assessment and early childhood intervention: Best measures for best practices* (2nd ed). Baltimore, MI: Paul H. Brookes Publishing Co., Inc.
Bailey, D. B., & Wolery, M. (1992). *Teaching infants and preschoolers with disabilities* (2nd ed.). New York, NY: Merrill
Beaty, J. J. (2014). *Observing development of the young child*(8th ed). Upper Saddle

River, NJ: Pearson Education Inc.

Bigelow, E. A., & Dugas, K. (2008). Relations Among Preschool Children's Understanding of Visual Perspective Taking, False Belief, and Lying. *Journal of Cognition and Development, 9*(4), 144-433.

Bodrova, E., & Leong, D. J. (2006). *Tools of the mind: The Vygotskian approach to early childhood education* (2nd ed.). Upper Saddle River, NJ: Pearson Prentice Hall.

Boulton, M. J., & Smith, P. K. (1994). Bully/victim problems in middle-school children: Stability, self-perceived competence, peer perceptions and peer acceptance. *British journal of developmental psychology, 12*(3), 315-329.

Bussey, K. (1999). Children's categorization and evaluation of different types of lies and truths. *Child Development, 70*(6), 1338-1347.

Chess, S., & Thomas, A. (2013). *Temperament: Theory and practice*. Routledge.

Cho, K., & Lee, J. (2017). Influence of smartphone addiction proneness of young children on problematic behaviors and emotional intelligence: Mediating self-assessment effects of parents using smartphones. *Computers in Human Behavior, 66*, 303-311.

Copple, C., & Bredekamp, S. (2009). *Developmentally appropriate practice in early childhood programs serving children from birth through age 8* (3rd ed.). Washington, D.C.: National Association for the Education of Young Children.

Corsaro, W. A. (1981). Friendship in the nursery school: Social organization in a peer environment. *The development of children's friendships*, 207-241.

Crick, N. R., Casas, J. F., & Ku, H. (1999). Physical and relational peer victimization in preschool. *Developmental Psychology, 35*(2), 376-385.

Cronk, N. J., Slutske, W. S., Madden, P. A., Bucholz, K. K., & Heath, A. C. (2004). Risk for separation anxiety disorder among girls: paternal absence, socioeconomic disadvantage, and genetic vulnerability. *Journal of Abnormal Psychology, 113*(2), 237.

Dinkmeyer, D., McKay, G. D., & Dinkmeyer, D. (2008). *The parent's handbook: Systematic training for effective parenting*. Fredericksburg, VA: STEP Publishers.

Engels, R. C., Finkenauer, C., & van Kooten, D. C. (2006). Lying behavior, family functioning and adjustment in early adolescence. *Journal of Youth and Adolescence,*

35(6), 949-958.

Epstein, D. J., & Barnett, W. S. (2012). Early education in the United States: Programs and access. *Handbook of early childhood education*, 3-21.

Erikson, E. (1982). *The life cycle completed: a review*. New York, NY: W.W, Norton & Co.

Essa, E. (2002). *A Practical Guide to Solving Preschool Behavior Problems*(5th ed.). Wadsworth, OH: Cengage Learning.

Essa, E. (2010). **나를 좀 도와주세요.** [*What to do When: Practical Guidance Strategies for Challenging Behaviors*]. (정갑순, 김현경, 김성원 공역). 서울: 창지사. (원전 2007년 출판)

Essa, E. I. (2013). *Introduction to early childhood education* (7th ed). Wadsworth, OH: Cengage Learning.

Fields, M. V., & Fields, D. (2006). *Constructive guidance and discipline: Preschool and primary education*. Upper Saddle River, NJ: Prentice Hall.

Fields, M. V., Meritt, P. A., & Fields, D. M. (2017). *Constructive guidance and discipline: Birth to age eight* (7th ed.). New York, NY: Pearson Education, Inc.

Flavell, J, H., Miller, P. H., & Miller, S. A. (2001). *Cognitive development* (4th ed.). New York, NY: Pearson Education

Gartrell, D. (2013). *A guidance approach for the encouraging classroom* (6th ed.) Boston, MA: Wadsworth Cengage Learning.

Gartstein, M. A., Putnam, S. P., & Rothbart, M. K. (2012). Etiology of preschool behavior problems: Contributions of temperament attributes in early childhood. *Infant Mental Health Journal, 33*(2), 197-211.

Geldard, K., Geldard, D., & Foo, R. Y. (2018). *Counseling children: A practical introduction* (5th ed.). Los Angeles, CA: SAGE.

Gesell, A., Ilg, F. L., Ames, L. B., & Bullis, G. E. (1946). *The child from five to ten.* Harper. (Database: APA PsycInfo)

Gestwicki, C. (2016). *Developmentally appropriate practice: Curriculum and development in early education* (6th ed.). Boston, MA: Cengage Learning..

Hosokawa R., & Katsura, T. (2018). Association between mobile technology use and child adjustment in early elementary school age. *PLOS ONE, 13*(7), e0199959.

Howes, C. (1987). Social competence with peers in young children: Developmental sequences. *Developmental Review, 7*(3), 252-272.

Hyson, M. (2004). *The emotional development of young children: Building an emotion-centered curriculum*. NY: Teachers College Press.

Irwin, D. M., & Bushnell, M. M. (1980). *Observational strategies for child study*. New York, NY: Holt, Rinehart and Winston.

Jackson, N. E., Robinson, H. B., & Dale, P. S. (1977). *Cognitive Development in Young Children: A Report for Teachers*. U.S. Department of Health, Education, and Welfare, National Institute of Education

Jones, E. (1981). *Dimensions of teaching-learning environments.* Pasadena, CA: Pacific Oaks.

Kagan, J., & Fox, N. A. (2006). Biology, culture, and temperamental biases. In N. Eisenberg, W. Damon, & R. M. Lerner(Eds.), *Handbook of child psychology: Social, emotional, and personality development* (pp.167-225). Hoboken, NJ: John Wiley & Sons Inc.

Kaiser, B., & Rasminsky, J. S. (2017). *Challenging behavior in young children*. Boston, MA: Pearson.

Kostelnik, M. J., Soderman, A. K., Whiren, A. P., & Rupiper, M. L. (2017). *Guiding children's social development and learning: Theory and Skills* (9th ed.). Boston, MA: Cengage Learning.

Kritikos, E. P., LeDosquet, P. L., & Melton, M. (2012). *Foundations of assessment in early childhood special education*. Upper Saddle River, NJ: Pearson.

Maccoby, E. E. (1992). The role of parents in the socialization of children: An historical overview. *Developmental psychology, 28*(6), 1006.

Marion, M. (2019). *Guidance of young children* (10th ed.). New York, NY: Pearson Ed.

Marotz & Allen (2016). *Developmental profiles: Pre-birth through adolescence* (8th ed). Boston, MA: Cengage Learning.

Martin, A., Volkmar, F. R., & Lewis, M. (Eds.). (2007). *Lewis's child and adolescent psychiatry: a comprehensive textbook* (4th ed.). Philadelphia, PA: Lippincott Williams & Wilkins.

Meisels, S. J. (1993). Remarking classroom assessment with the work sampling system.

Young Children, 48(5), 34-40.

Miller, C. F., Trautner, H. M., & Ruble, D. N. (2006). The Role of Gender Stereotypes in Children's Preferences and Behavior. In L. Balter & C. S. Tamis-LeMonda (Eds.), *Child psychology: A handbook of contemporary issues*. Psychology Press.

Miller, D. F. (2016). *Positive child guidance* (8th ed). Boston, MA: Cengage Learning.

Morrison, G. S. (2018). *Early childhood education today* (14th ed.). Boston, MA: Pearson Education.

Nelsen, J., Erwin, C., & Duffy, R. (2019). *Positive discipline for preschoolers: For their early years-Raising children who are responsible, respectful, and resourceful*. New York, NY: Harmony Books.

Nilsen, B. (2016). *Week by week: Plans for documenting children's development* (7th ed). Boston, MA: Cengage Learning.

Perren, S., & Alsaker, F. D. (2006). Social behavior and peer relationships of victims, bully-victims, and bullies in kindergarten. *Journal of child psychology and psychiatry, 47*(1), 45-57.

Piaget, J. (1968). *On the development of memory and identity*. Barre, MA: Clark University Press.

Reynolds, E. (1996). *Guiding young children: A child-centered approach*. Mountain View, CA: Mayfield Publishing Company.

Rothbart, M. K., Ahadi, S. A., & Evans, D. E. (2000). Temperament and personality: Origins and outcomes. *Journal of Personality and Social Psychology, 78*(1), 122-135.

Scher, A., & Mayseless, O. (1994). Mothers' attachment with spouse and parenting in the first year. *Journal of Social and Personal Relationships, 11*(4), 601-609.

Smith, P. K., & Brain, P. (2000). Bullying in schools: Lessons from two decades of research. *Aggressive Behavior: Official Journal of the International Society for Research on Aggression, 26*(1), 1-9.

Twachtman-Cullen, D., & Twachtman-Bassett, J. (2011). *The IEP from A to Z: How to create meaningful and measurable goals and objectives*. [John Wiley & Sons, 강은영, 박윤정, 서효정, 박경옥, 최승숙 역(2019). **개별화교육계획의 모든 것-개발부터 실행까지-**. 서울: 학지사].

Wolery, M., & Wilbers, J. S. (1994). Introduction to the inclusion of young children with special needs in early childhood programs. *Including children with special needs in early childhood programs, 6*, 1-22.

Wortham, S. C., & Hardin, B. J. (2016). *Assessment in early childhood education* (7th ed). Upper Saddle River, NJ: Pearson.

[동화목록]

김경란(글), 박미정(그림)(2014). **네 잘못이 아니란다**. 인천: 한국헤밍웨이.

배빗 콜(글)(2001). **따로따로 행복하게**. 경기: 보림출판사.

에밀리 멘더즈-아폰테(글), R.W. 앨리(그림)(2003). **난 이제 누구랑 살지?**. 서울: 비룡소.

찾아보기

[인 명]

[내 용]

ㄱ

●●● ㅇ

●●● ㅈ

저자약력 PROFILE

지 성 애

중앙대학교 유아교육과 졸업 및 동 대학원에서 유아교육 전공으로 문학석사 학위 취득 후, 미국 Boston College 대학원에서 유아교육 전공으로 교육학석사(M.Ed)와 철학박사(Ph.D) 학위를 받았다. 귀국 후 전남대학교와 중앙대학교 유아교육과 교수로 재직하였고, 재직 중 한국연구재단 등의 지원으로 유아의 사회정서유능감 관련 다수의 연구를 진행하고 발표한 바 있다. '한국영유아교원교육학회' 및 '사)한국유아교육학회' 회장, '한국연구재단전문위원'과 '중앙대학교 사범대학 부속유치원 원장' 등을 역임한 바 있으며 교수 정년 이후 현재 윤정유치원 이사장으로 재직하고 있다.

홍 혜 경

이화여자대학교 가정관리과 졸업 및 숙명여자대학교 대학원에서 아동복지학 전공으로 석사 학위 취득 후, 미국 University of Illinois 대학원에서 유아교육으로 석사 학위, University of Michigan 대학원에서 유아교육으로 박사 학위(Ed. D.)를 받았다. 귀국 후 전남대학교 유아교육과 교수로 재직하였다. 재직 중 한국연구재단 등의 지원으로 유아의 수학능력 및 수학교육 관련 다수의 연구를 수행하였으며, 주요 관심사인 영유아의 생활지도와 창의적 사고에 관련된 저서들도 발간한 바 있다.

배 율 미

중앙대학교 유아교육과 졸업 및 동 대학원에서 유아교육 전공으로 문학석사 학위 취득 후, 미국 University of Toledo 대학원에서 유아교육(특수) 전공으로 철학박사(Ph.D) 학위를 받았다. '사회·정서 발달', '부적응 유아', '통합교육', '유아교육측정' 관련 연구를 수행하였으며, 이와 관련된 연구를 지속적으로 진행해 오고 있다. 현재 강원대학교 유아교육과 부교수로 재직 중이다.

윤 현 숙

연세대학교 아동학과를 졸업한 후, 전남대학교 대학원에서 유아교육 전공으로 석사 및 박사 학위를 받았다. '대인관계 및 상호작용', '다문화교육', '교사 행복감 및 직무만족도' 관련 연구들을 수행하였으며, 최근에는 '수업분석'에 관심을 갖고 있다. 현재는 광주대학교 유아교육과 부교수로 재직 중이다.

영유아생활지도

1판 1쇄 발행 2021년 1월 30일
1판 2쇄 발행 2024년 3월 30일

저 자 지성애 홍혜경 배율미 윤현숙
발 행 인 회장 박철용·대표 박세원
발 행 처 성빈사
출 판 등 록 1979년 1월 22일 No. 406-2004-000130호
주 소 경기도 파주시 직지길 522 파주출판도시
전 화 031-955-8030
팩 스 031-955-8025
홈 페 이 지 http://www.jmpub.co.kr
이 메 일 yswgroup@naver.com

I S B N 978-89-5809-901-7
정 가 19,000원